百匱擷英

復旦大學圖書館藏南潯龐氏百匱樓善本圖錄

復旦大學圖書館　程益丹
南潯區委宣傳部　陸劍　編著

上海書畫出版社

編委會

顧問
葛劍雄　吳格

主任
陳引馳　翟海峰

副主任
侯力强　楊光輝　陸劍　馮悦

編委
眭駿　陸劍　程益丹　嚴天月　王亮　樂怡　曹鑫　高興明

序

　　1945年，我出生於浙江省吳興縣南潯鎮（今屬湖州市南潯區）寶善街沿街店面房後面的兩間平房。我家南面的牆外就是龐滋德藥店，是南潯"四象"之一龐家的資產。上小學時，放學後有時與同學從唐家兜往東走，過了"小金山"（金家的住宅）就是龐家花園，如門開着，我們就進去玩。只記得院子不大，具體已没有什麼印象。有一次病了，母親帶我到東大街上的人民醫院去看病，這裏就是龐家舊宅。1956年我隨父母遷居上海，上中學後一直喜歡參觀博物館。有一次上海博物館舉辦名畫特展，我發現有的畫上標明是龐萊臣舊藏。在其他書畫展中見過龐左玉的作品，得知她是上海中國畫院的畫師，龐家後人。

　　2007年起我擔任復旦大學圖書館館長。我一向知道復旦圖書館有不少南潯劉氏嘉業堂舊藏，後來方瞭解還有南潯龐氏百匭樓舊藏。但因忙於專業研究和其他雜務，承乏七年，居然未及查閱觀賞。近陸劍兄來訪，方知復旦大學古籍整理研究所博士生程益丹君對龐青城及百匭樓研究有年，著有《龐青城及其百匭樓藏書聚散考》，對龐青城的歷史貢獻作出客觀評價，對百匭樓藏書之聚散過程，包括如何成爲復旦大學圖書館珍藏作出詳盡記述。南潯區政府慨允資助，將與復旦大學圖書館聯合出版《百匭擷英——復旦大學圖書館藏南潯龐氏百匭樓善本圖録》，選録一百五十種書影圖片，一覽而償我歷年之憾。

　　又聞南潯已恢復龐氏舊宅，將對公衆開放。到時在龐宅觀覽此書，自可想見百匭樓原貌，體會龐青城寶藏古籍的功績。

　　忽然想起幼時所讀盲人摸象故事，對龐氏這頭"象"，我自幼就在其近處，不時聞到龐滋德藥店飄來的甘草味，以後不斷觸及不同部位，到八十歲時方有機會登堂入室，對照此書，庶幾能遙瞻主體。

　　此書出版適逢龐青城公一百五十周年誕辰、復旦大學一百二十周年校慶，欣然記緣起如上。

中央文史館館員、香港中文大學（深圳）圖書館館長、復旦大學文科資深教授　葛劍雄
乙巳春月

前　言

龐青城像

《百匭樓書目》之書影

南潯龐青城故居

　　吾鄉南林，南宋立鎮，自古人文淵藪、經濟富庶。明中葉以後，更是人文蔚起，書香不絕，誕生了許多著名的藏書家和藏書樓，如明代沈節甫的玩易樓、清代劉桐的眠琴山館均有聲於時。

　　南潯的藏書之盛，在近世達到頂峰，劉氏嘉業堂、張氏適園、蔣氏密韻樓（傳書堂），鼎足而三，馳名中外，享譽海上，故又被稱爲"海上三家"。除上述三家之外，吾潯尚有龐氏百匭樓、周氏夢坡室、許氏懷辛齋等諸家殿其後，亦爲藏書樓中的佼佼者，而又以龐氏百匭樓資料較爲完整、結局較爲圓滿，不僅有簡要書目、完整書箱，其藏書的主體部分現仍完好保存在復旦大學圖書館之中。

　　龐氏百匭樓主人龐青城（1875—1945），名元澂，字淵如，號清臣，爲南潯近代巨商"四象"之一龐雲鏳幼子，受外甥張靜江影響，不滿清朝統治，跟隨孫中山先生投身民主革新，故改"清臣"爲"青城"，取"青出於藍"之意。

　　龐氏藏書始於清末，據《百匭樓書目》記載，共藏書一千三百五十種，約兩萬八千冊，銀杏木書箱一百一十餘隻，故將南潯龐宅的書齋命名爲"百匭樓"（典出《尚書》《史記》，謂藏書之匣，其大者曰匭）。據云其藏書主要來源有二：一係其姻親杭州丁丙之八千卷樓舊藏，二係其歷年收購典藏之書。圖書種類齊備、裝潢工整、修訂完善，大部分皆有夾板、布套，並標記書籤；其圖書以明板及清殿板居多，抄本及家藏板次之，宋元本及稿本又次之，爲國内有名的藏書樓之一。

　　龐青城早年贊助孫中山先生革命頗力，耗盡家財，辛亥鼎革後長居上海，故將南潯藏書轉移至上海寓所，並請張謇題額"井李館"。孫中山先生去世後，龐青城隱居不出，終日以古籍、碑帖爲伴，從此不問政治。1941年，出於家庭原因，龐青城子女欲出售上海房產，遂計劃將百匭樓藏書出售。1945年，龐青城去世，龐氏收藏的其他物件亦開始流散。

　　百匭樓藏書，小部分售於來薰閣書店，大部分於1946年冬經邢孟甫之手出售給同濟大學。1949年9月，因同濟大學文法學院併入復旦大學，故龐氏百匭樓藏書（含書櫃）主體部分最終歸藏復旦大學圖書館。值得一提的是，早在1905年馬相伯籌建復旦公學之時，龐青城（元澂）即是捐資人之一，看來龐氏與復旦有緣。

2024年，南潯啓動龐宅布展工作，囑余主其內容策劃。龐氏苗裔花開兩朵，各表一枝。兄萊臣，醉心書畫，其"虛齋"舊藏享譽四海，被譽爲全球最大的中國古代書畫收藏家，其舊藏主體部分現保存在國內的故宮博物院、南京博物院、上海博物館、蘇州博物館等處，已多次舉辦展覽、出版畫册、發表論文，爲人熟知。而弟青城之"百匭樓"藏書知者不多，研究者更是寥寥無幾。承復旦大學吳格、王亮兩位先生引薦，有幸結識復旦大學古籍整理研究所博士生程益丹君，程兄研究百匭樓有年，輯有《龐青城編年事輯》，本書所收《龐青城及其百匭樓藏書聚散考》乃國內首篇系統論述龐氏百匭樓的論文。又蒙復旦大學圖書館大力支援，提供館藏百匭樓善本書影圖片（卷首或卷端），故我們方能編成此册。

《復旦公學募捐公啓》（龐青城名列其中）

復旦大學圖書館内龐氏百匭樓藏書

《百匭擷英——復旦大學圖書館藏南潯龐氏百匭樓善本圖錄》（選錄一百五十種）是國內首部關於百匭樓的專著，是填補相關領域空白之作。至此，一百多年來，龐氏百匭樓舊藏的整體面貌始得以與世人見面。謹以此書紀念龐青城這位鼎故革新的先賢前輩和著名藏書家，也獻給廣大學者。

2025年是龐公青城誕辰一百五十周年，又恰逢復旦大學一百二十周年大慶，南潯龐宅也正式對社會開放，真是三喜臨門，正好以此書借花獻佛、以文志慶！

湖州市文史館館員、湖州市人文建設促進會研究員、南潯文化研究會常務副會長　陸劍
乙巳春節，寫於南林

目録

○○一 序
○○二 前言
○○六 凡例
○○二 經部
○三四 史部
○七八 子部
一二三 集部
一五七 附録一 龐青城及其百匭樓藏書聚散考
一六五 附録二 復旦大學圖書館藏南潯龐氏百匭樓古籍善本簡目
一八二 附録三 龐氏百匭樓藏書印彙録
一八五 附録四 龐青城傳記資料兩種
一八七 鳴謝

凡 例

一、本圖録所著録南潯龐氏百匭樓舊藏，現爲復旦大學圖書館館藏古籍善本。

二、入選善本共一百五十種，除宋元刻本、明嘉靖以前刻本、稿鈔本外，酌收嘉靖以後及清刻本之罕見者。

三、本圖録依經、史、子、集四部分類法編次，條目排序參考《中國古籍善本書目》及《中國古籍總目》。

四、每書著録信息，包括書名、卷數、著者、版本、批校、題跋、册數、索書號、行款、版式、鈐印。

五、鈐印一項，僅著録原書所鈐歷代公私鑒藏印。

六、本圖録所著録各項，均使用規範繁體字。

百匱擷英 書影

來鶴堂雜鈔

江南後主嘗詔徐鉉以所藏古今法帖入之石名昇
在淳化之前當為法帖之祖也。
沈草庭云以煮酒腳塗靈壁石其黑如漆洗之不脫極妙
斲琴名手。唐雷霄雷威雷珏郭亮皆蜀人沈鐐張鉞皆江南
人蔡廞僧智仁衛中正慶歷中朱仁濟馬希仁馬希亮皆崇寧
中並宗人

國朝典故人主北邀皆取大學文宣王主為劍事之另造嵫之
考之曰歷寧宗朝奉臨安府買到單進青玉一塊元重九十

百匯擷英

經部

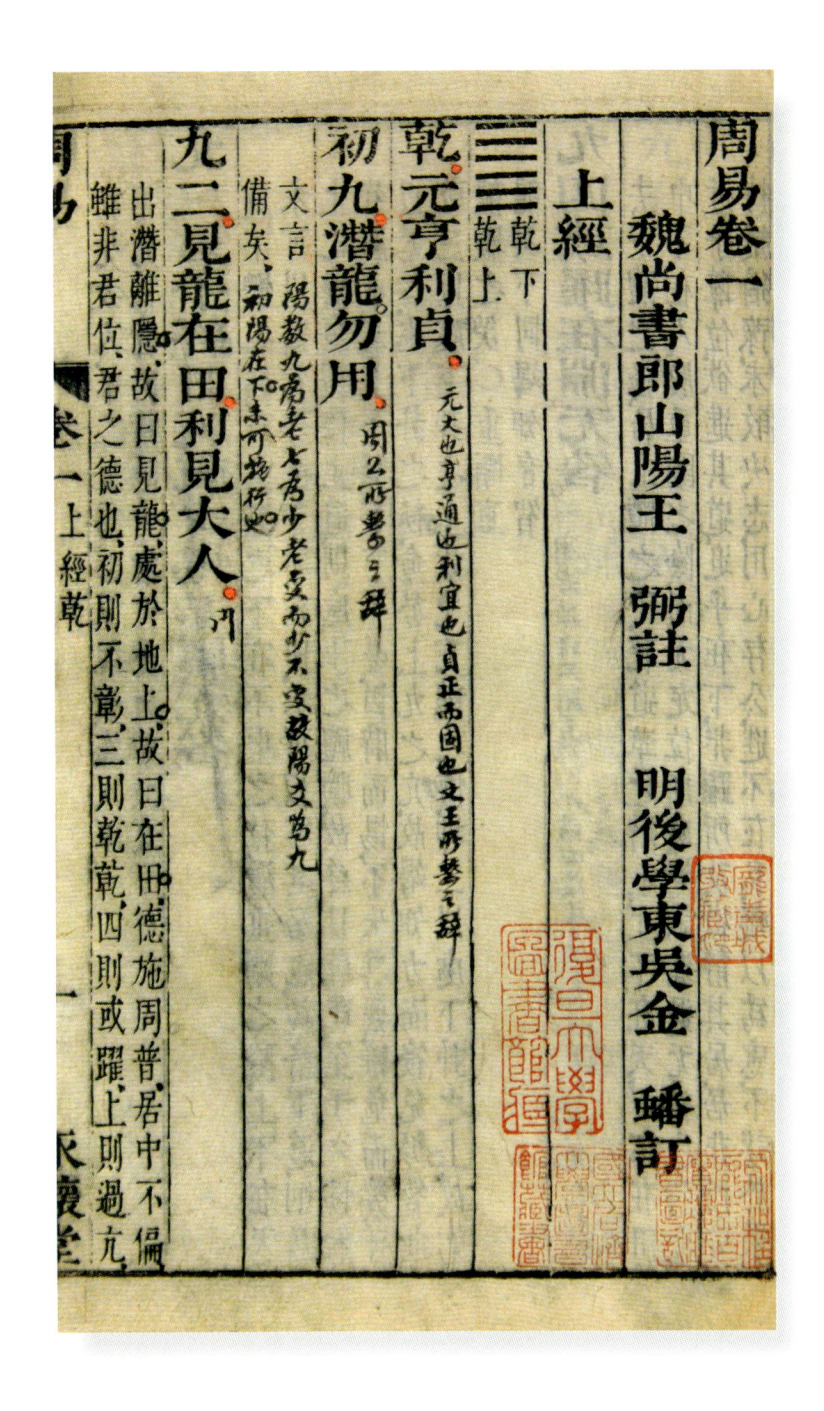

十三經古注十三種二百九十卷　明金蟠、明葛鼐校
明崇禎十二年（1639）永懷堂刻本　□□批校　48册　rb0098
每半葉九行，行二十五字，小字雙行同。白口，單魚尾，左右雙邊。
鈐"烏程龐氏百匭樓藏書圖記"朱文方印、"龐青城收藏印"朱文長方印、
"國立同濟大學圖書館藏書"朱文方印。

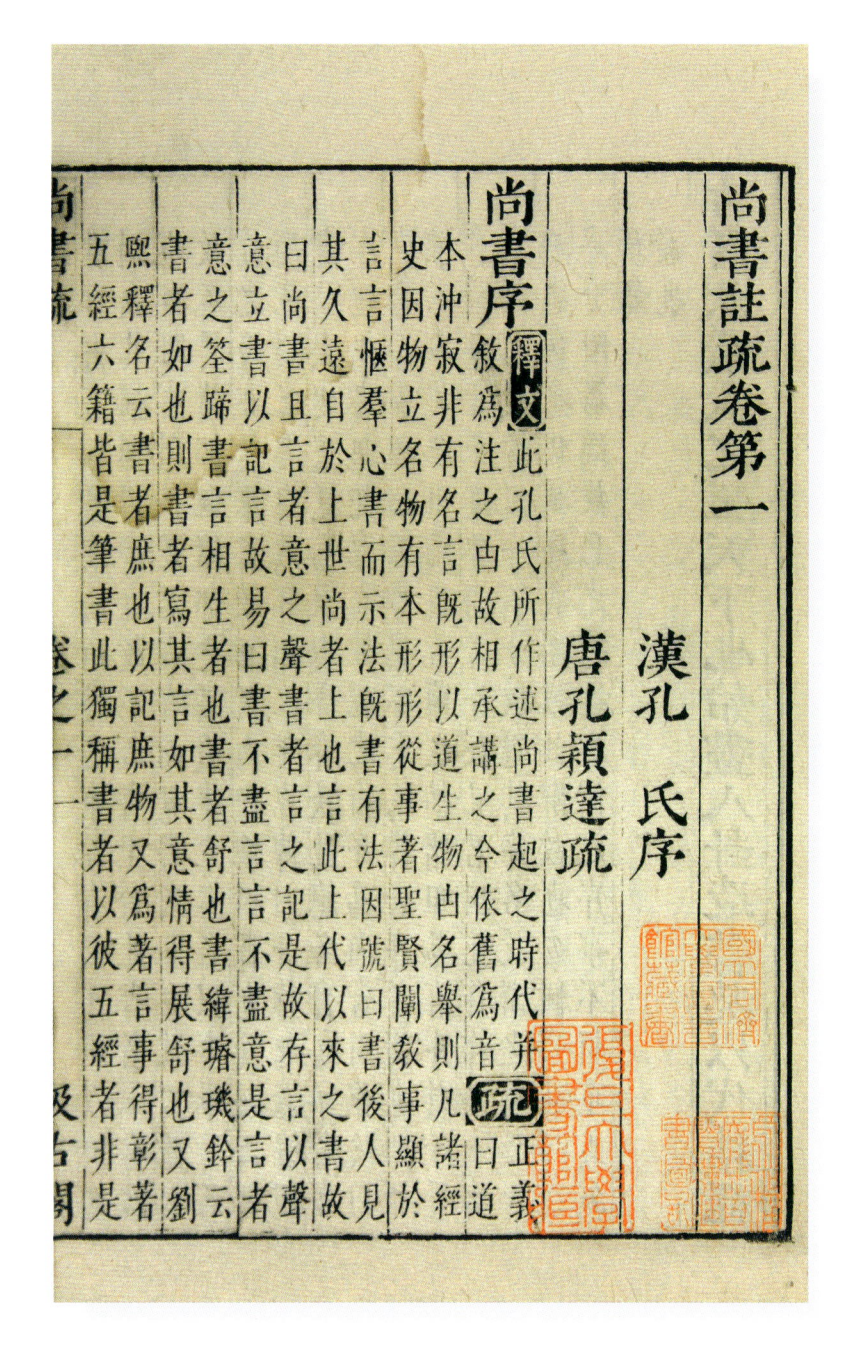

十三經注疏十三種三百三十三卷　□□輯
明末虞山毛氏汲古閣刻本　90册　rb0065
每半葉九行，行二十一字，小字雙行同。白口，無魚尾，左右雙邊。
鈐"烏程龐氏百匱樓藏書圖記"朱文方印、"國立同濟大學圖書館藏書"朱文方印。

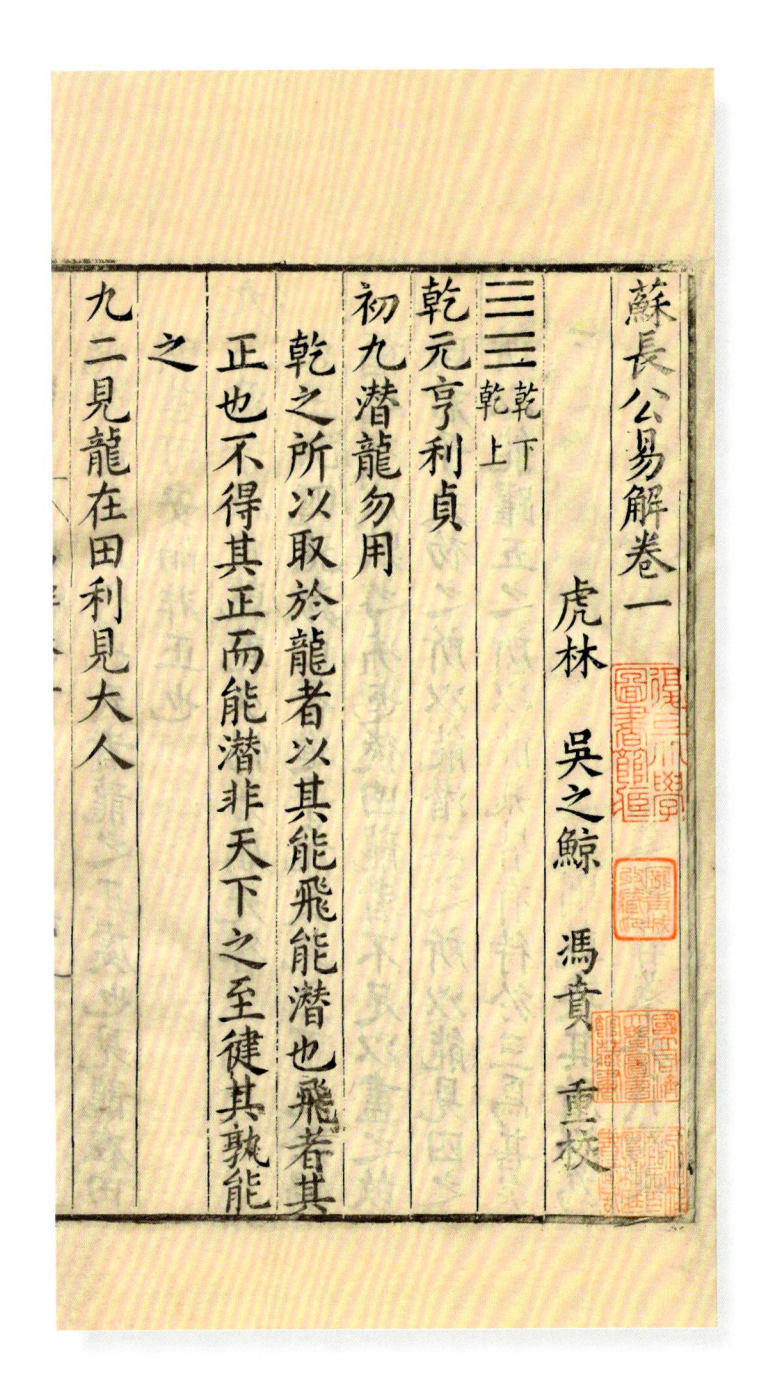

蘇長公易解八卷　宋蘇軾撰
明萬曆二十四年（1596）吳之鯨刻本　4冊　rb1346
每半葉九行，行十九字。白口，單白魚尾，左右雙邊。
鈐"烏程龐氏百匱樓藏書圖記"朱文方印、"龐青城收藏印"朱文長方印、
"國立同濟大學圖書館藏書"朱文方印。

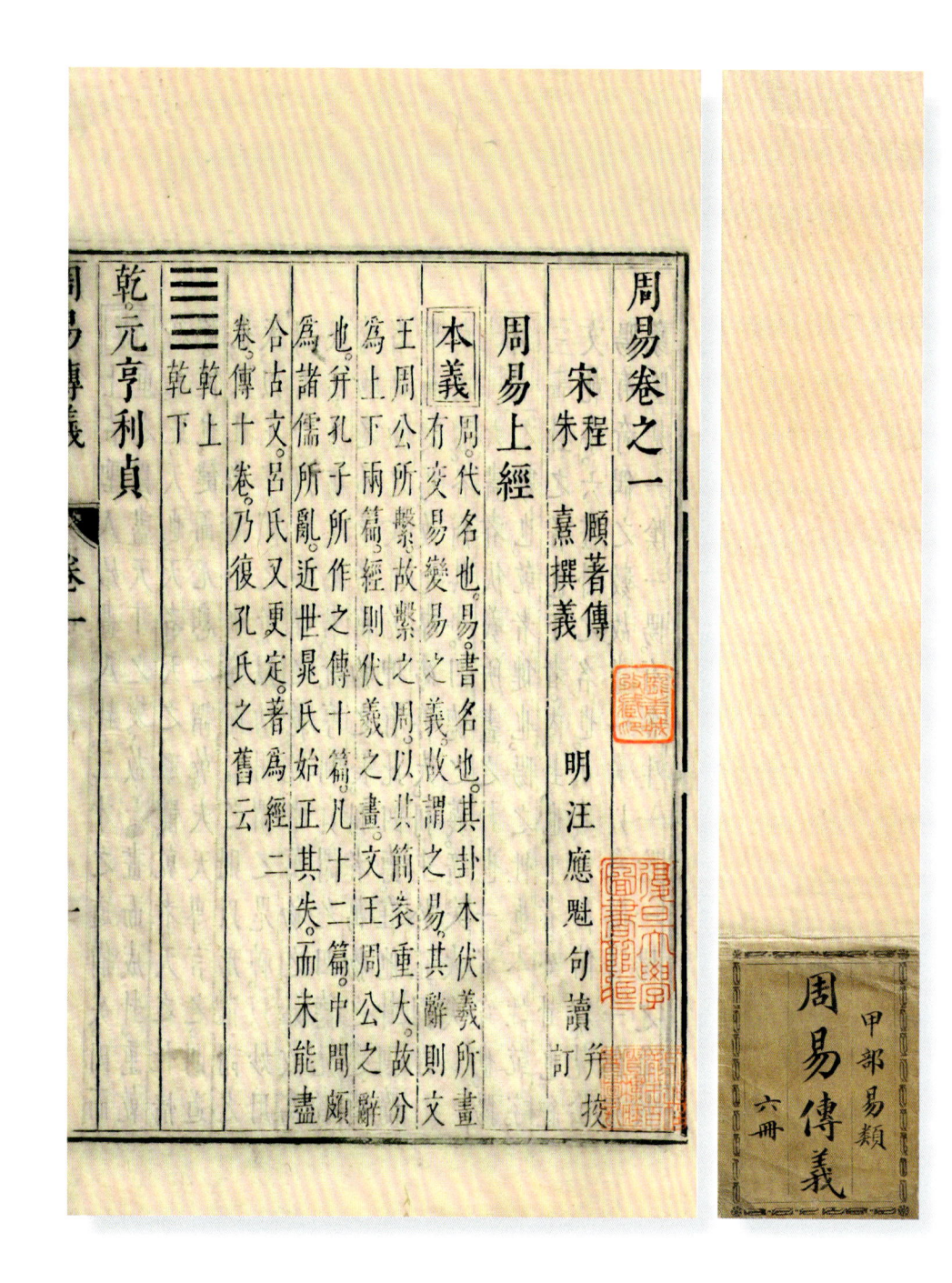

周易二十四卷　宋程頤傳　宋朱熹本義　明汪應魁句讀
明崇禎四年（1631）汪應魁刻本　6册　rb1344
每半葉九行，行十八字，小字雙行同。白口，單魚尾，四周雙邊。
鈐"曾藏烏程龐氏家"白文方印、"烏程龐氏百匯樓藏書圖記"朱文方印、
"龐青城收藏印"朱文長方印、"國立同濟大學圖書館藏書"朱文方印。

大易存義不分卷　明徐宗夔撰
清鈔本　32册　rb0222
每半葉九行，行二十四字，小字雙行同。無匡格。
鈐"鳴野山房"朱文方印、"烏程龐氏百匭樓藏書圖記"朱文方印、
"龐青城收藏印"朱文長方印、"國立同濟大學圖書館藏書"朱文方印。

周易翼註四卷　清□□撰
清鈔本　3冊　rb0470
每半葉九行，行二十三字，小字雙行不等。無匡格。
鈐"錢貴清印"白文方印、"錢之奎印"白文方印、"烏程龐氏百
匯樓藏書圖記"朱文方印、"龐青城收藏印"朱文長方印、"國立
同濟大學圖書館藏書"朱文方印。

周易鄭康成注

乾

九二見龍在田二於三才爲地道地上即田故稱田也九二利
見九五之大人　九三君子終日乾乾三於三才爲人道有乾
德而在人道君子之象　九五飛龍在天五於三才爲天道天
者清明無形而龍在爲飛之象也　上九亢龍有悔堯之末年
四凶在朝是以有悔未大凶也　用九見羣龍无首吉六爻皆
體龍乾一作羣龍之象也舜既受道禹與稷契咎繇之屬並在于
朝萬物資始乃統天資取也統本也　大人造也造爲也
確乎其不可拔拔移也　聖人作作起也　利貞者情性也

周易六種三十五卷　清□□輯
清鈔本　4冊　rb1347
每半葉十一行，行二十四字。無匡格。
鈐"烏程龐氏百匱樓藏書圖記"朱文方印、"龐青城收藏印"朱文長方印、
"國立同濟大學圖書館藏書"朱文方印。

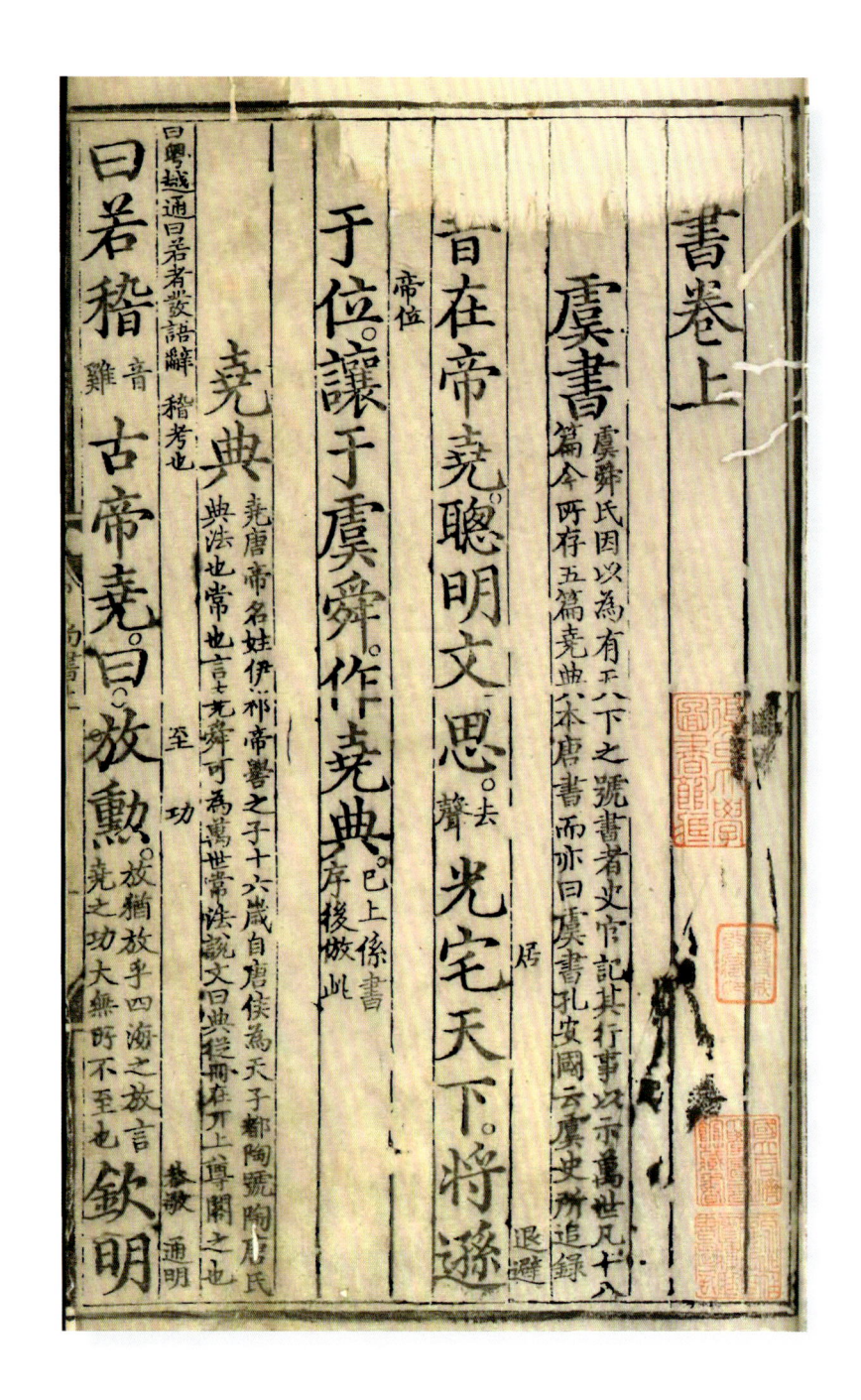

尚書旁注二卷　明朱升撰
明內府刻本　4冊　rb0642
每半葉大字六行，行十六字，小字雙行不等。黑口，雙魚尾，四周雙邊。
鈐"烏程龐氏百匭樓藏書圖記"朱文方印、"龐青城收藏印"朱文長方印、"國立同濟大學圖書館藏書"朱文方印。

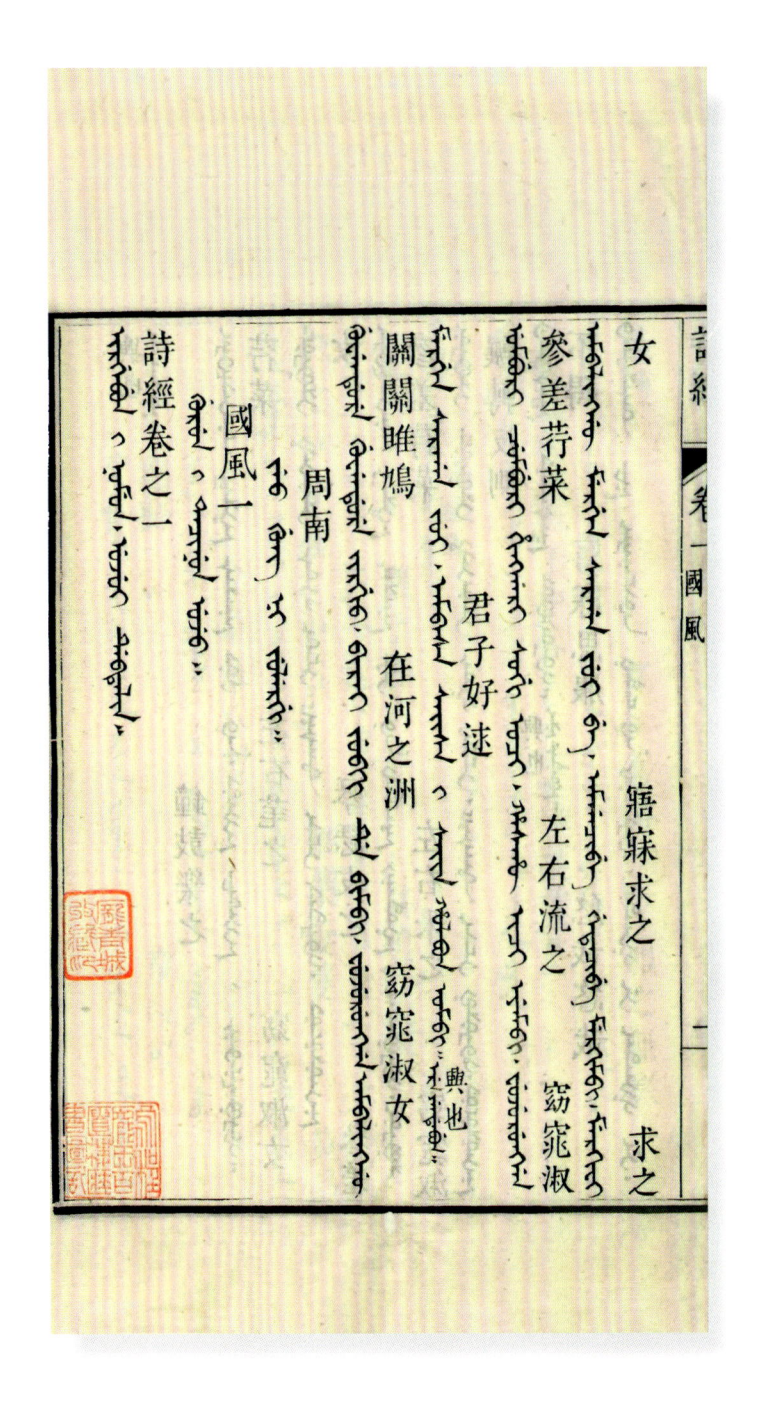

御製翻譯詩經八卷　清高宗弘曆敕譯
清乾隆三十三年（1768）武英殿刻滿漢合璧本　4冊　rb1414
每半葉十四行，行二十至二十一字不等。白口，單魚尾，四周雙邊。
鈐"烏程龐氏百匱樓藏書圖記"朱文方印、"龐青城收藏印"朱文長方印。

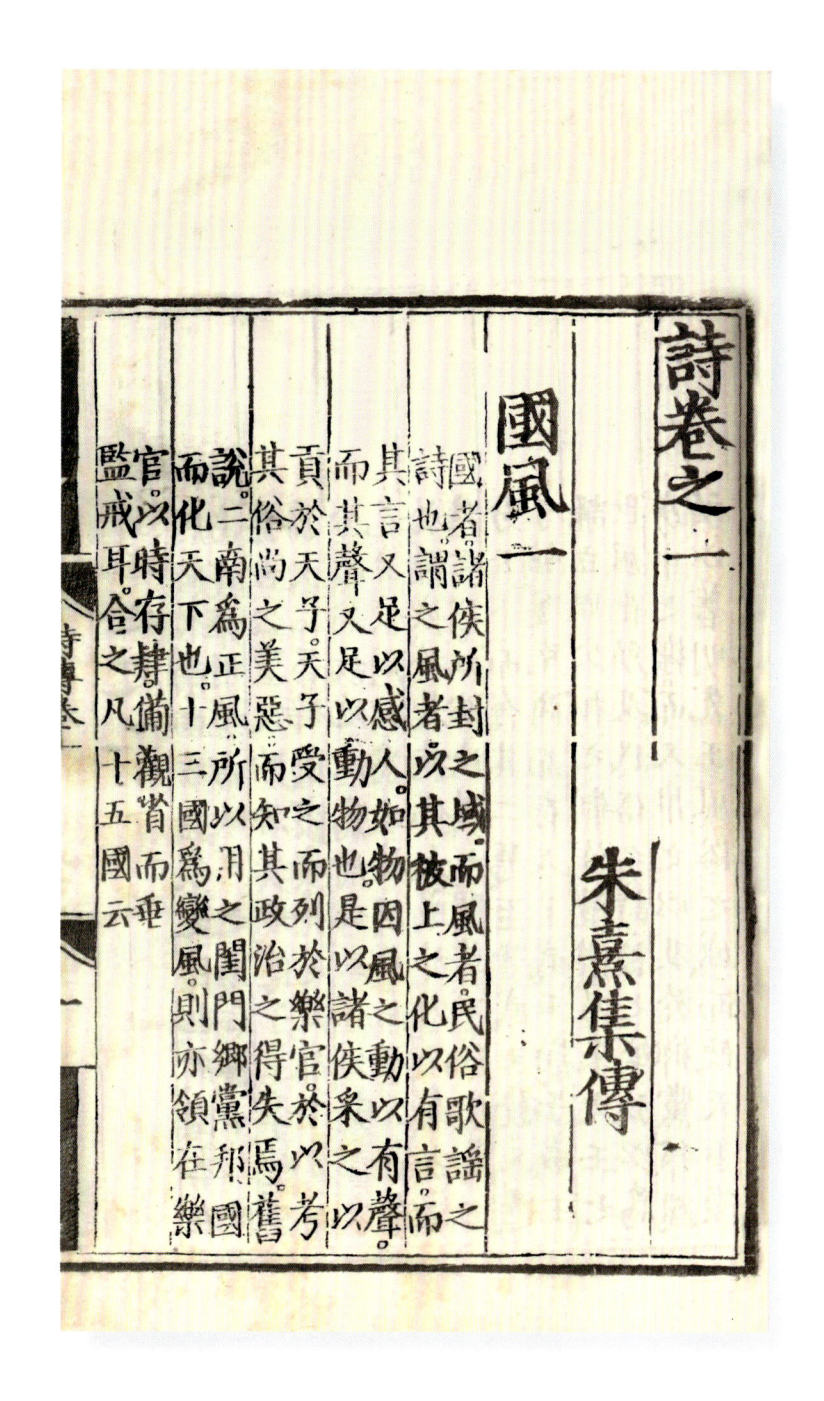

詩集傳二十卷詩序辨説一卷詩圖一卷詩傳綱領一卷　宋朱熹撰
明正統十二年（1447）北京司禮監刻本　10冊　rb0746
每半葉八行，行十四字，小字雙行十九字。黑口，雙魚尾，四周雙邊。
鈐"烏程龐氏百匱樓藏書圖記"朱文方印、"龐青城收藏印"朱文長方印、
"國立同濟大學圖書館藏書"朱文方印。

毛詩要義卷第一上　周南關雎葛覃

曰如名之曰鷗鶋先作後名名無定準
正義曰關雎者詩篇之名既以關雎為首遂以
關雎為一卷之目金縢云公乃為詩以貽王名
之曰鴟鴞然則篇名皆作者所自名既言為詩
乃云名之則先作詩後為名也名篇之例義無
定準多不過五少纔取一或偏舉兩字或全取
一句偏舉則或上或下全取則或盡或餘亦有
捨其篇首撮章中之一言或復都遺見文假外

毛詩要義二十卷毛詩序要義譜一卷　宋魏了翁撰
清影宋鈔本　20册　rb0813
每半葉九行，行十八字。無匡格。
鈐"鷗寄室王氏收藏"朱文方印、"烏程龐氏百匭樓藏書圖記"朱文方印、
"龐青城收藏印"朱文長方印、"國立同濟大學圖書館藏書"朱文方印。

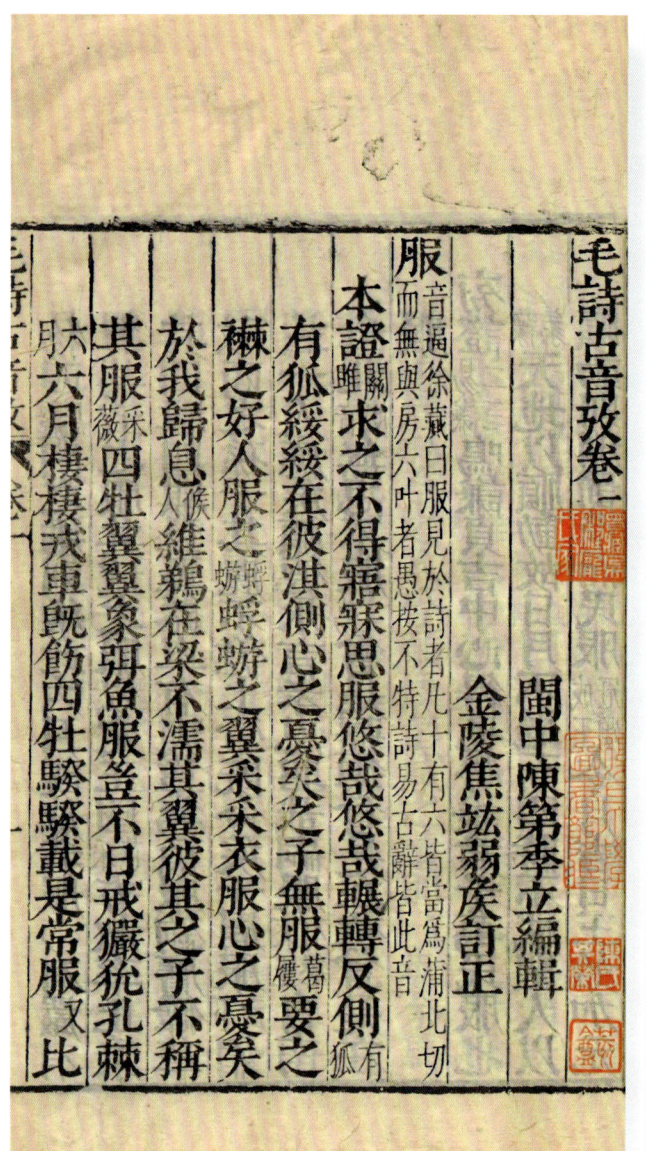

毛詩古音考四卷讀詩拙言一卷　明陳第撰　明焦竑訂正
明崇禎七年（1634）書林楊祁山刻本　1冊　rb0775
每半葉十行，行二十一字，小字雙行同。白口，單魚尾，四周單邊。
鈐"菱盦"朱文方印、"陳氏其榮"白文方印、"曾藏烏程龐氏家"白文方印。

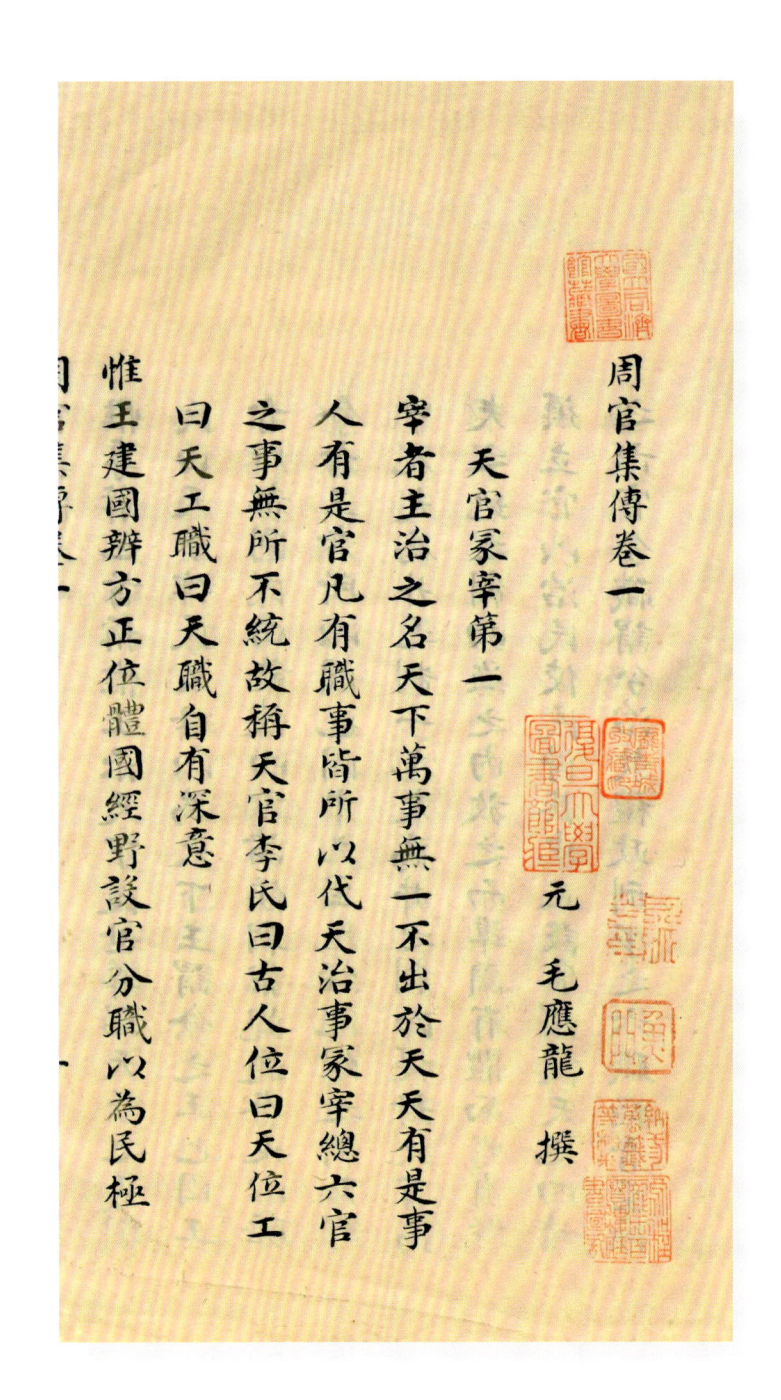

周官集傳十六卷　元毛應龍撰
清鈔本　4冊　rb0936
每半葉八行，行二十一字。無匡格。
鈐"納式萬籤等秭米"朱文方印、"魚門"朱文方印、"金衍登印"白文方印、"烏程龐氏百匱樓藏書圖記"朱文方印、"龐青城收藏印"朱文長方印、"國立同濟大學圖書館藏書"朱文方印。

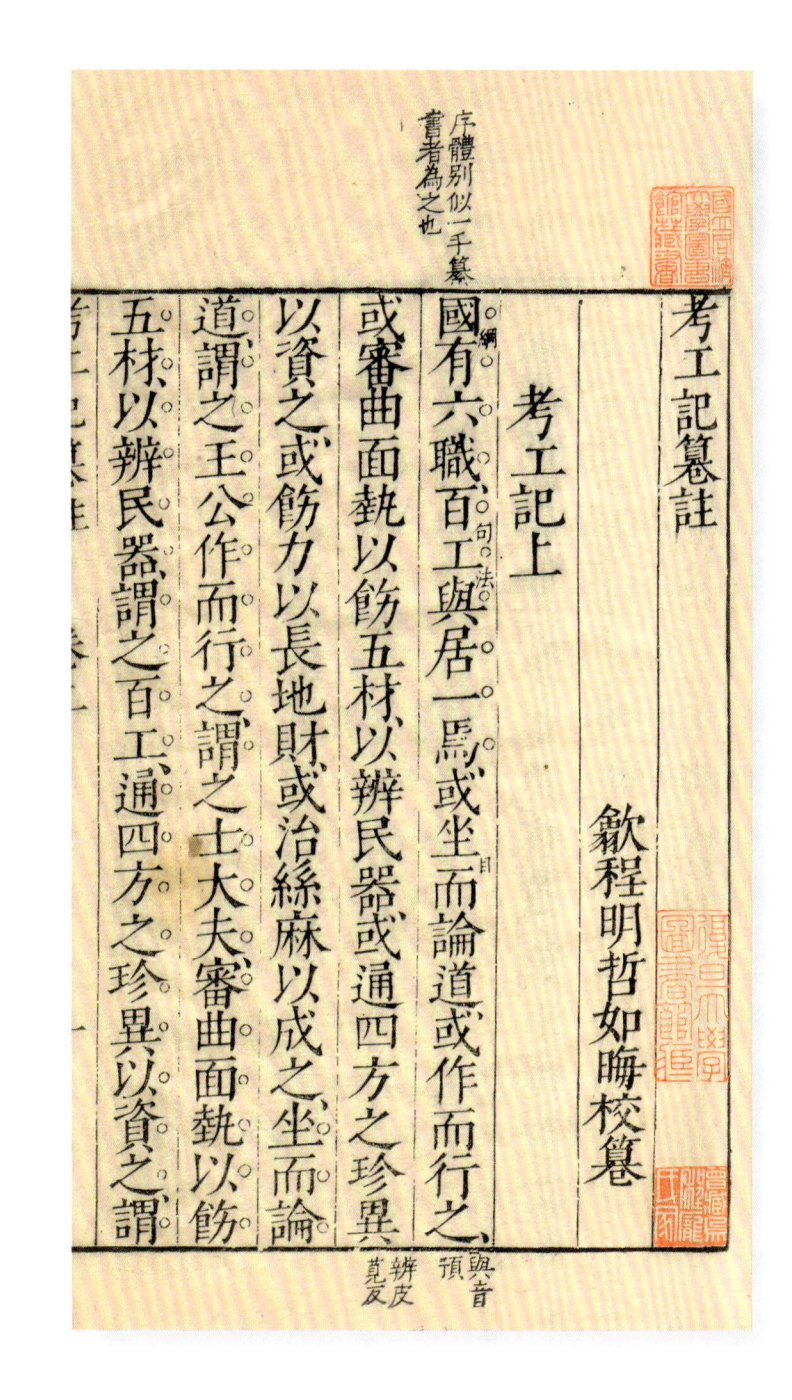

考工記纂注二卷卷首一卷附圖一卷　明程明哲撰
明萬曆四十一年（1613）歙縣程明哲刻本　2册　ra0611
每半葉八行，行二十字。白口，無魚尾，四周單邊。
鈐"曾藏烏程龐氏家"白文方印、"國立同濟大學圖書館藏書"朱文方印。

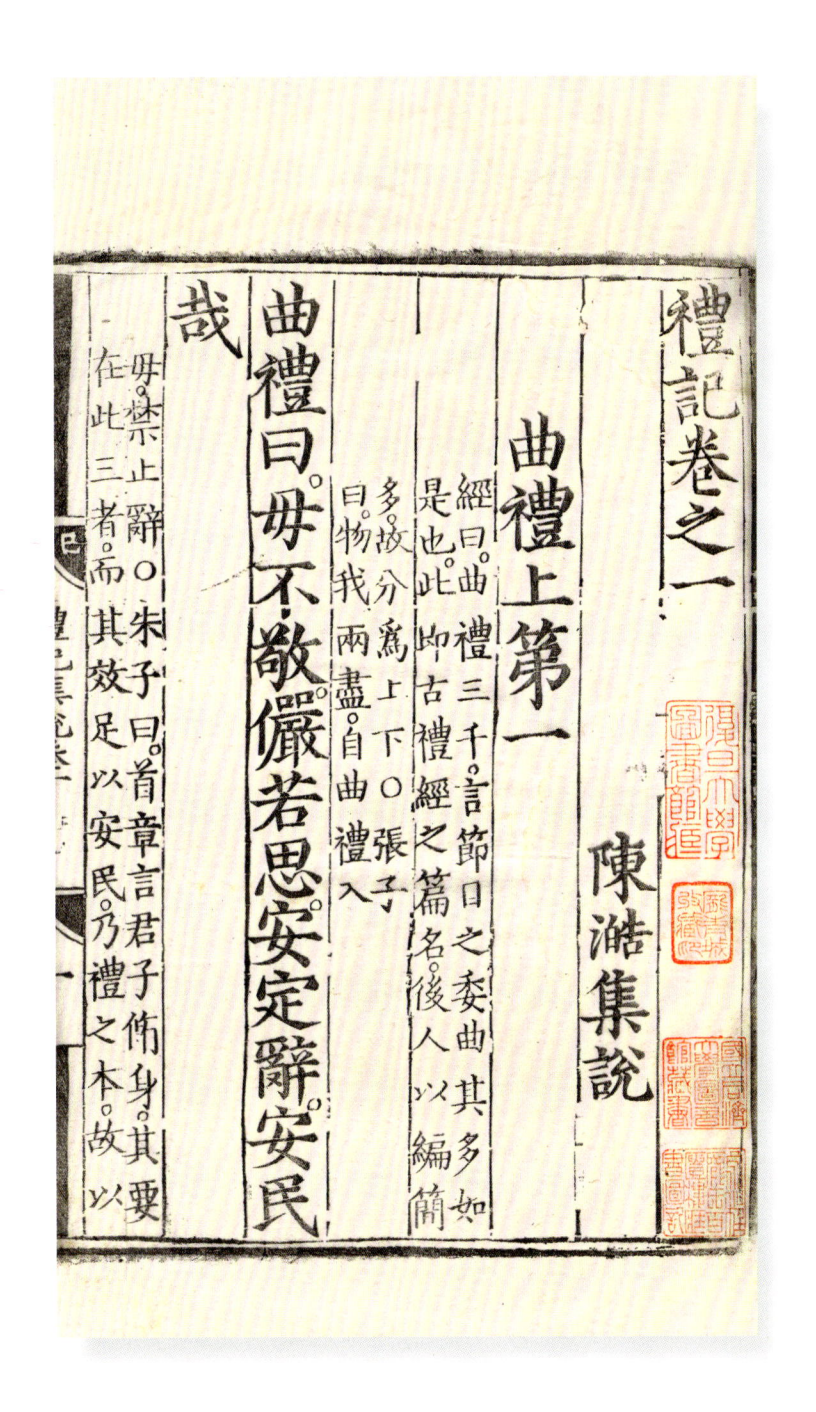

禮記集説十六卷　元陳澔撰
明正統十二年（1447）司禮監刻本　16冊　ra0491
每半葉八行，行十四字，小字雙行十八字。黑口，雙魚尾，四周雙邊。
鈐"烏程龐氏百匭樓藏書圖記"朱文方印、"龐青城收藏印"朱文長方印、"國立同濟大學圖書館藏書"朱文方印。

春秋經傳集解三十卷　晉杜預撰
明翻刻宋本　16冊　rb0969
每半葉八行，行十七字，小字雙行同。白口，雙白魚尾，四周雙邊。
鈐"群玉山樵"朱文方印、"六止居士"白文方印、"烏程龐氏百匱樓藏書圖記"朱文方印、"龐青城收藏印"朱文長方印、"國立同濟大學圖書館藏書"朱文方印。

詳注東萊先生左氏博議二十五卷　宋呂祖謙撰　宋張成招注
清影宋鈔本　12册　rb1545
每半葉十行，行二十字。無匡格。
鈐"鳴野山房"朱文方印、"烏程龐氏百匱樓藏書圖記"朱文方印、"龐青城收藏印"朱文長方印。

東萊呂太史春秋左傳類編不分卷　宋呂祖謙撰
清鈔本　6册　ra1015
每半葉十行，行二十字，小字雙行同。無匡格。
鈐 "烏程龐氏百匭樓藏書圖記" 朱文方印、"龐青城收藏印" 朱文長方印、
"國立同濟大學圖書館藏書" 朱文方印。

春秋經傳集解考正七卷　清陳樹華撰
清鈔稿本　王欣夫跋　16冊　rb1547
每半葉十行，行二十字，小字雙行同。無匡格。
鈐"二雲"朱文方印、"晋涵之印"朱文方印、"邵氏二雲"朱文方印、"烏程龐氏百匱樓藏書圖記"朱文方印、"龐青城收藏印"朱文長方印、"國立同濟大學圖書館藏書"朱文方印、"王大隆"白文方印、"欣夫"朱文方印。

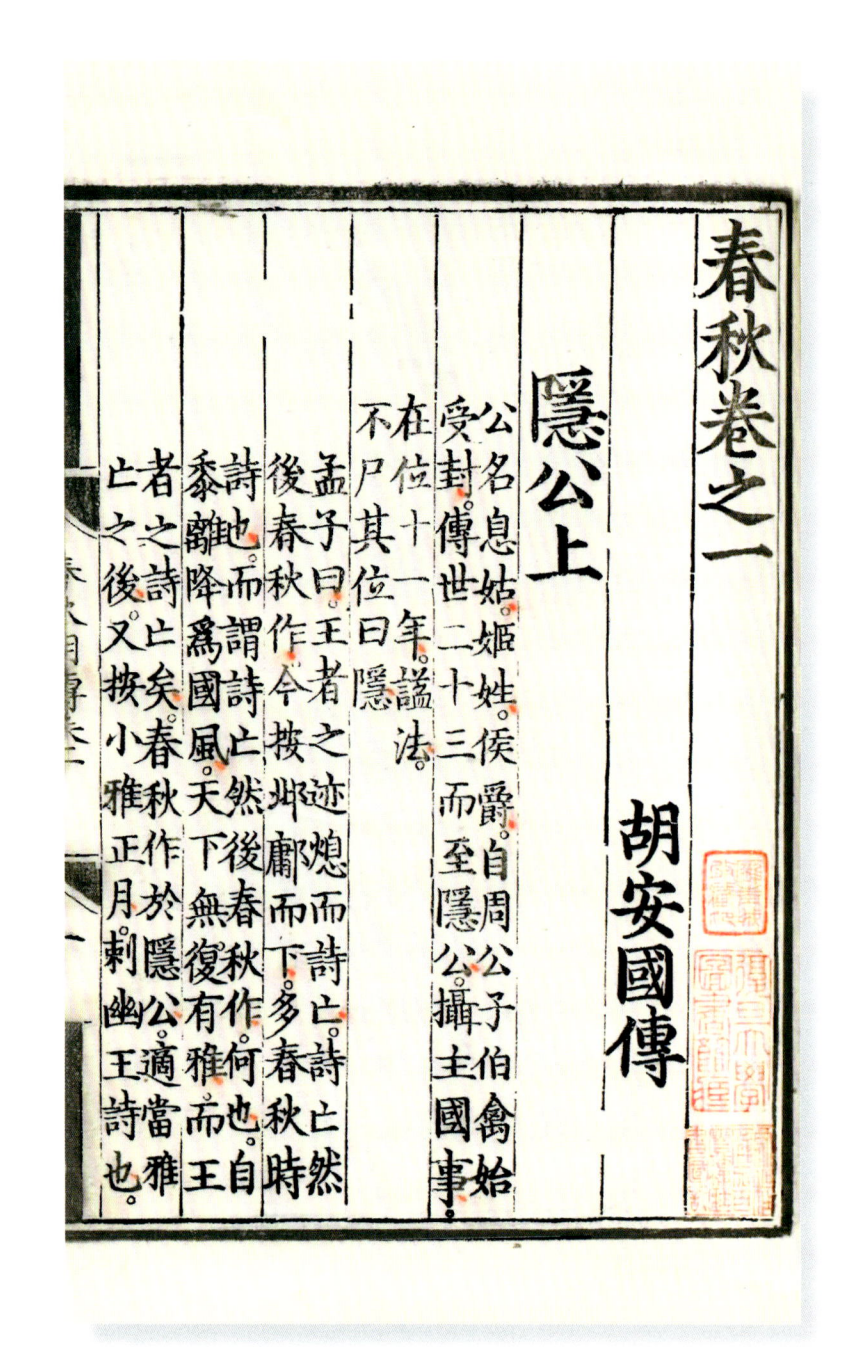

春秋胡傳三十卷　宋胡安國撰
明正統十二年（1447）北京司禮監刻本　8冊　rb0329
每半葉八行，行十四字，小字雙行十九字。黑口，雙魚尾，四周雙邊。
鈐"烏程龐氏百匭樓藏書圖記"朱文方印、"龐青城收藏印"朱文長方印、"國立同濟大學圖書館藏書"朱文方印。

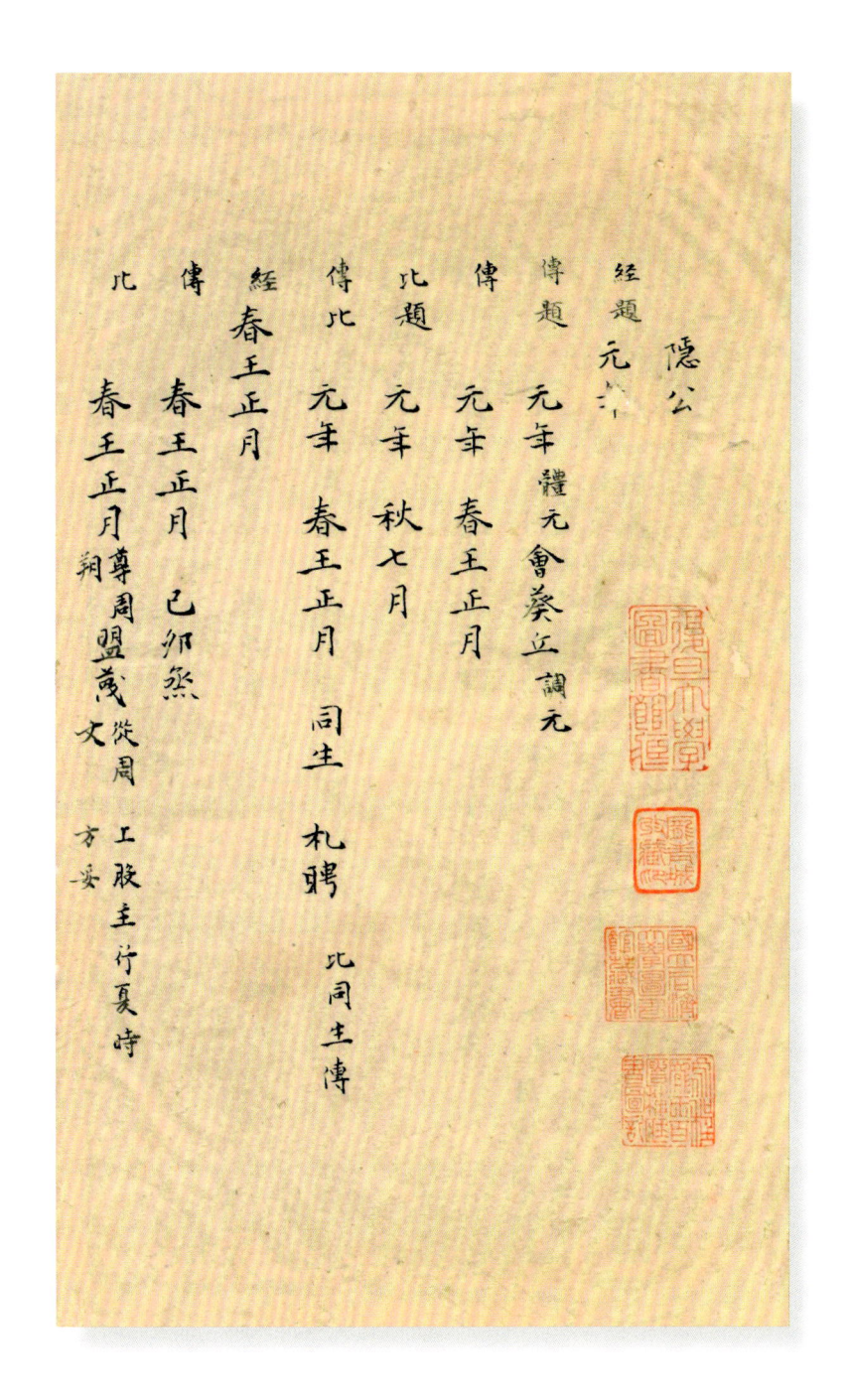

麟書大成不分卷　□□輯
清鈔本　16册　rb1455
每半葉九行，行二十一字，小字雙行同。無匡格。
鈐"烏程龐氏百匱樓藏書圖記"朱文方印、"龐青城收藏印"朱文長方印、"國立同濟大學圖書館藏書"朱文方印。

五經纂註五十六卷　明夏璋編
明崇禎間二乙堂刻本　10册　ra0618
每半葉十行，行二十字，小字雙行同。白口，單魚尾，左右雙邊。
鈐"國立同濟大學圖書館藏書"朱文方印。

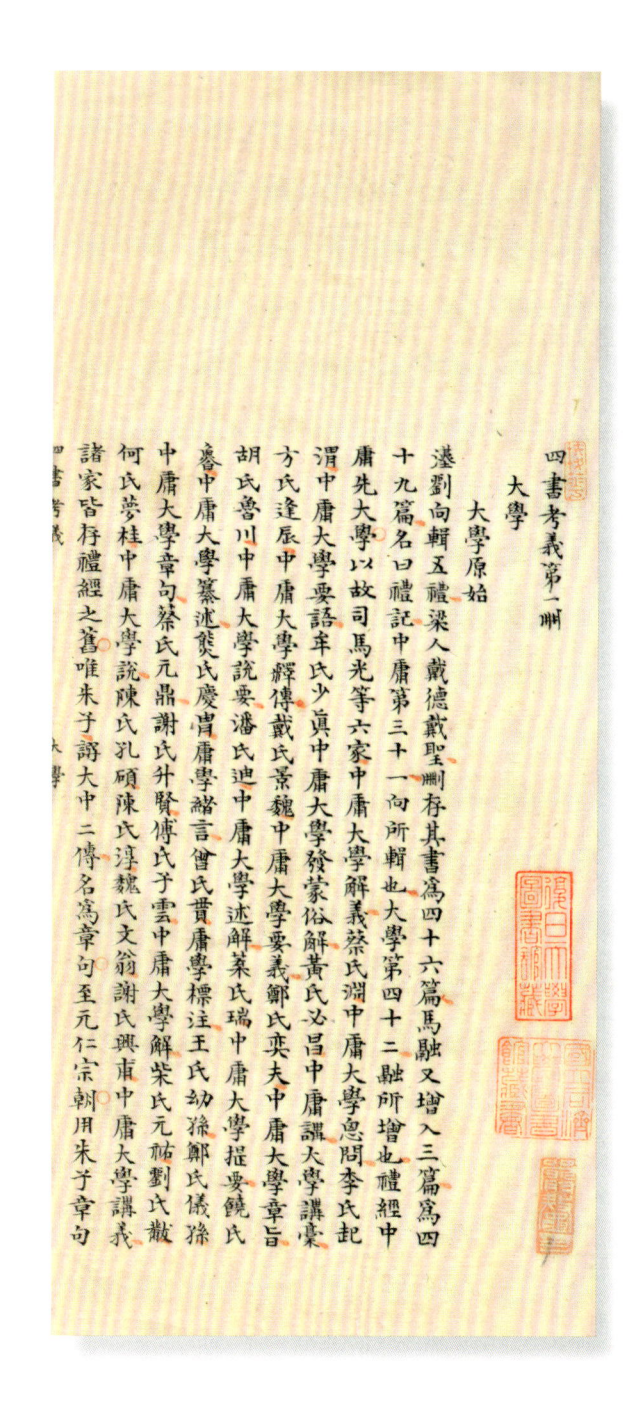

四書五經考義不分卷　清嚴䃂輯

清鈔本　18冊　ra0959

每半葉十三行，行三十字。無匡格。

鈐"嚴䃂印"白文長方印、"棱華"朱文長方印、"烏程龐淵如校閱秘藏本"朱文方印、"國立同濟大學圖書館藏書"朱文方印。

爾雅三卷　晉郭璞注
明嘉靖十七年（1538）東海吳元恭刻本　3冊　rb0941
每半葉八行，行十七字，小字雙行同。白口，單白魚尾，四周雙邊。
鈐"增年"朱文方印、"國立同濟大學圖書館藏書"朱文方印。

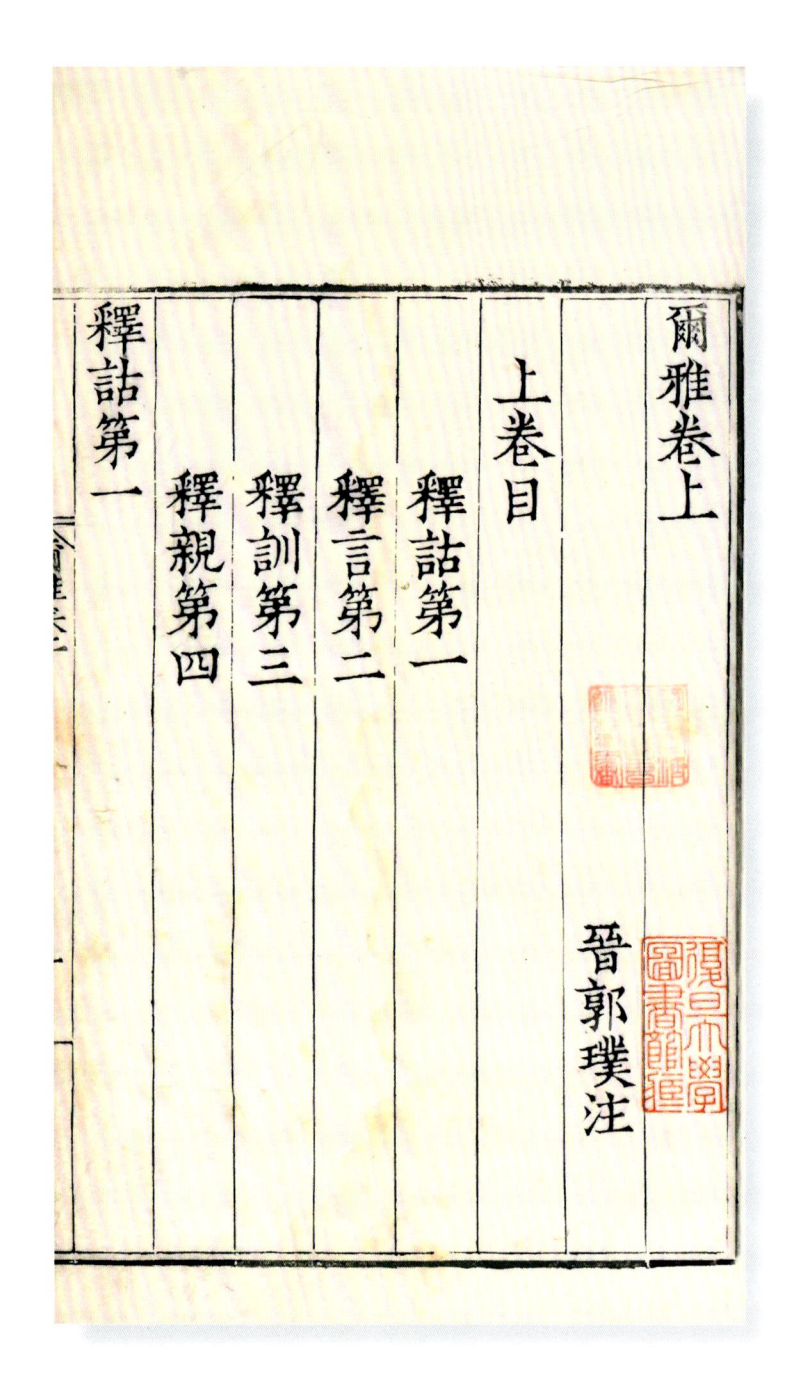

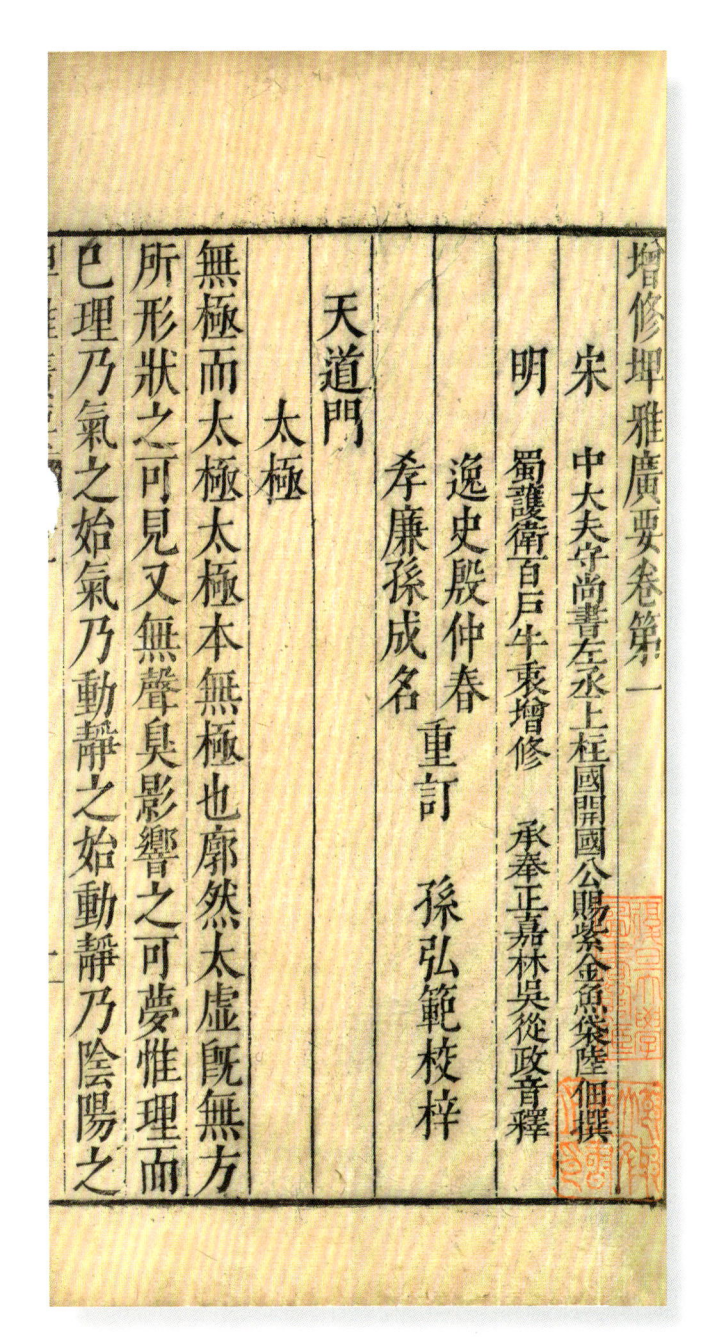

增修埤雅廣要四十二卷　宋陸佃撰　明牛衷增修　明吳從政音釋
明萬曆三十八年（1610）孫弘範刻本　8册　ra0969
每半葉十行，行十八字。白口，單魚尾，四周單邊。
鈐"江東羅氏所藏"朱文方印、"羅氏鏡泉"朱文方印、"臣以智印"白文方印、
"印心書屋藏書畫册帖印"朱白文方印、"郎邪山文藏書之印"朱文方印。

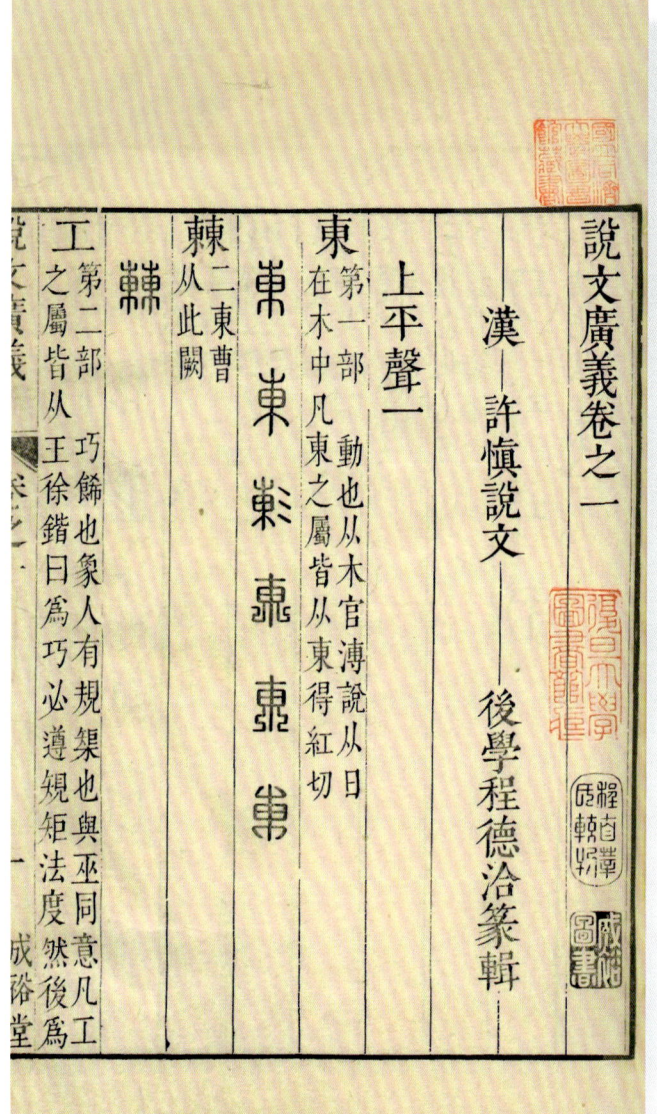

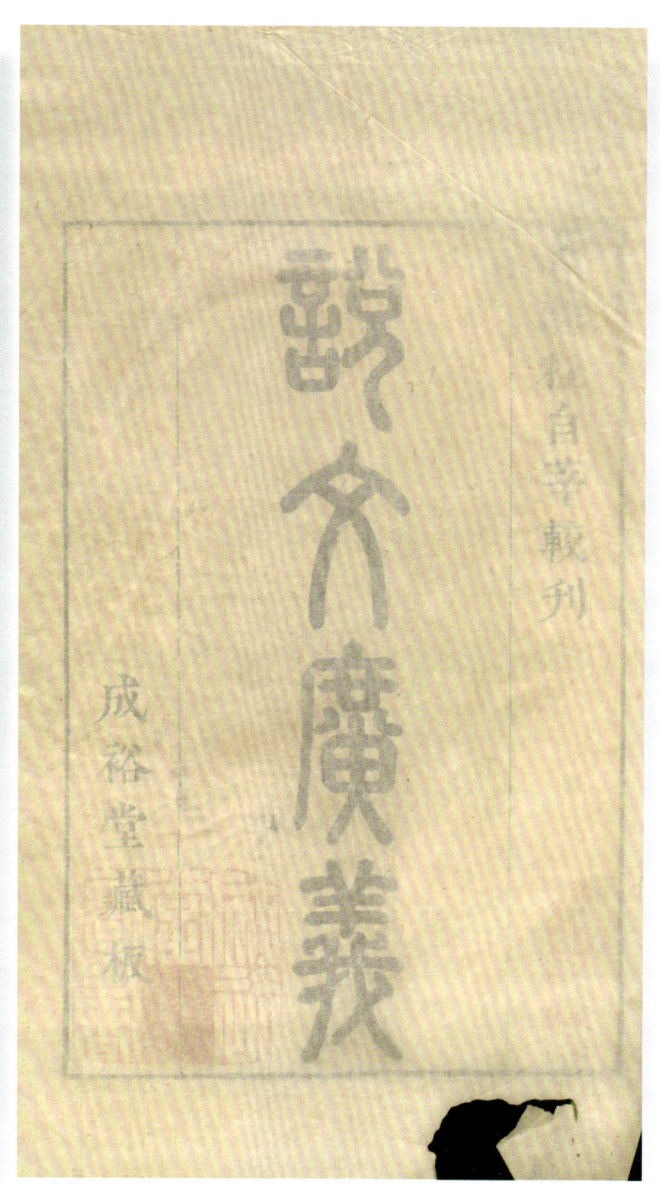

說文廣義十二卷　漢許慎撰　清程德洽篆輯
清康熙五十一年（1712）成裕堂刻本　12冊　rb1351
每半葉九行，行二十字，小字雙行同。白口，單魚尾，左右雙邊。
鈐"國立同濟大學圖書館藏書"朱文方印。

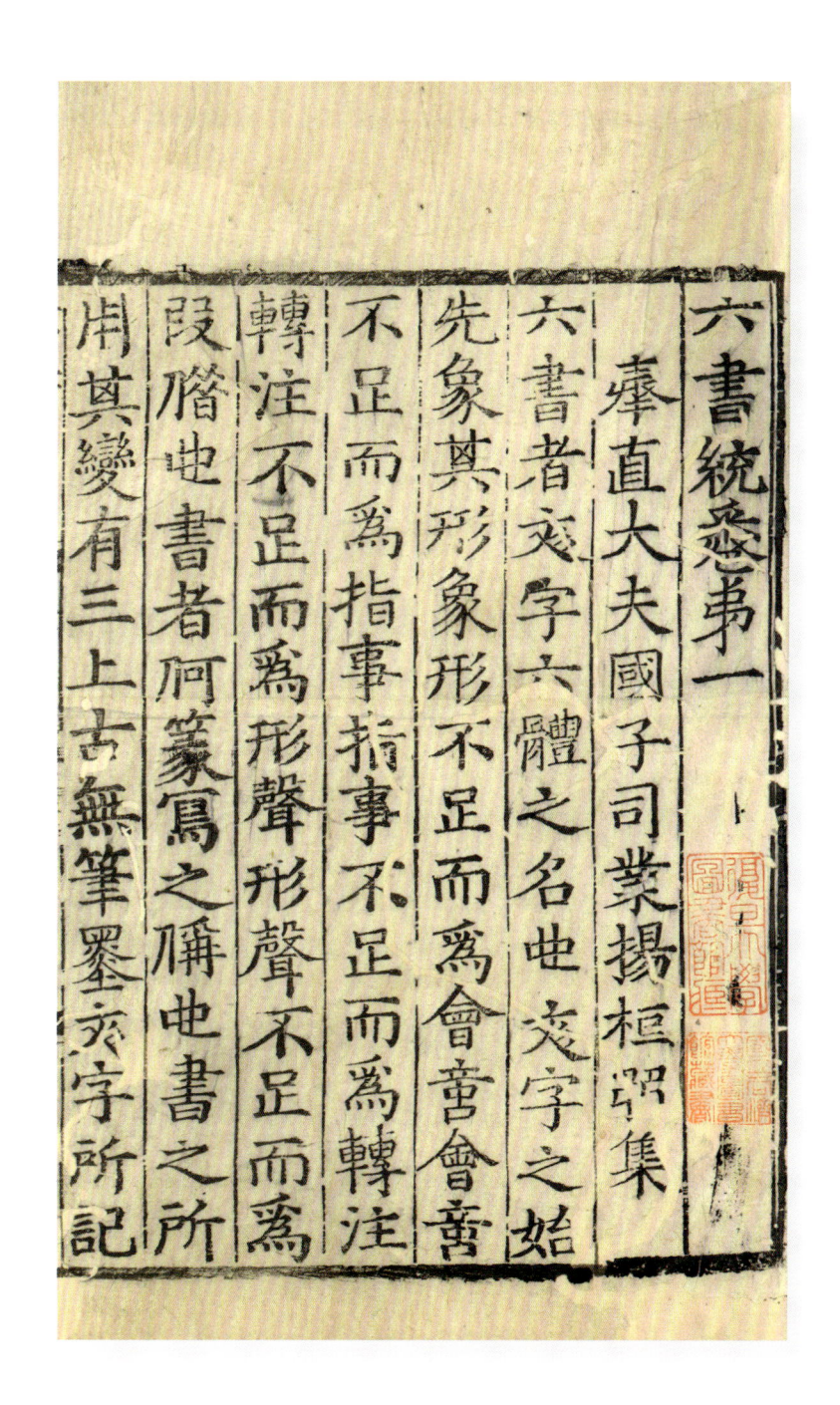

六書統二十卷　元楊桓撰
元至大元年（1308）浙江行省儒學刻元明遞修本　16册　rb0185
每半葉八行，行十四字。細黑口，雙魚尾，左右雙邊。
鈐"國立同濟大學圖書館藏書"朱文方印。

新校經史海篇直音十卷　□□撰
明嘉靖二十三年（1544）勉勤堂刻本　10冊　rb0513
每半葉十一行，行十五字，小字雙行三十字。白口，單魚尾，四周單邊。
鈐"國立同濟大學圖書館藏書"朱文方印。

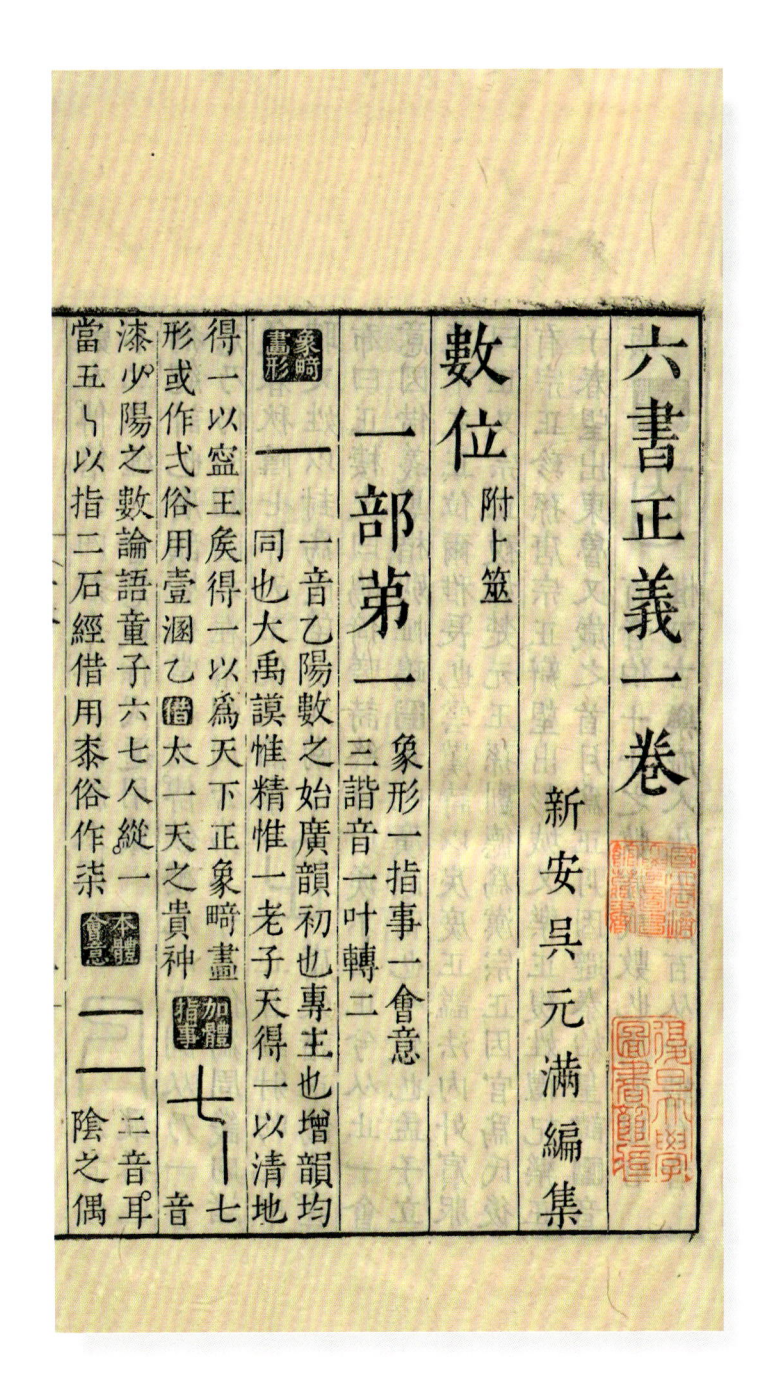

六書正義十二卷　明吳元滿撰

明萬曆三十三年（1605）新安吳時薪、吳養春刻本　6册　rb1435

每半葉七行，行大字不等，小字雙行二十二字。白口，單白魚尾，四周單邊。鈐"錢陸燦印"白文方印、"湘靈"朱文方印、"文熙"朱文方印、"公敏氏"朱文方印、"國立同濟大學圖書館藏書"朱文方印。

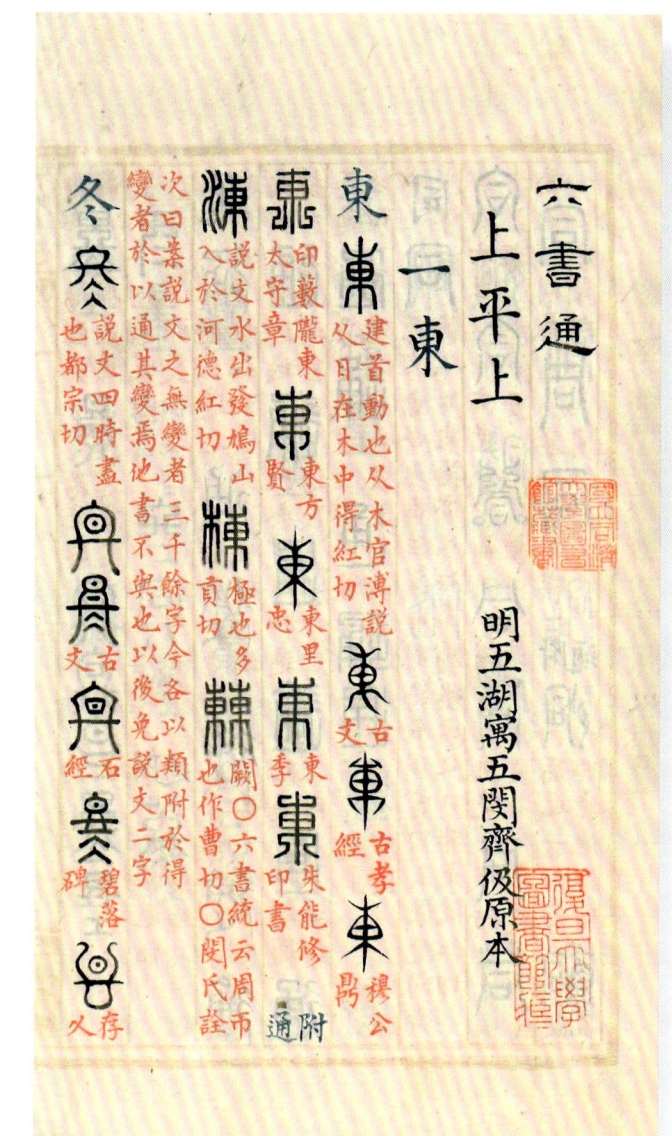

六書通十卷（存九卷）卷首一卷　明閔齊伋撰
清道光三年（1823）笠澤席氏春雨樓三色鈔本　11册　rb2123
每半葉八行，行十二字，小字雙行二十四字。白口，單魚尾，四周雙邊。
鈐"國立同濟大學圖書館藏書"朱文方印。

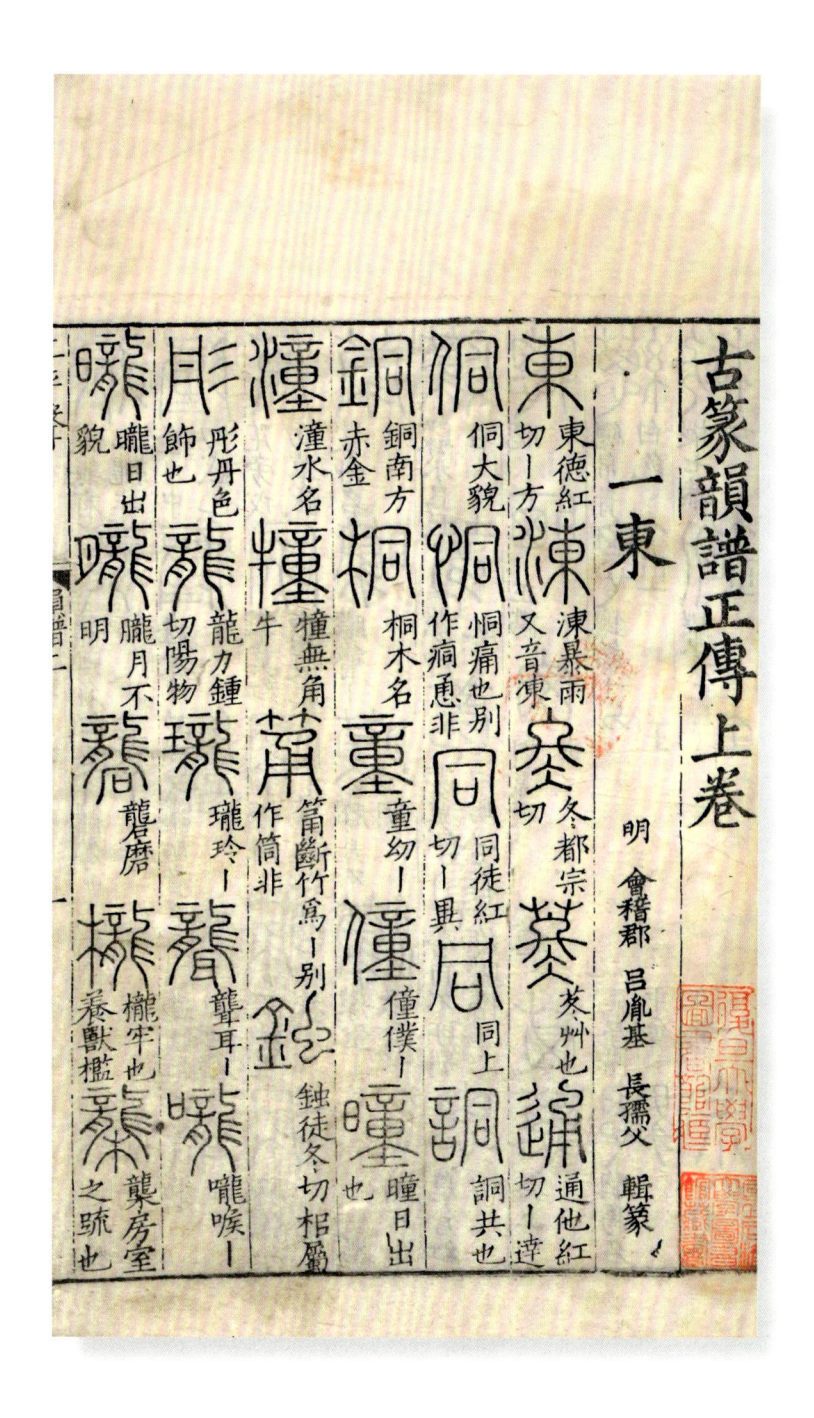

古篆韻譜正傳二卷　明呂胤基撰

明萬曆十六年（1588）江籬館刻本　2冊　rb2180

每半葉八行，行十字，小字雙行三十字。白口，單魚尾，左右雙邊。

鈐"國立同濟大學圖書館藏書"朱文方印。

百匱擷英

史部

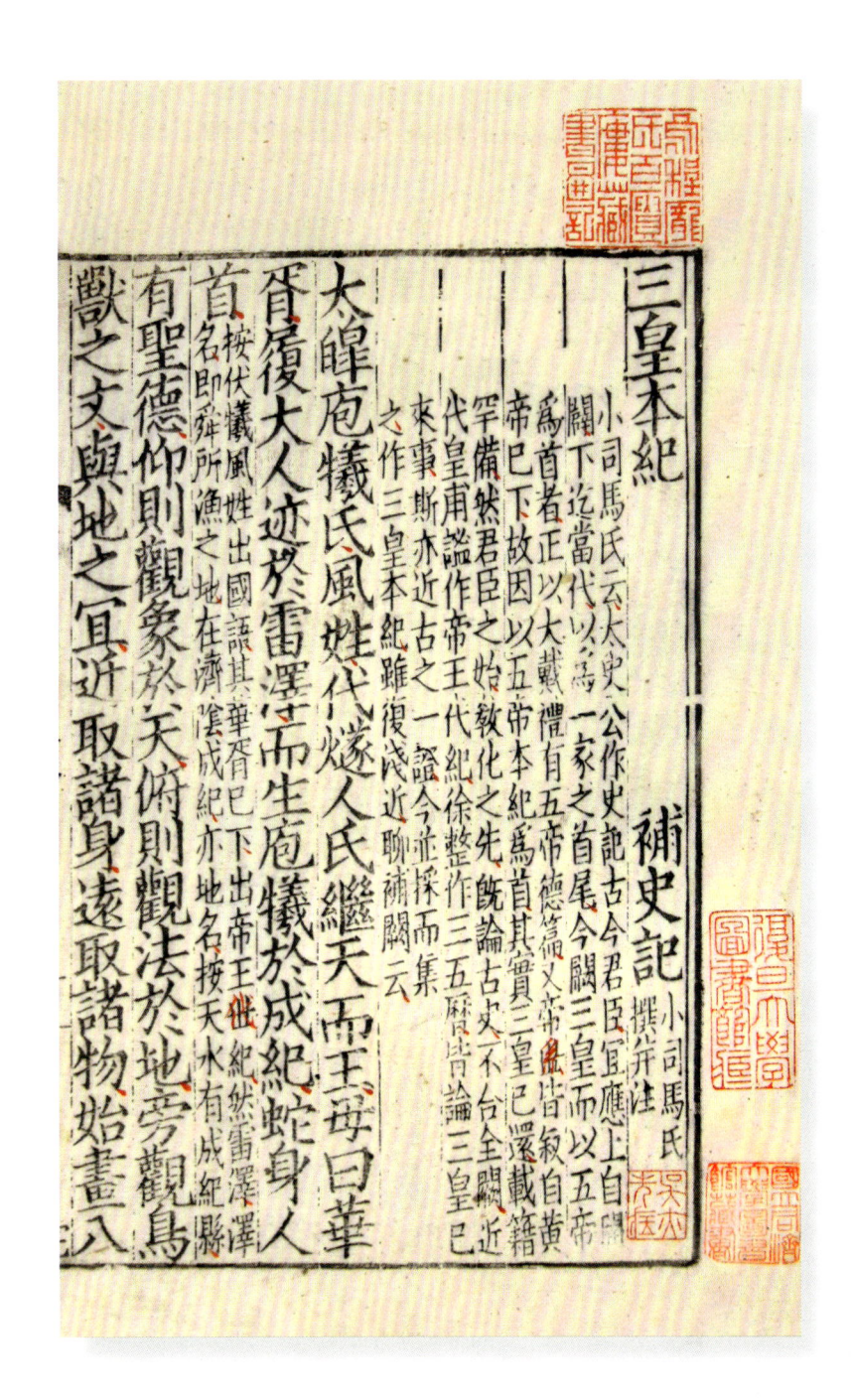

史記一百三十卷　漢司馬遷撰　南朝宋裴駰集解　唐司馬貞索隱　唐張守節正義
明嘉靖四至六年（1525—1527）震澤王延喆覆南宋建安黃善夫刻本　清諸洛臨清葉樹廉、顧炎武、馮遠、方苞批校
清諸洛、鄒鍔跋　40冊　rb0151
每半葉十行，行十八字，小字雙行二十四字。白口，單魚尾，左右雙邊。
鈐"吳亦光藏"朱文長方印、"吳宗玉印"白文方印、"臣翰泰印"白文方印、"梁溪顧氏藏書"白文長方印、"西神布衣"朱文方印、"師酉山樵"朱文方印、"鄒鍔之印章"白文扁方印、"子孫保之"朱文橢圓印、"烏程龐淵如校閱祕藏本"朱文方印、"曾藏旅滬龐氏丼李館"白文方印、"烏程龐氏百匱樓藏書圖記"朱文方印、"百匱樓所藏善本書籍之印"朱文方印、"國立同濟大學圖書館藏書"朱文方印。

史記評林一百三十卷　明凌稚隆輯

明萬曆二至四年（1574—1576）吳興凌氏刻本　30冊　rb0175

每半葉十行，行十九字，小字雙行同。白口，單魚尾，左右雙邊。

鈐"潁亭過眼"白文長方印、"國立同濟大學圖書館藏書"朱文方印。

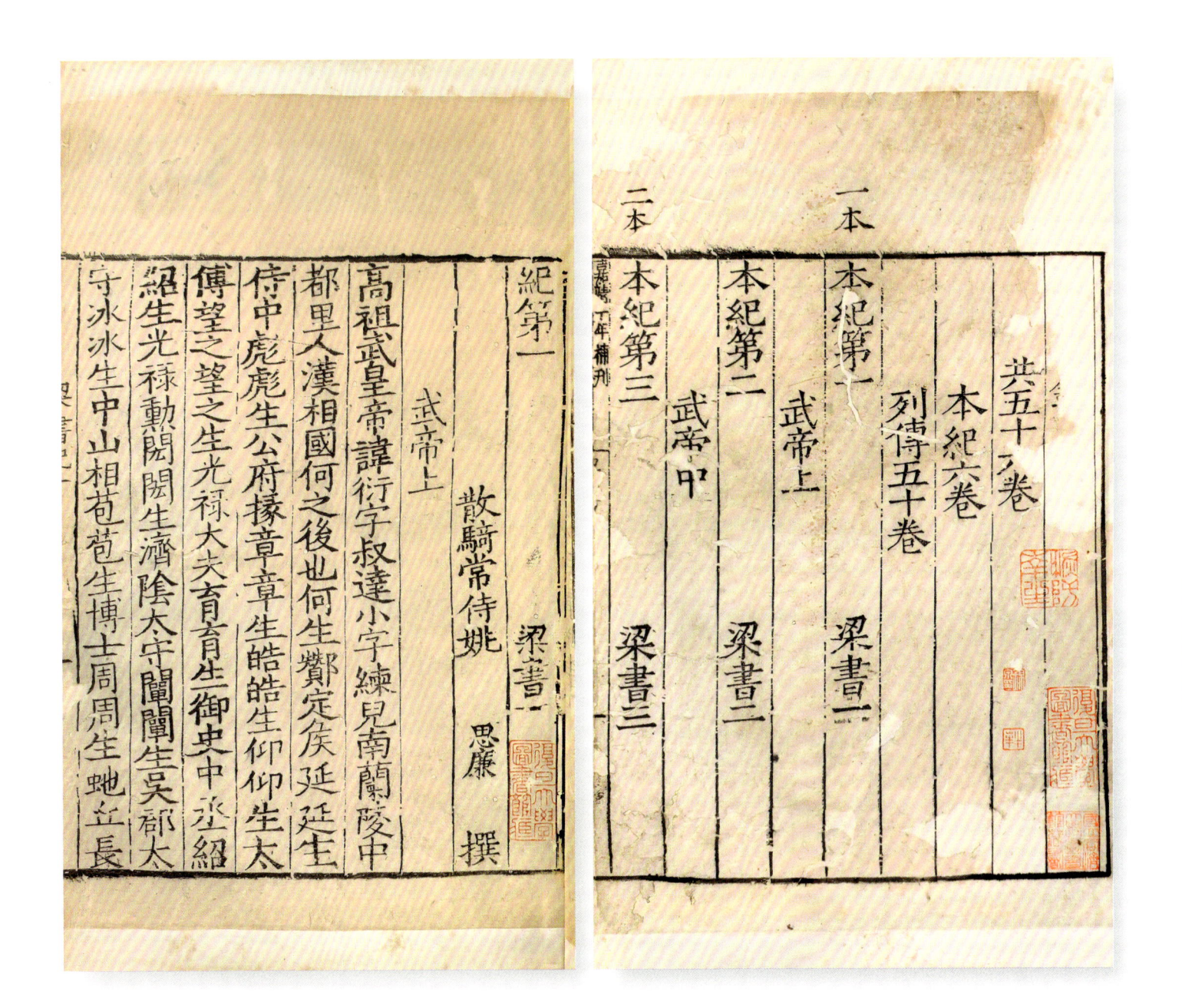

梁書五十六卷　唐姚思廉撰
南宋紹興間刻元明遞修本　20冊　rb0038
每半葉九行，行十八字。白口，無魚尾，左右雙邊。
鈐"恢防幸生"朱文方印、"錦泉印"白文方印、"半峰"朱文方印、"一字半峰"朱文長方印、"國立同濟大學圖書館藏書"朱文方印。

通志二百卷　宋鄭樵撰

元刻明萬曆間修補本　120冊　rb0010

每半葉九行，行二十一字，小字雙行同。白口，雙魚尾，左右雙邊。鈐"國立同濟大學圖書館藏書"朱文方印。

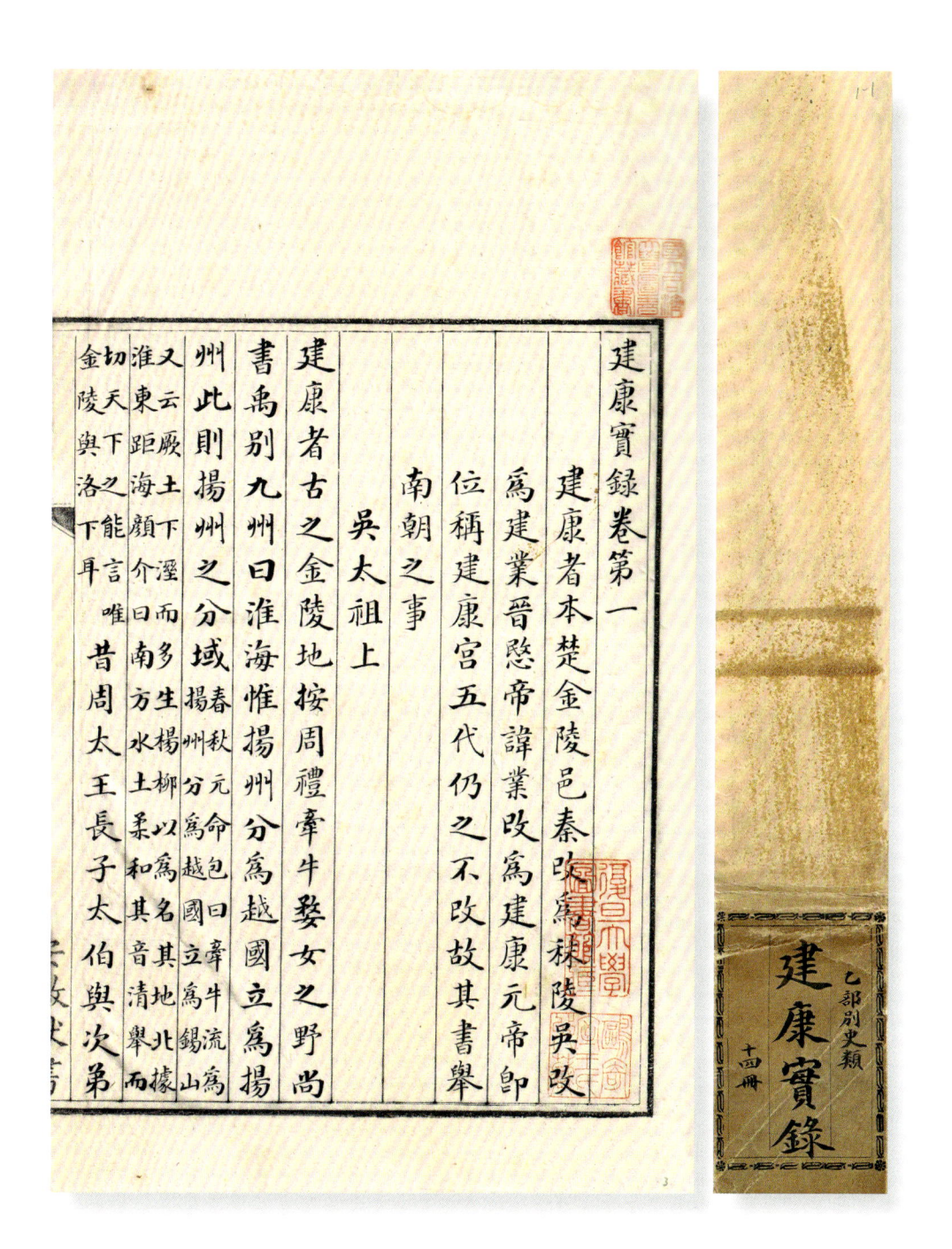

建康實錄二十卷　唐許嵩撰
清末民初影鈔南宋紹興刻本　14冊　rb0494
每半葉十一行，行十八字，小字雙行同。白口，單魚尾，四周雙邊。
鈐"鷗寄室王氏收藏"朱文方印、"國立同濟大學圖書館藏書"朱文方印。

東晋南北朝輿地表二十二卷　清徐文范撰
清鈔稿本　10册　rb0742
每半葉十一行，行二十至二十四字不等。白口，無魚尾，四周單邊。
鈐"烏程龐氏百匱樓藏書圖記"朱文方印、"龐青城收藏印"朱文長方印、"國立同濟大學圖書館藏書"朱文方印。

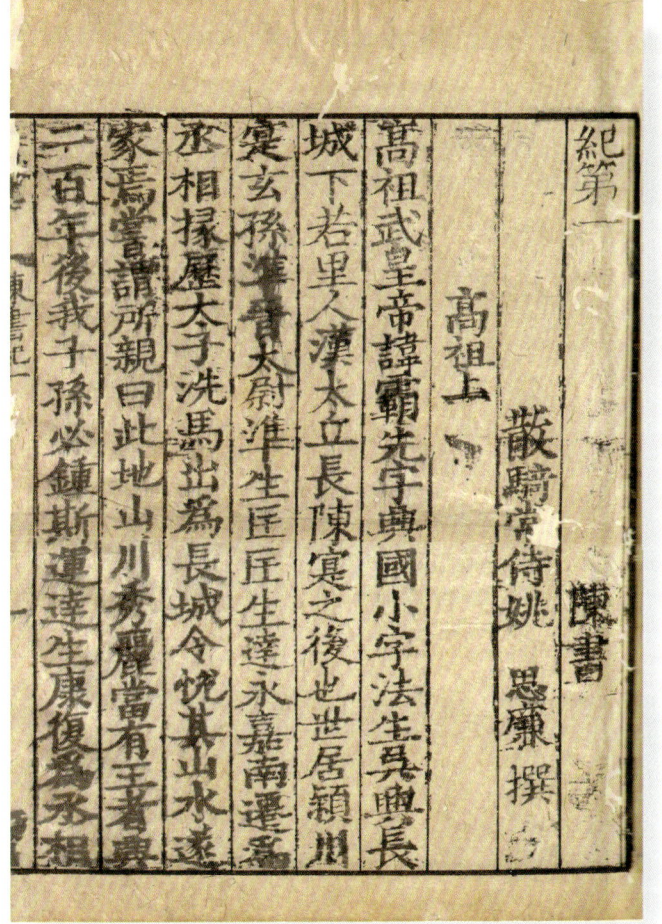

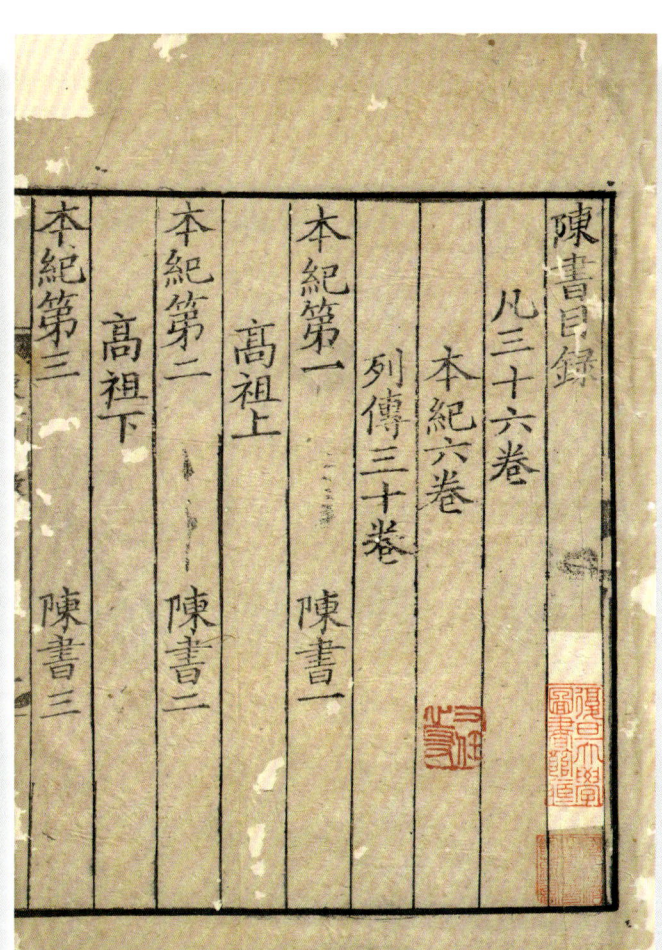

陳書三十六卷　唐姚思廉撰

南宋浙江刻元明遞修本　8册　rb0037

每半葉九行，行十八字。白口，單魚尾，左右雙邊。

鈐"右任之友"朱文方印、"國立同濟大學圖書館藏書"朱文方印。

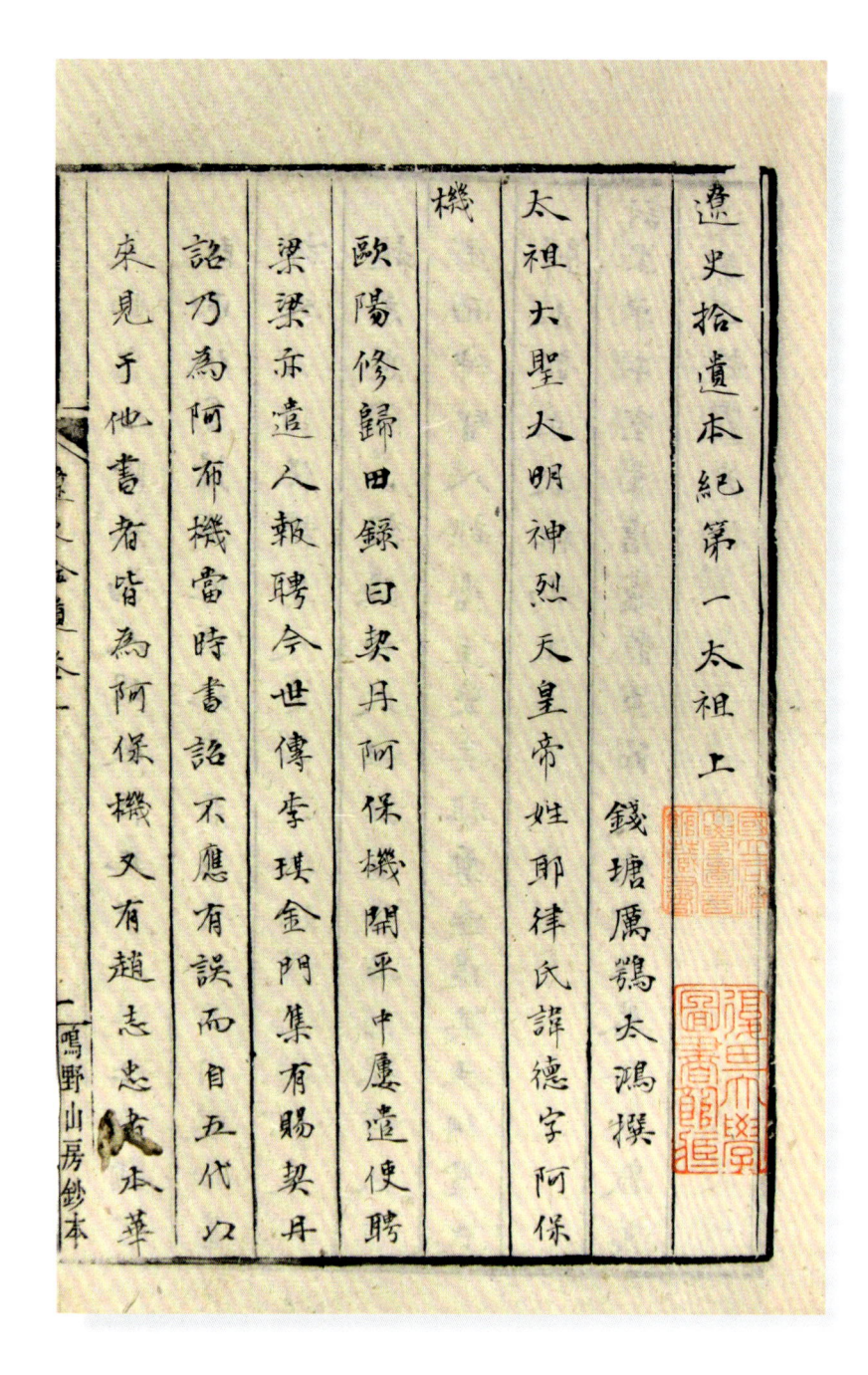

遼史拾遺二十四卷　清厲鶚撰
清山陰沈氏鳴野山房鈔本　12册　rb0288
每半葉八行，行二十字。細黑口，單魚尾，左右雙邊。
鈐"鳴野山房"朱文長方印、"國立同濟大學圖書館藏書"朱文方印。

金史卷一 本紀第一

元開府儀同三司上柱國前中書右丞相兼修國史都總裁脫脫修

皇明奉直大夫右春坊右諭德兼翰林院侍講署國子監事臣李騰芳

奉

勅重校刊

世紀

金之先出靺鞨氏靺鞨本號勿吉勿吉古肅慎地也元魏時勿吉有七部曰粟末部曰伯咄部曰安車骨部曰拂涅部曰號室部曰黑水部曰白山部隋稱靺鞨而七部金同唐初有黑水靺鞨粟末靺鞨其五部無聞粟末

萬曆三十四年刊

金史一百三十五卷　元脫脫等撰

明萬曆三十四年（1606）北京國子監刻本　48册　rb0189

每半葉十行，行二十一字。白口，單魚尾，左右雙邊。

鈐"裵青家藏"朱文方印、"枕經閣"朱文橢圓印、"國立同濟大學圖書館藏書"朱文方印。

滿洲名臣傳目錄

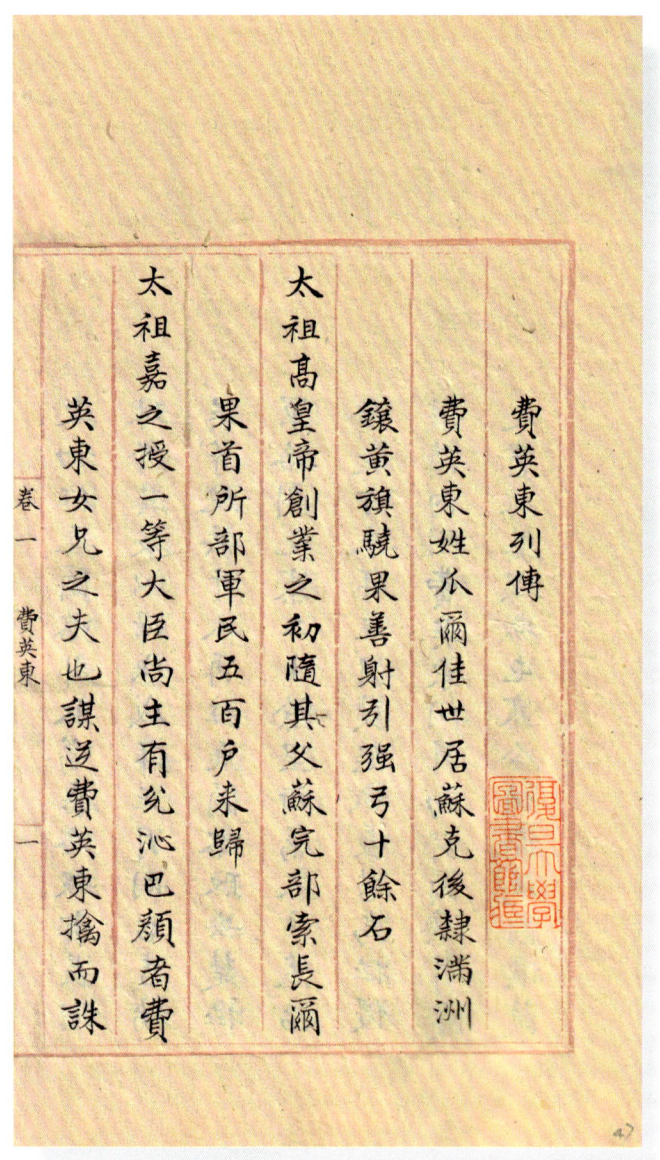

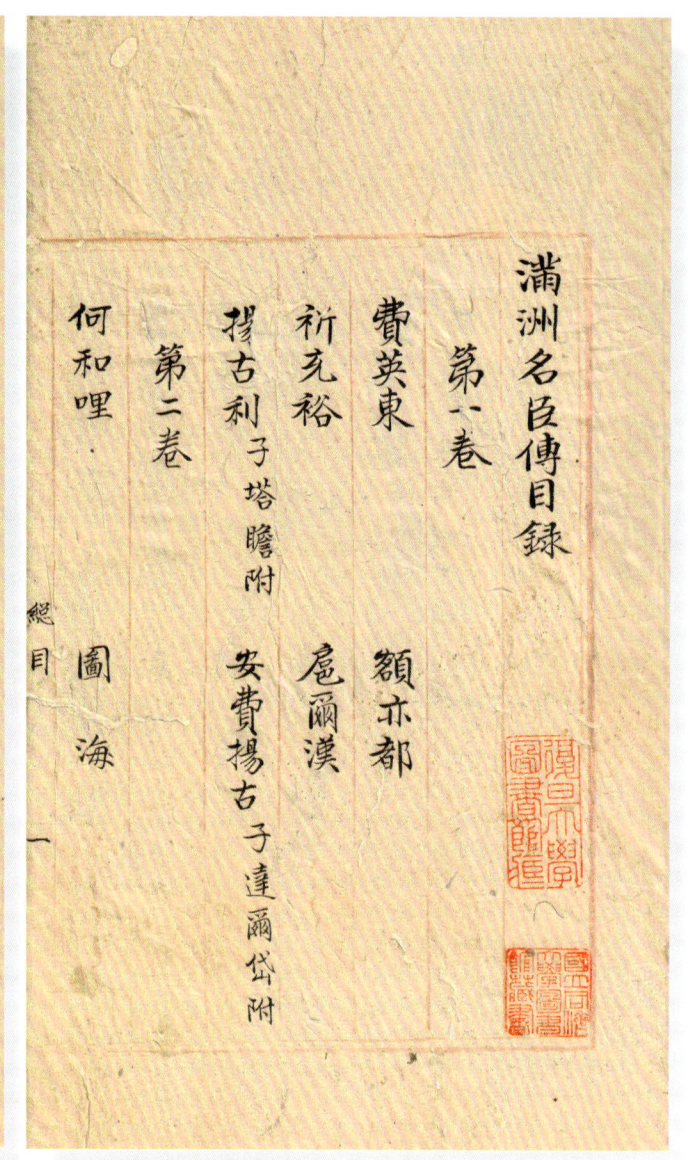

第一卷

費英東　額亦都

祈充裕　尼爾漢

揚古利子塔瞻附

安費揚古子達爾岱附

第二卷

何和哩　圖海

總目　一

費英東列傳

費英東姓瓜爾佳世居蘇克後隸滿洲
鑲黃旗驍果善射引強弓十餘石
太祖高皇帝創業之初隨其父蘇完部索長爾
果首所部軍民五百戶來歸
太祖嘉之授一等大臣尚主有兄沁巴顏者費
英東女兄之夫也謀逐費英東擒而誅

卷一　費英東　一

滿漢名臣傳一百卷　清國史館編
清末民初紅格鈔本　120冊　rb0133
每半葉七行，行十八字。白口，無魚尾，四周雙邊。
鈐"國立同濟大學圖書館藏書"朱文方印。

資治通鑑釋文三十卷　宋史炤撰
清鈔本　□□校並過錄清顧廣圻校　10册　rb1215
每半葉九行，行十九字，小字雙行二十八字。無匡格。
鈐"景孫欽玩"朱文方印、"烏程蔣景孫求是齋收藏書畫金石記"朱文長方印、"烏程龐淵如校閱秘藏本"朱文方印、"國立同濟大學圖書館藏書"朱文方印。

訂正通鑑綱目前編卷之一

明吏部文選司郎中南軒編
山東道監察御史楊光訓校

太昊伏羲以木德王

木德繼天而王故風姓

外紀曰太昊之母居於華胥之渚生帝于成紀以木德繼天而王故風姓有聖德象日月之明故曰太昊釋義曰華胥未詳何謂按一統志西安府藍田縣西三十里有華胥氏陵乃上古國君或疑此即漢置成紀縣屬天水郡按一統志今省入秦州屬鞏昌府家語云古之王者易代改號取法五行紀曰木德王旺相生先起故易稱帝出乎震月令孟春其帝太昊是也○國語曰風者天地之正氣鼓動萬物之謂又王者天下之聲敎也伏羲以木德王天下故以風爲姓

訂正通鑑綱目前編　卷一　　一

訂正通鑑綱目前編二十五卷　明南軒撰
明萬曆二十四年（1596）揚州展卷堂刻本　10冊　rb2343
每半葉九行，行二十字，小字雙行同。白口，單魚尾，四周雙邊。
鈐"烏程龐淵如校閱秘藏本"朱文方印、"國立同濟大學圖書館藏書"朱文方印。

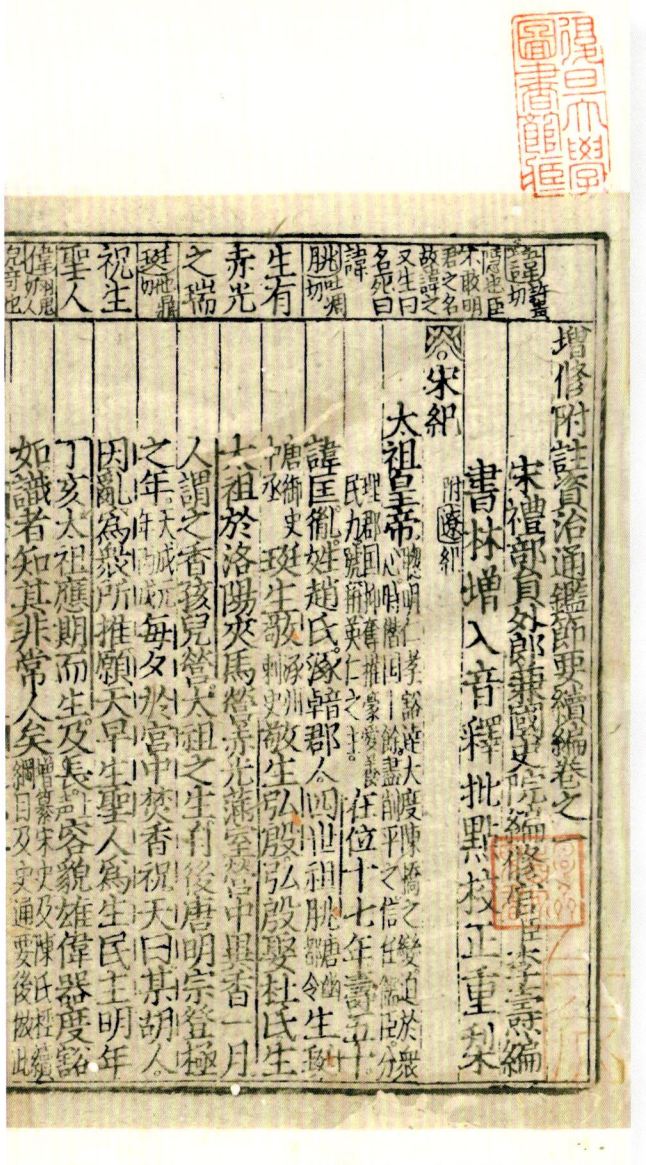

增修附注資治通鑑節要續編二十六卷　明劉剡編輯　明張光啓訂正
明成化二十年（1484）朱氏尊德書堂刻本　24冊　rb2026
每半葉十四行，行二十一字，小字雙行同。細黑口，雙花魚尾，四周雙邊。
鈐"一成"朱文長方印、"志同天地"朱文方印、"厚齋時所見書"朱文方印、
"厚齋經眼"朱文方印、"厚齋過眼"白文方印、"曾在黃厚齋處"朱文長方
印、"武原黃振堃號厚齋印"白文方印、"古鹽黃氏三水唫榭珍藏"朱文方印、
"國立同濟大學圖書館藏書"朱文方印。

宋元通鑑一百五十七卷　明薛應旂撰
明嘉靖四十五年（1566）薛應旂刻本　40册　rb2339
每半葉十行，行二十字，小字雙行同。白口，單魚尾，四周單邊。
鈐"曾藏烏程龐氏家"白文方印、"龐元澂印"白文方印、"國立同濟大學圖書館藏書"朱文方印。

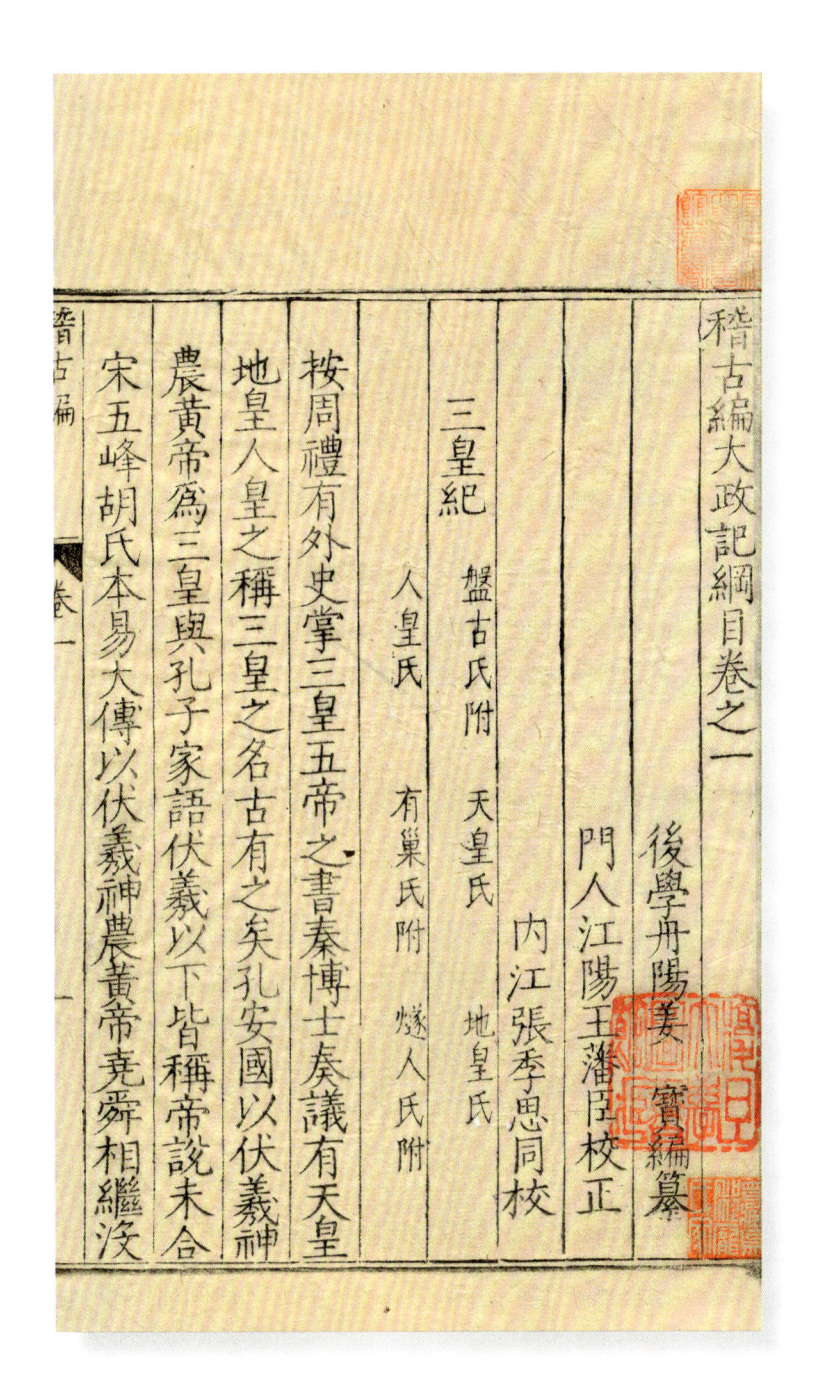

稽古編大政記綱目八卷　明姜寶撰
明萬曆十五年（1587）江陽王藩臣刻明萬曆間丹陽姜寶增刻本　4冊　ra0126
每半葉十行，行二十二字，小字單行同。白口，單魚尾，四周雙邊。
鈐"當湖徐步瀛眉似父之印"朱文長方印、"曾藏烏程龐氏家"白文方印、
"國立同濟大學圖書館藏書"朱文方印。

漢紀三十卷後漢紀三十卷　漢荀悦撰　晋袁宏撰
明萬曆間南京國子監刻本　8冊　rb2058
每半葉十行，行二十字。白口，單白魚尾，左右雙邊。
鈐"古歡居陸氏藏書記"朱文方印、"國立同濟大學圖書館藏書"朱文方印。

皇朝編年備要三十卷　宋陳均撰
清乾隆間錢氏萃古齋鈔本　30冊　ra0043
每半葉十行，行二十一字，小字雙行同。白口，單魚尾，左右雙邊。
鈐"蔣維基藏"白文長方印、"蔣維基印"朱文方印、"子厓"朱文方印、
"國立同濟大學圖書館藏書"朱文方印。

中興小紀
卷一

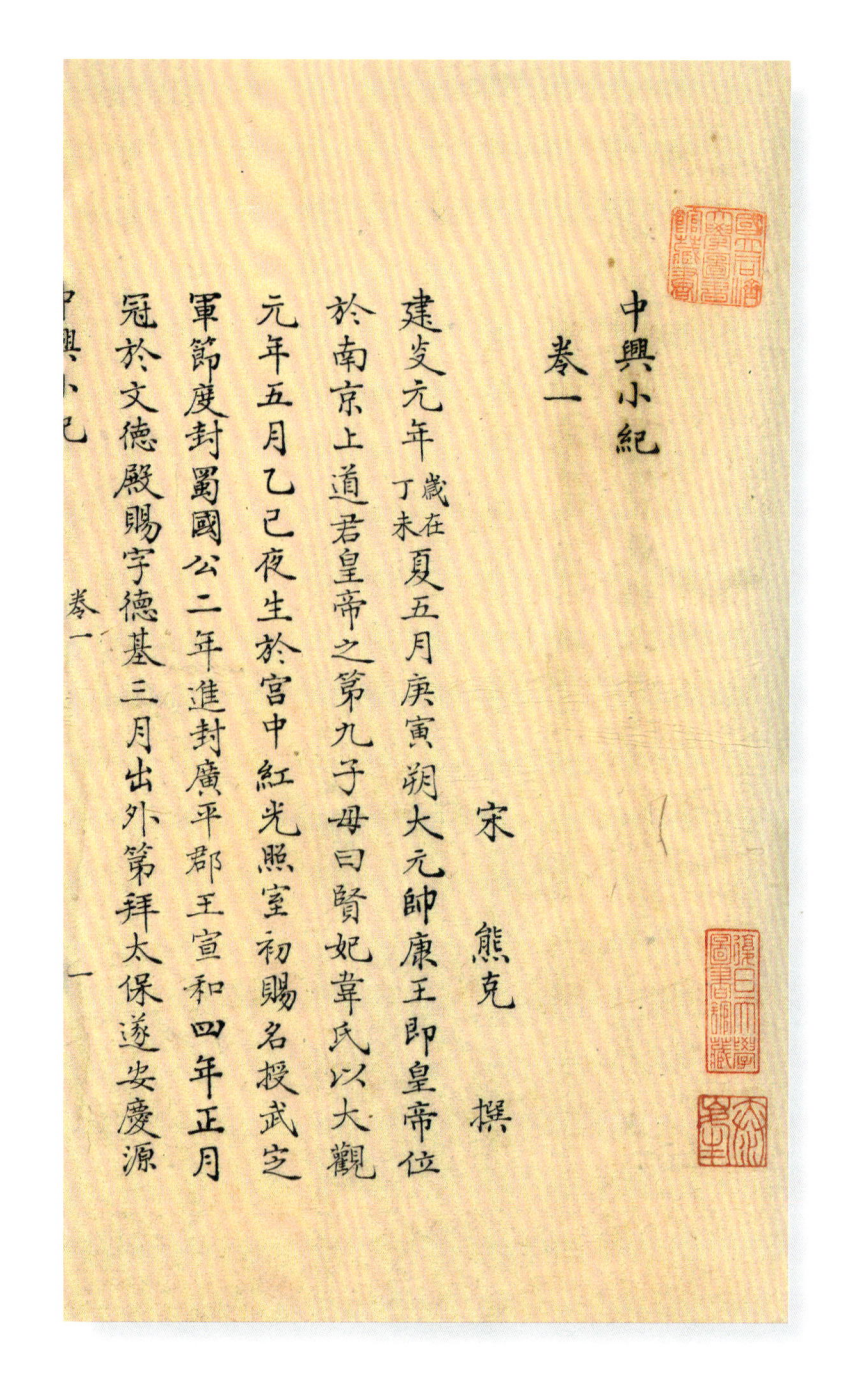

宋　熊克　撰

建炎元年歲在丁未夏五月庚寅朔大元帥康王即皇帝位於南京上道君皇帝之第九子母曰賢妃韋氏以大觀元年五月乙巳夜生於宮中紅光照室初賜名授武定軍節度封蜀國公二年進封廣平郡王宣和四年正月冠於文德殿賜字德基三月出外第拜太保遂安慶源

中興小已　卷一　一

中興小紀四十卷　宋熊克撰

清鈔本　8册　ra1215

每半葉八行，行二十一字。無匡格。

鈐"泰峰"朱文方印、"田耕堂藏"朱文長方印、"國立同濟大學圖書館藏書"朱文方印。

宋季三朝政要卷之一

理宗 名昀宗室之子太祖十世孫

乙酉寶慶元年春正月壬戌朔詔舉賢良。上初即位與楊太后垂簾同聽政上曰傅伯成耆先朝耆舊朕所簡記可否名行在尋除學士奉朝請。潘壬潘丙謀立濟王遣書李全約以二月望日舉事為邏卒得其人并書以白彌遠彌遠改作三月且許行人以羨官重賞令具以書達全至二月潘壬潘丙率太湖匕命歛十人各以紅半袖為號乘夜踰城而至邸率王言推戴意王聞變易敝衣匿水竇中久而得

宋季三朝政要六卷　□□撰
清鈔本　1冊　ra1022
每半葉十行，行二十字。無匡格。
鈐"槜李孫氏硯左珍藏印"白文方印、"易安圖記"朱文方印、"樂安藏記"朱白文方印、"大雅堂孫"朱文方印、"荄盦曼士鑒藏"朱文方印、"國立同濟大學圖書館藏書"朱文方印。

吾學編十四種六十九卷　明鄭曉撰
明萬曆二十七年（1599）鄭心材重刻本　12册　ra1048
每半葉十行，行十九字。白口，單黑魚尾（間雜單白魚尾），左右雙邊。
鈐"烏程龐氏百匯樓藏書圖記"朱文方印、"龐青城收藏印"朱文長方印、
"國立同濟大學圖書館藏書"朱文方印。

行朝錄卷之一

隆武紀年

思文皇帝又稱昭宗　諱聿鍵　小字長壽　太祖高皇帝九世孫也　父義封於河南南陽府以唐藩世子追封裕王　母毛氏　帝生三歲　祖端王惑于嬖妾　囚世子承奉所　帝亦從之　稍長讀書即能識大義　雖處患難而志氣不挫　年二十八尚未請名　世子爲其弟毒死　端王諱之　將傳國於次子　分守道陳奇瑜入弔　謂王曰世子薨逝不明　若又不立其子　事必發覺　王懼　始爲帝請名　立爲世孫　王薨

三

行朝錄十二卷　清黃宗羲撰
清鈔本　4冊　rb0343
每半葉十行，行二十一字，小字雙行同。無匡格。
鈐"鳴野山房"朱文方印、"國立同濟大學圖書館藏書"朱文方印。

唐陸宣公奏議卷之一

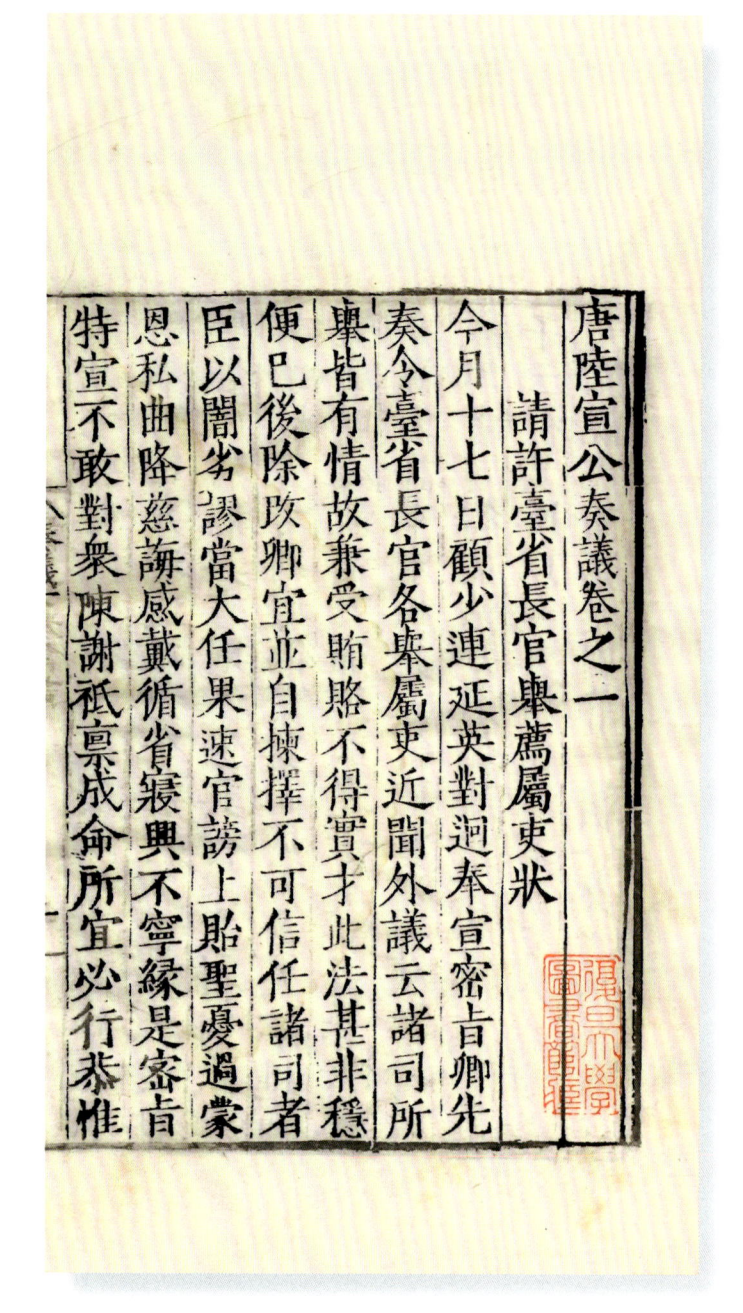

請許臺省長官舉薦屬吏狀

今月十七日顧少連延英對迴奉宣密旨卿先
奏令臺省長官各舉屬吏近聞外議云諸司所
舉皆有情故兼受賄賂不得實才此法甚非穩
便已後除改卿宜並自揀擇不可信任諸司者
臣以闇劣謬當大任果速官謗上貽聖憂過蒙
恩私曲降慈誨感戴循省寢興不寧緣是密旨
特宣不敢對衆陳謝祇稟成命所宜必行恭惟

唐陸宣公集二十四卷（存十四卷）　　唐陸贄撰
明嘉靖二十七年（1548）秀水沈伯咸西清書舍刻後印本　4冊　rb2300
每半葉九行，行十八字。白口，單白魚尾，左右雙邊。

古今列女名字備考

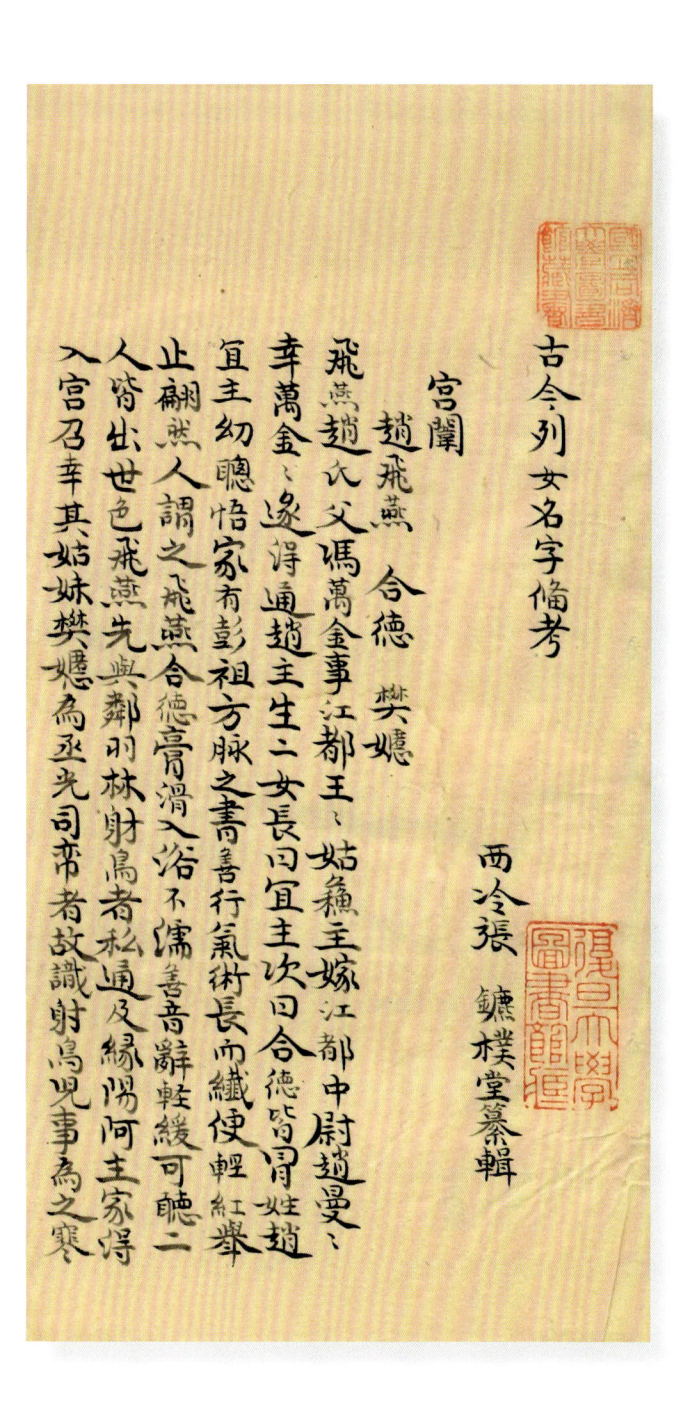

宮闈

趙飛燕 合德 樊嬺

西泠張 鑢樸堂纂輯

飛燕趙氏父馮萬金事江都王、姑媝王嫁江都中尉趙曼、
幸萬金、遂得通趙主生二女長曰宜主次曰合德皆冒姓趙
宜主幼聰悟家有彭祖方脈之書善行氣術長而纖便輕紅舉
止翩然人謂之飛燕合德膏滑入浴不濡善音辭輕緩可聽二
人皆出世色飛燕先與鄴羽林射鳥者私通及緣陽阿主家得
入宮召幸其姑妹樊嬺為丞先司帝者故識射鳥兒事為之褰

古今列女名字備考不分卷　明張鑢輯
清鈔本　6册　rb2212
每半葉十行，行二十四字。無匡格。
鈐"國立同濟大學圖書館藏書"朱文方印。

雒閩源流錄十九卷　清張夏撰
清康熙二十一年（1682）黃氏彝叙堂刻本　3冊　rb2716
每半葉十行，行二十一字。白口，單魚尾，四周雙邊。
鈐"曾藏烏程龐氏家"朱文方印、"國立同濟大學圖書館藏書"朱文方印。

古史談菀卷之一

　　　　　　吳郡錢世揚僩孝父纂

旌行部第一

　純孝上

楊公雍伯性篤孝父母亡葬無終山因家焉山高八十里上無水公汲水作義漿于阪頭行者飲之有一人就飲以一斗石子與之使至高平好地有石處種之云玉當生其中後當得好婦語畢不見乃種其石數歲見玉子生石上人莫知也有徐氏者北平著姓女甚有行時人求多不許公試求徐氏徐氏笑以為

古史談菀三十六卷　明錢世揚輯
明萬曆四十三年（1615）張燮孟刻天啓二年（1622）印本　12册　rb2133
每半葉十行，行二十字。白口，單魚尾，四周單邊。
鈐"金成連印"白文方印、"國立同濟大學圖書館藏書"朱文方印。

三輔黃圖六卷　漢□□撰
明藍格鈔本　□□批校　明何述皋跋　1冊　rb0632
每半葉十行，行二十字。白口，單魚尾，左右雙邊。
鈐"何公邁印"白文方印、"何述皋印"白文方印、"小字阿印"朱文方印、"靜逸庵圖書記"朱文方印、"妻東畢氏家藏"白文長方印、"陸紹曾印"白文方印、"白齋審定"白文方印、"周氏尚玄家藏"朱文長方印、"蕭爽齋書畫記"朱文長方印、"印渚主人"朱文方印、"弄室藏本"白文方印、"弄室"朱文長方印、"紫鄰"白文方印、"霍雲嵋印"朱文方印、"霍名公印"朱文方印、"秋陽"朱文方印、"霍士俊印"朱文方印、"青城"朱文方印、"龐元澂印"白文方印。

天下郡國利病書卷一
輿地山川總論

裴秀傳

秀為司空以職在地官以禹貢山川地名從來久遠多
有變易後世說者或強牽引漸以暗昧於是甄摘舊文
疑者則闕古有名而今無者皆隨事注列作禹貢地
域圖十八篇奏之藏于秘府其序曰圖書之設由來尚
矣自古立象垂制而賴其用三代置其官國史掌厥職
暨漢屠咸陽丞相蕭何盡收秦之圖籍令秘書既無古
之地圖又無蕭何所得惟有漢氏輿地及括地諸雜圖

天下郡國利病書卷一　一

天下郡國利病書一百二十卷　清顧炎武撰
清鈔本　120冊　rb0040
每半葉十行，行二十一字。無匡格。
鈐"古吳潘介祉叔潤氏收藏印記"朱文方印。

讀史方輿紀要序

讀史方輿紀要一百三十卷常州顧祖禹所撰述
也其書言山川險易古今用兵戰守攻取之宜興
亡成敗得失之跡所可見而景物遊覽之勝不錄
為歷代州域形勢凡九卷南北直隸十三省凡一
百四十卷山川源委凡六卷天文分野一卷職方
廣輿諸書譌訛鍾謬名實舛錯悉據正史考訂折
衷之祖禹沈敏有大器為人奇窅而廉介寬厚樸

寧都魏禧

魏序

讀史方輿紀要

歷代州域形勢一 秦

唐虞三代 春秋戰國

昔黃帝方制九州列為萬國
制黃里畫或曰九州顓帝布九州漢志黃帝方
野徐揚荊豫梁雍九州帝王世
青徐揚荊豫梁雍九州紀興究
顓帝所建通典亦云
帝位命禹平水土以冀青地廣分冀東恆山之地
為并州恆山在北直曲陽縣西北百四十里詳北
西之太原直名山舜之并州今北直之真定保定山
同等府皆是又東北醫無閭之地為幽州醫無閭
山在遠

卷一

京口三山志卷之一

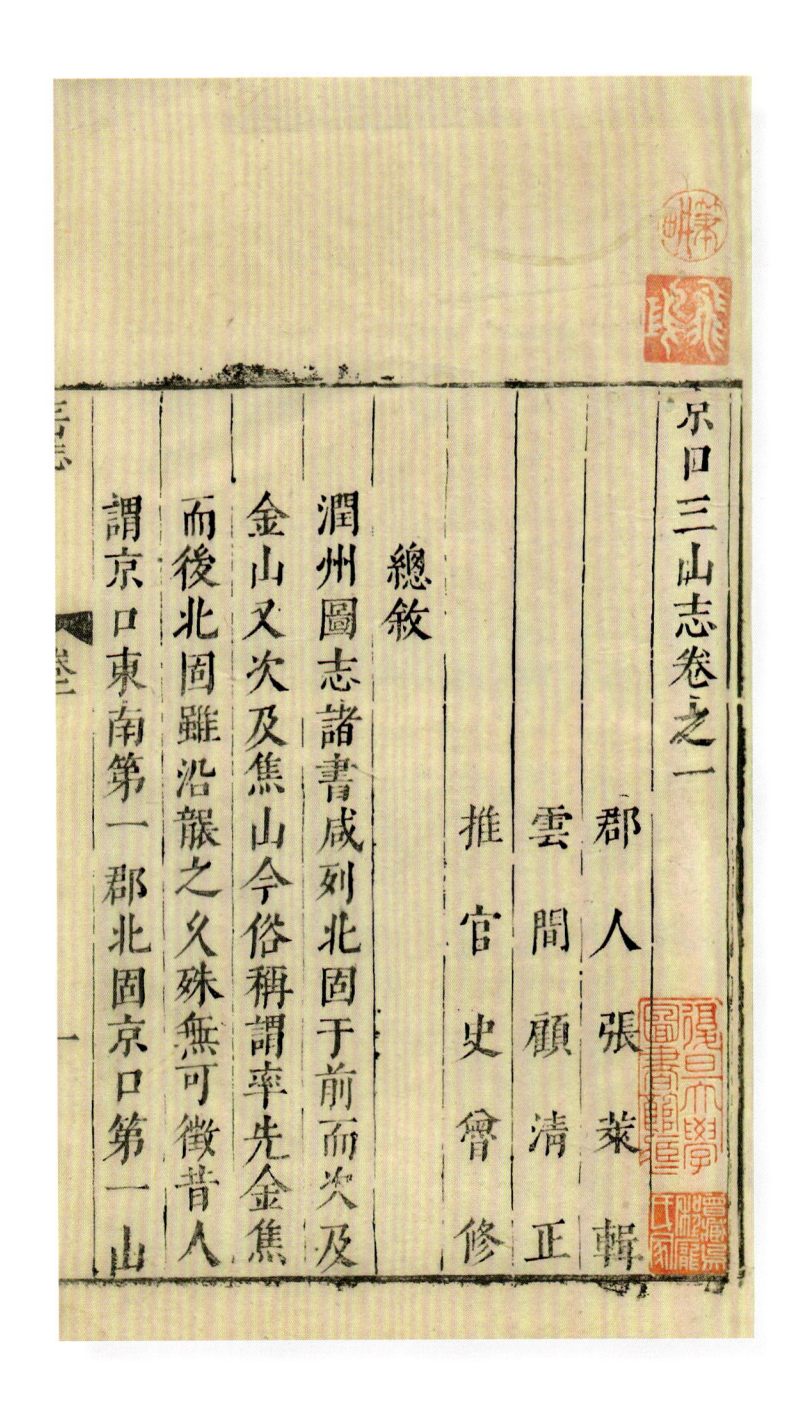

郡　人　張萊輯
雲間　顧清　正
推官　史魯修

總敘

潤州圖志諸書咸列北固于前而次及金山又次及焦山今俗稱謂率先金焦而後北固雖沿襲之久殊無可徵昔人謂京口東南第一郡北固京口第一山

京口三山志十二卷　明張萊輯　明史魯修　明高一福增修
明萬曆間刻本　16冊　rb2276
每半葉九行，行十七字。白口，單魚尾，左右雙邊。
鈐"飛鴻"白文方印、"蕭畊"朱文圓印、"曾藏烏程龐氏家"白文方印。

入蜀記卷一

宋陸游務觀著

明陳繼儒眉公訂正

清秦綸錫海門手校

吳載餘莊點閱

乾道五年十二月六日得報差通判夔州、方久病未堪遠役、謀以夏初離鄉里、六年閏五月十八日晚行夜至法雲寺兄弟錢別、五鼓始決去、十九日黎明至柯橋館見送客、已時至錢清食亭中、涼爽如秋、與諸子及送客步過浮橋、橋堅好非昔

入蜀記四卷　宋陸游撰

清秦綸錫鈔本　清秦綸錫校　清柳清源校並跋　1冊　rb0341

每半葉十行，行二十字。無匡格。

鈐"焦桐吟館"白文方印、"柳鄂生"朱文方印、"綸錫之印"白文方印、"海門"朱文方印、"宜勤萬卷書"白文方印、"欲遂凌雲之心"朱文方印、"國立同濟大學圖書館藏書"朱文方印。

文獻通考三百四十八卷　元馬端臨撰

元刻明修本　80册　rb0029

每半葉十三行，行二十六字，小字雙行同。黑口，雙魚尾，左右雙邊。

鈐"國立同濟大學圖書館藏書"朱文方印。

西漢會要卷之第一
　　　　從事郎前撫州州學教授臣徐天麟上進
帝系一
　帝號
豐公太上皇父也春秋晉史蔡墨有言陶唐氏既衰
其後有劉累學擾龍事孔甲范氏其後也而大夫范
宣子亦曰祖自虞以上為陶唐氏在夏為御龍氏在
商為豕韋氏在周為唐杜氏晉主夏盟為范氏范氏
為晉士師魯文公世奔秦後歸于晉其處者為劉氏
劉向云戰國時劉氏自秦獲于魏秦滅魏遷大梁都

西漢會要七十卷目錄二卷　宋徐天麟撰
清鈔本　24册　rb6051
每半葉十行，行二十字，小字雙行同。無匡格。
鈐"國立同濟大學圖書館藏書"朱文方印。

內閣藏書目錄卷之一

聖製部

大明寶訓四冊

□□□帝御製□□□□□□□ 又一冊 同前

內閣藏書目錄卷之二

經部

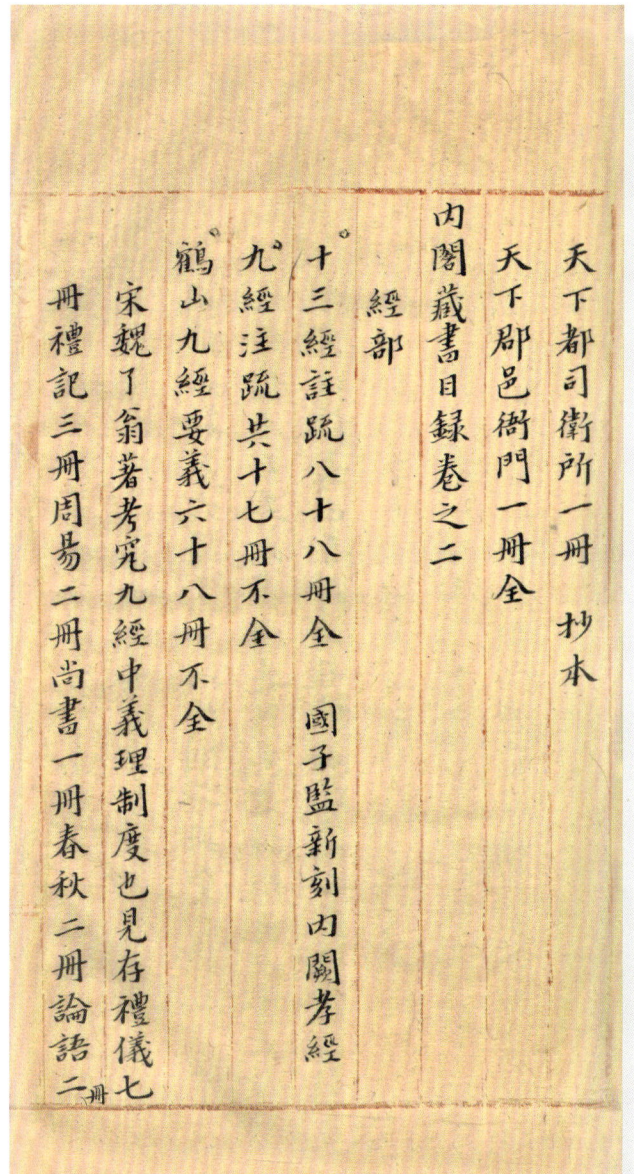

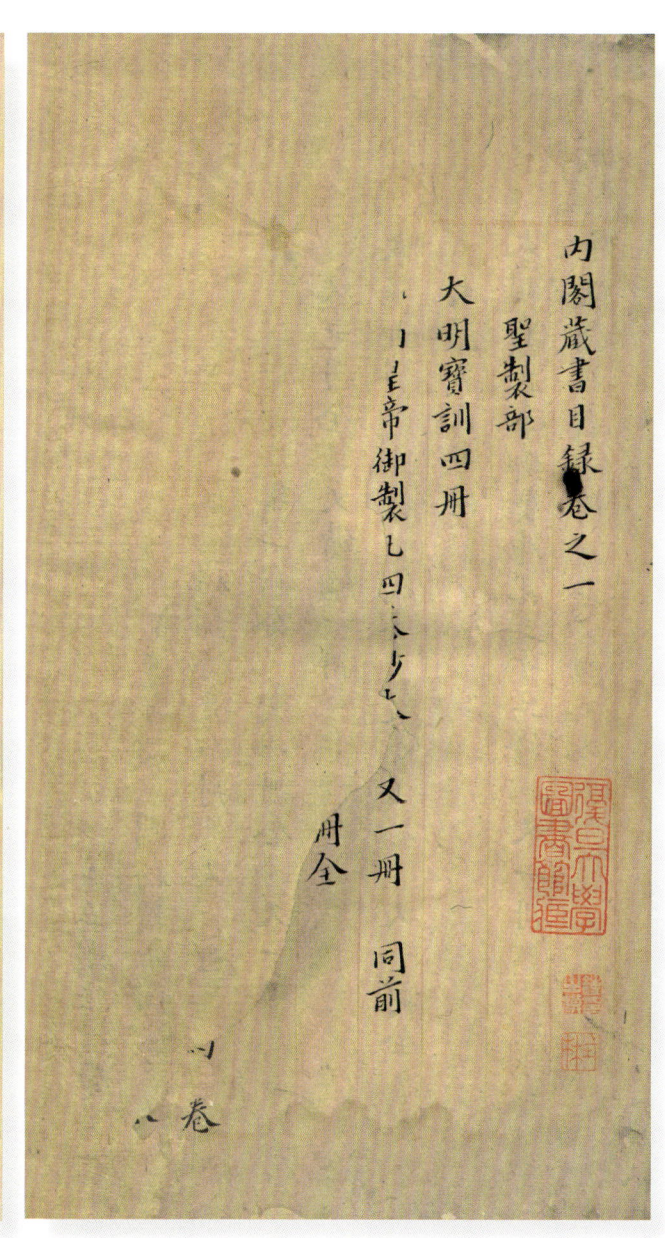

十三經註疏八十八冊全

九經注疏共十七冊不全 國子監新刻

內閣藏書目錄卷之二

天下郡邑衙門一冊全

天下都司衛所一冊 抄本

鶴山九經要義六十八冊不全

宋魏了翁著考究九經中義理制度也見存禮儀七冊禮記三冊周易二冊尚書一冊春秋二冊論語二冊

內閣藏書目錄八卷　明張萱等撰
清紅格鈔本　清沈復粲過錄清朱彝尊跋　3冊　ra1234
每半葉九行，行二十二字。白口，單魚尾，四周單邊。
鈐"式林"朱文方印、"鍾之模印"白文方印。

映雪樓藏書目考卷一

經部易類

子夏易傳十一卷

漢長沙王太傅燕韓嬰撰嬰字子夏誤為卜商詞旨淺近恐弁非嬰作耳

周易鄭康成注一卷

漢大司農高密鄭玄撰玄字康成注易久佚宋禮部侍郎慶元王應麟采輯成書應麟字伯厚康成從馬融受易多采費義

新本鄭氏周易注三卷

映雪樓藏書目考十卷　清莊仲方藏並撰
清鈔稿本　8冊　rb4527
每半葉十行，行二十四字。無匡格。
鈐"國立同濟大學圖書館藏書"朱文方印。

四部便覽

經部

經解類

白虎通德論匡謬正俗經典釋文西山讀書記 九經字樣五經字樣應入小學類以其專為經設亦附于此

樂類

樂府古題要解玉臺新詠樂書郭茂倩樂府詩集大小胡笳十九拍琴經羯鼓錄

儀注類

蔡邕獨斷大唐郊祀錄服飾圖朱文公家禮考古圖博古圖鐘鼎欵識謚法

經籍志鈔

經部

易經

唐分書為四類曰經史子集玄宗時兩都各聚書四部以甲乙丙丁為次列經史子集四庫其本有正有副軸帶帙籤皆異色以別之

經部

易經

夏曰連山言似山內出氣殷曰歸藏言萬物莫不歸而藏于其中周文王作卦辭謂之周易

京房易傳四卷

房治易事梁人焦延壽字贛、常曰得吾道以亡身者京生也其說長于災變分六十四卦更直日用事以風雨寒

經籍志鈔三卷　　□□撰
清乾隆嘉慶間鈔本　8冊　rb0373
每半葉十一行，行二十三字。無匡格。
鈐"校十三經注疏者"白文方印、"餘杭南湖人"白文方印、"書福樓"白文方印。

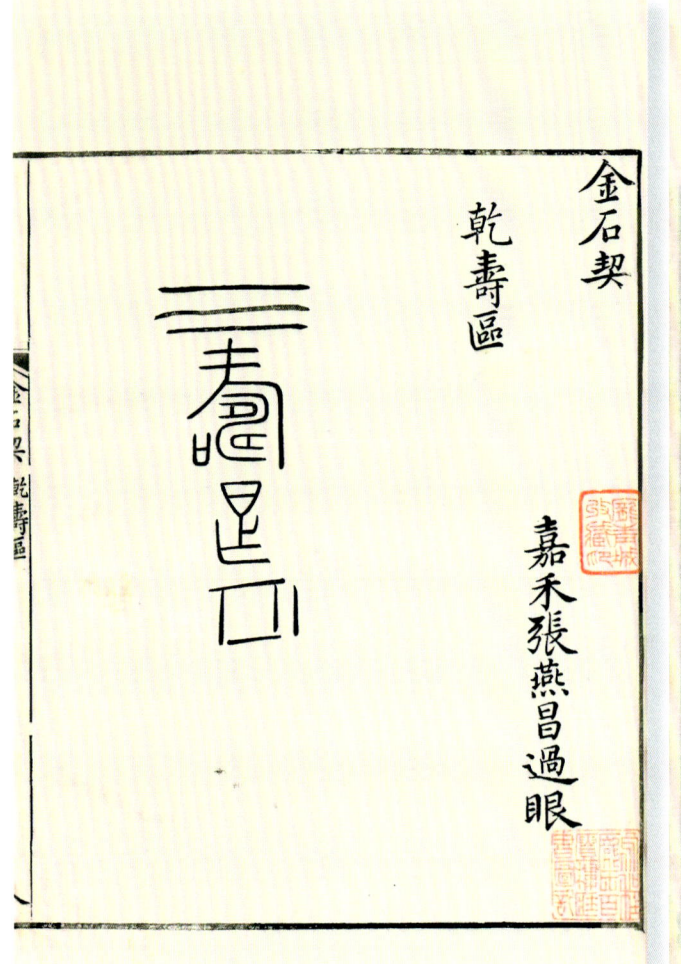

金石契不分卷　清張燕昌撰

清乾隆二十二年（1757）刻四十三年（1778）增刻本　4册　rb4443

每半葉十行，行十七字，小字雙行二十四字。白口，單魚尾，四周單邊。

鈐"烏程龐氏百匭樓藏書圖記"朱文方印、"龐青城收藏印"朱文長方印、"國立同濟大學圖書館藏書"朱文方印。

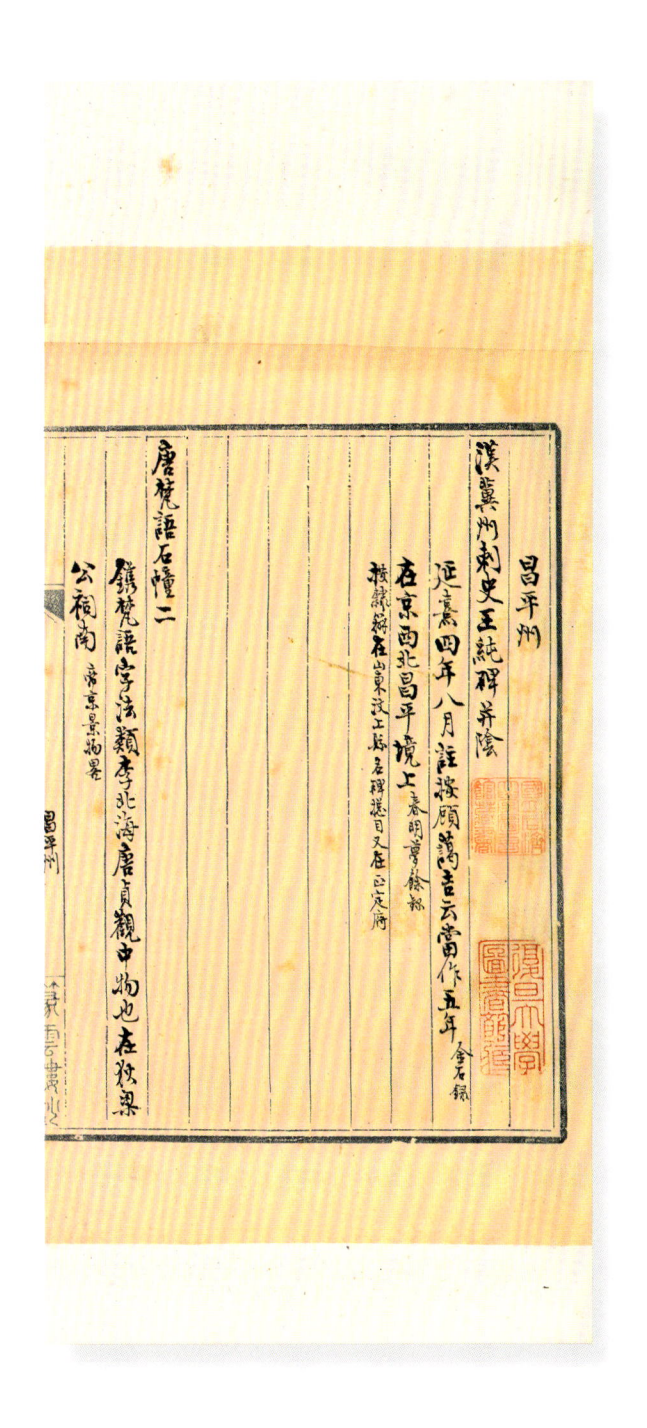

篆雲樓金石稿不分卷　□□纂
清稿本　100册　rb0129
每半葉十二行，行十九至二十一字不等。白口，單魚尾，四周雙邊。
鈐"國立同濟大學圖書館藏書"朱文方印。

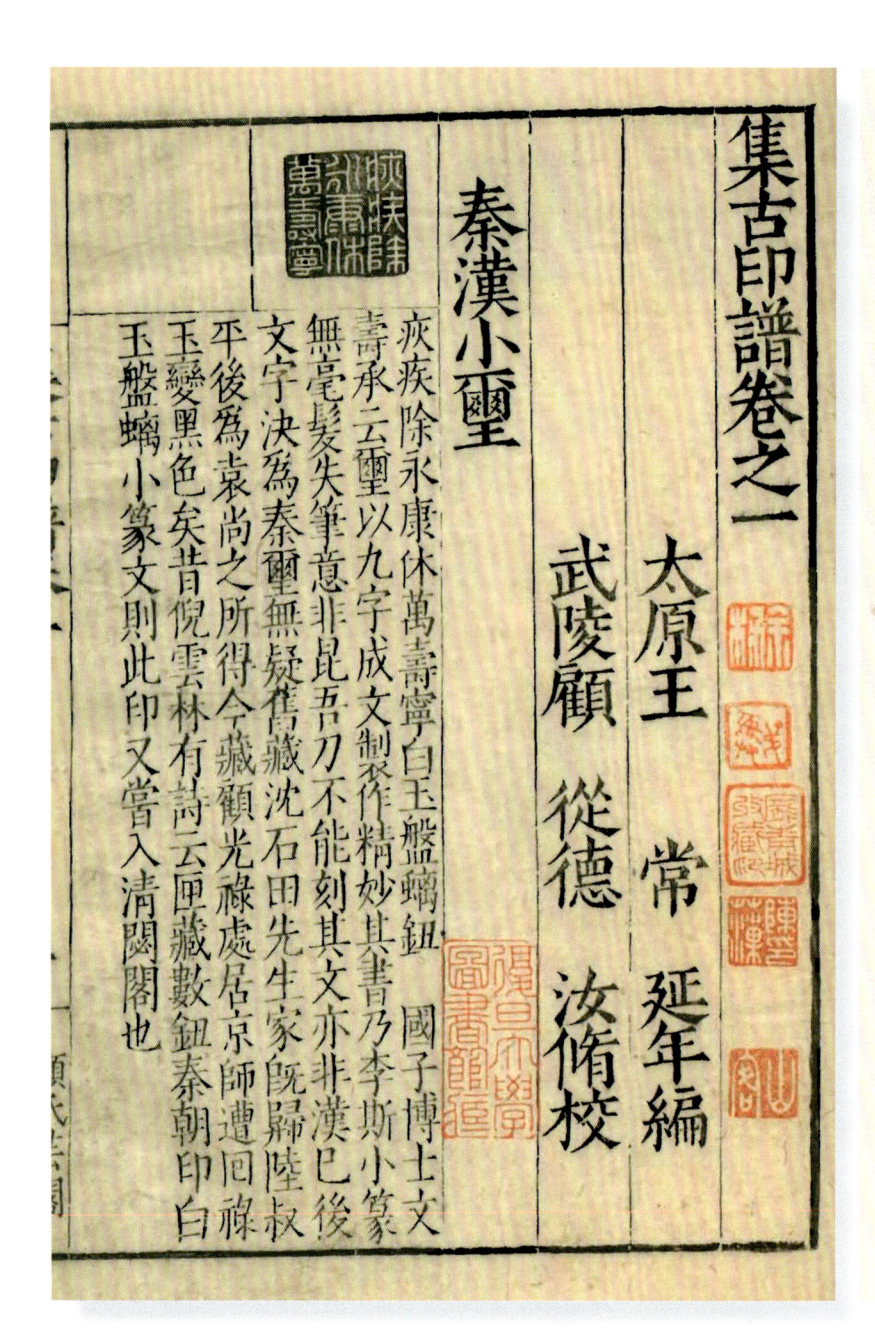

集古印譜六卷　明羅王常輯
明萬曆三年（1575）武陵顧氏芸閣刻本　6册　rb0452
每半葉八行，小字雙行二十字。白口，無魚尾，四周單邊。
鈐"山客"白文方印、"陳藻印"白文方印、"余材"白文方印、"叔彝"朱文方印、"龐青城收藏印"朱文長方印、"庚子以後更號青城"白文長方印。

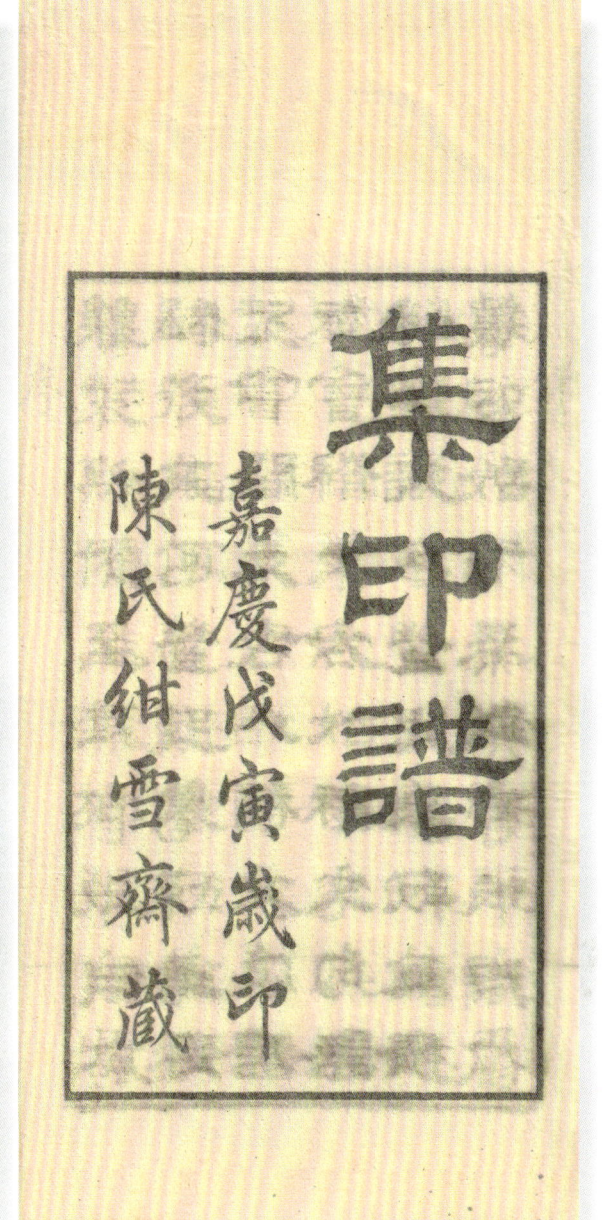

紺雪齋集印譜不分卷　清陳梂淦輯
清嘉慶二十三年（1818）陳氏紺雪齋鈐印本　2冊　ra0680
細黑口，無魚尾，四周單邊。
鈐"龐青城收藏印"朱文長方印、"烏程龐氏百匭樓藏書圖記"朱方文印。

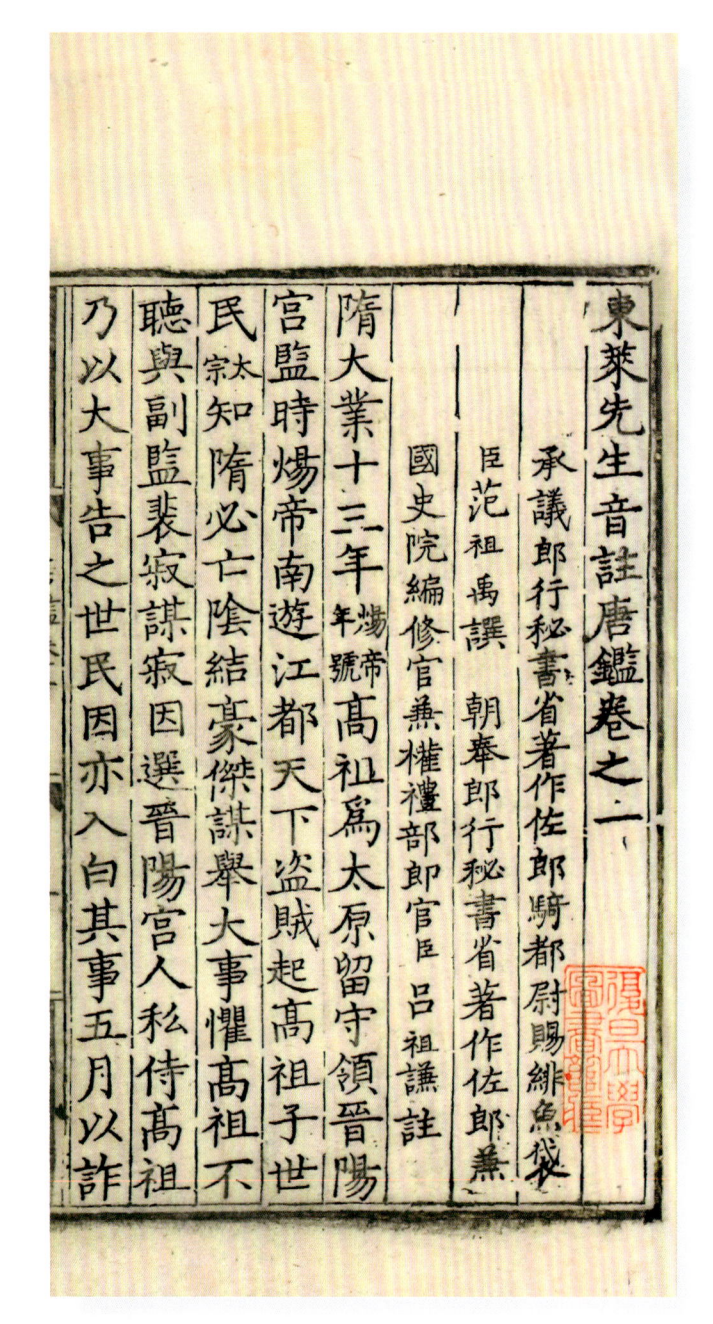

東萊先生音注唐鑑二十四卷　宋范祖禹撰　宋吕祖謙注
明弘治十年（1497）吕鏜刻本　12册　rb2244
每半葉九行，行十八字，小字雙行同。黑口，雙魚尾，四周雙邊。
鈐"雙雁山下人家"朱文方印、"季弘私印"白文方印、"半霖"朱文長方印、"國立同濟大學圖書館藏書"朱文方印。

小學史斷二卷資治通鑑總要通論一卷　宋南宮靖一撰　明晏彥文續
明嘉靖間刻本　4册　rb2268
每半葉九行，行二十字。白口，單魚尾，左右雙邊。
鈐"曾藏烏程龐氏家"白文方印、"國立同濟大學圖書館藏書"朱文方印。

類編皇朝大事記講義卷之一

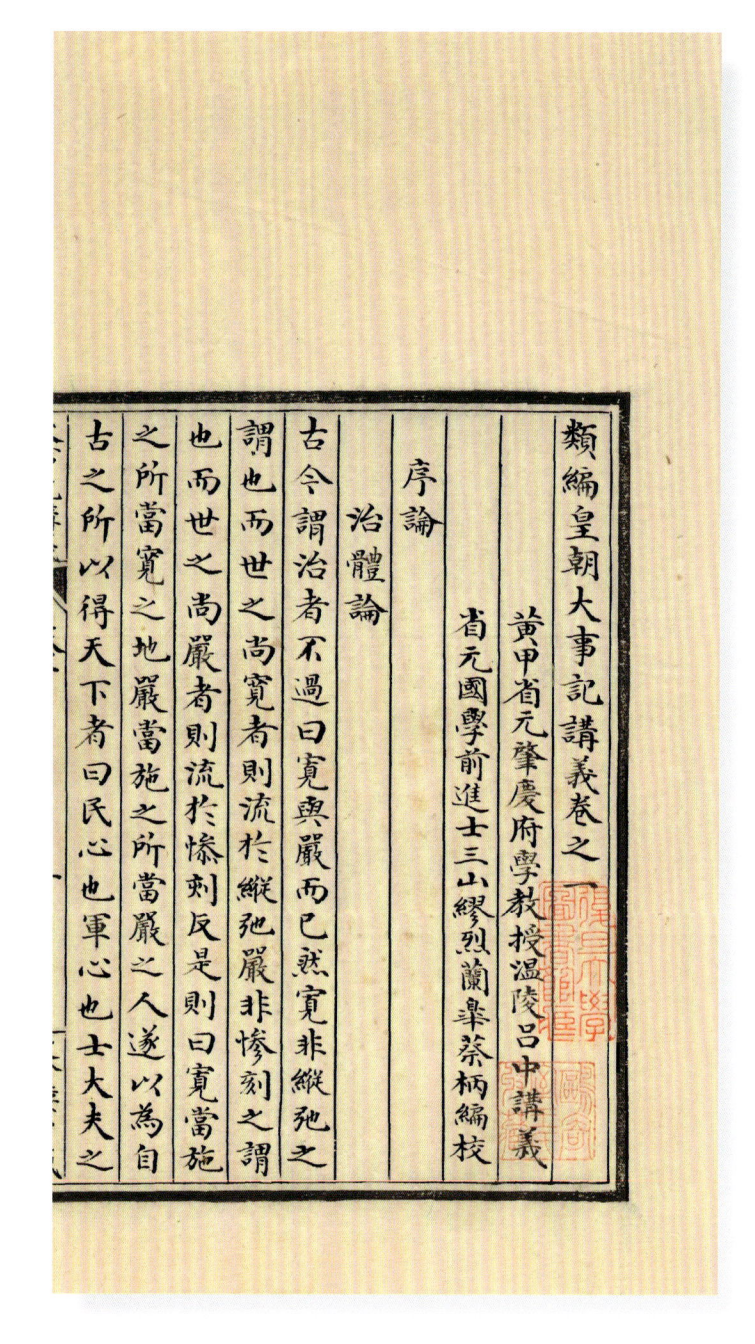

黃甲省元肇慶府學教授溫陵呂中講義

省元國學前進士三山繆烈蘭臯蔡柄編校

序論

治體論

古今謂治者不過曰寬與嚴而已然寬非縱弛之謂也而世之尚寬者則流於縱弛嚴非慘刻之謂也而世之尚嚴者則流於慘刻反是則曰寬當施之所當寬之地嚴當施之所當嚴之人遂以為古之所以得天下者曰民心也軍心也士大夫之

類編皇朝大事記講義二十三卷中興講義一卷　宋呂中撰
清文珍樓鈔本　14册　rb2024
每半葉十行，行十九字。白口，單魚尾，四周雙邊。
鈐"鷗寄室王氏收藏"朱文方印。

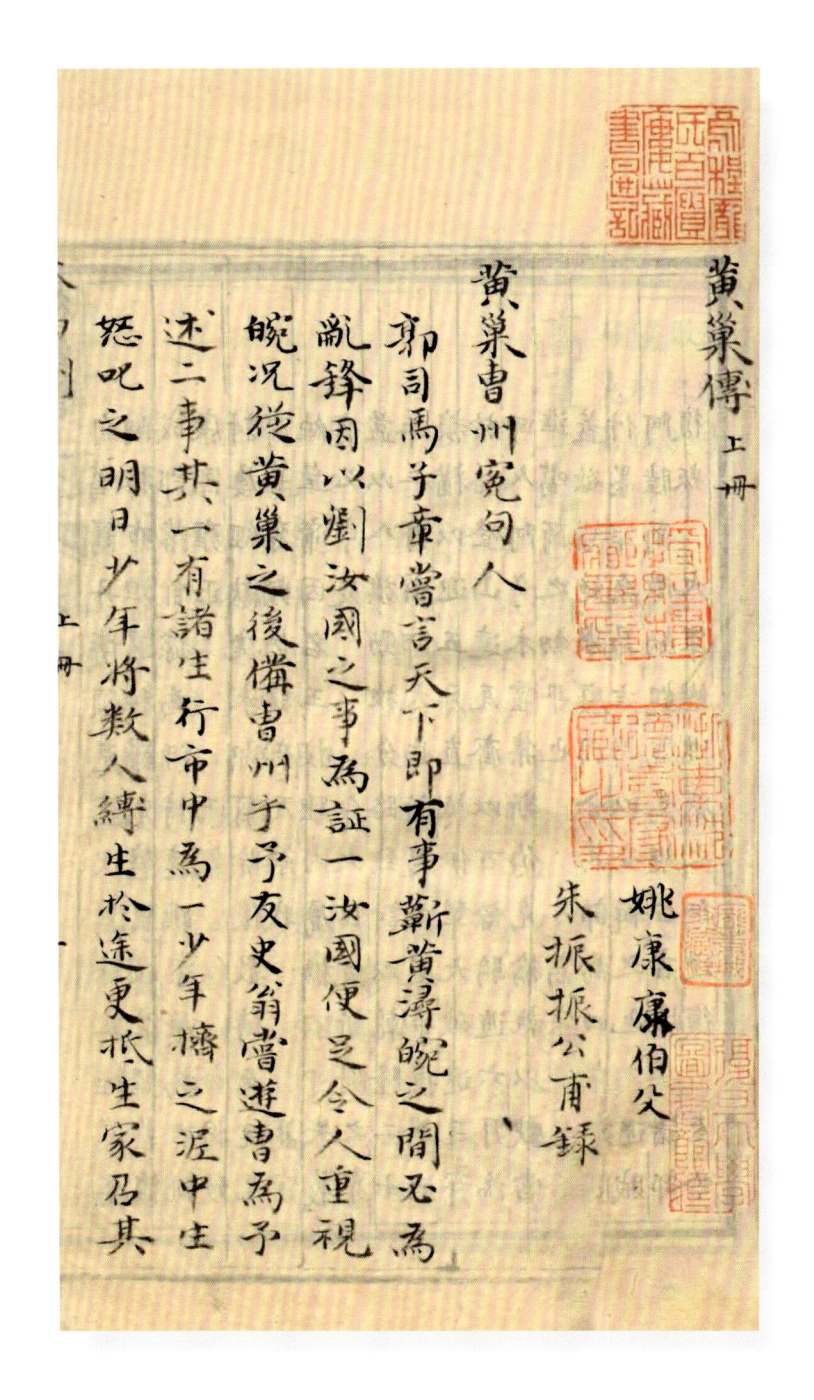

太白劍不分卷　明姚康撰
清鈔本　4册　rb0332
每半葉九行，行二十一字，小字雙行同。無匡格。
鈐"授經樓藏書印"朱文方印、"五萬卷藏書樓"朱文方印、"浙東沈德壽家藏之印"朱文方印、"烏程龐氏百匱樓藏書圖記"朱文方印、"烏程龐氏百匱樓藏書圖記"朱文方印、"龐青城收藏印"朱文長方印、"井李館主收羅秦劫餘灰"白文方印、"國立同濟大學圖書館藏書"朱文方印。

百匯擷英

子 部

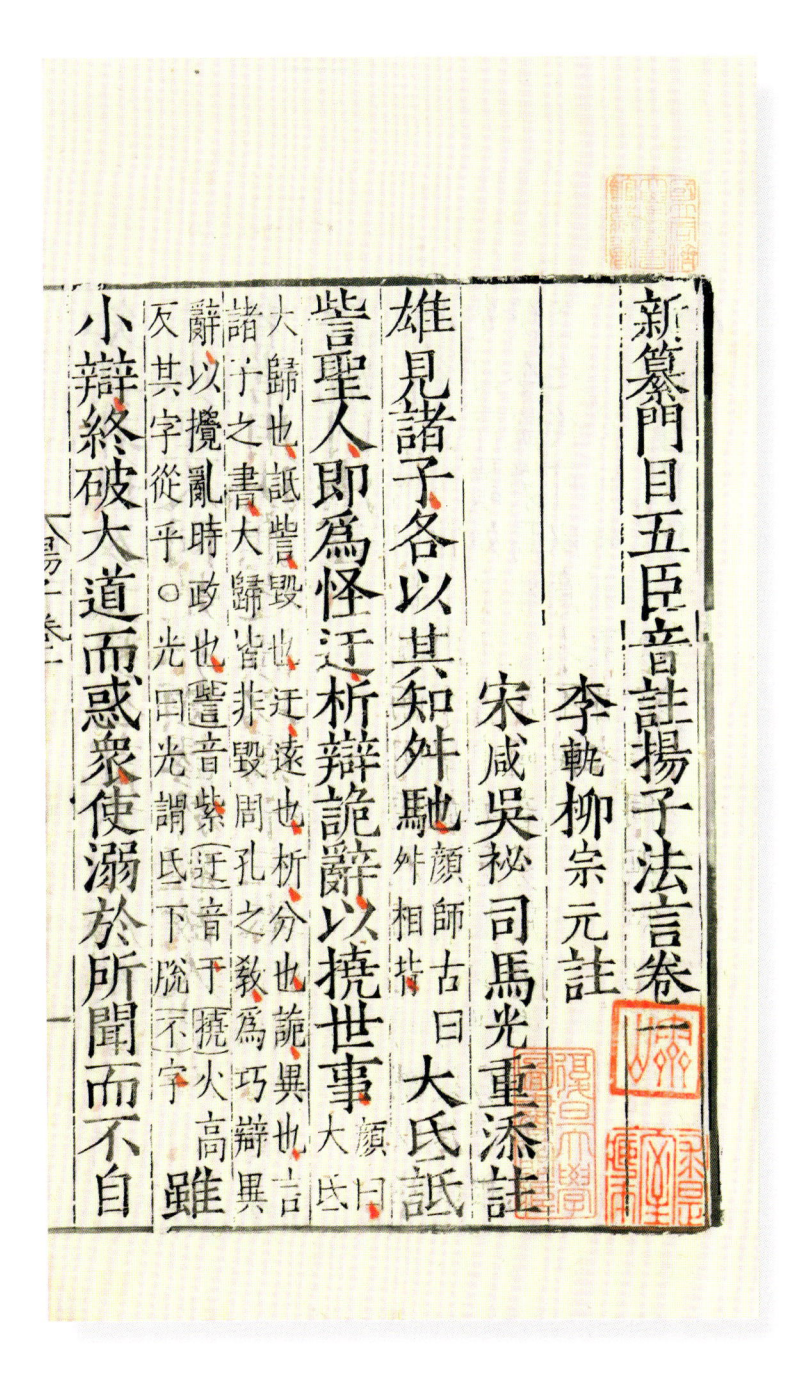

新纂門目五臣音注揚子法言十卷　漢揚雄撰　唐李軌、柳宗元注
宋宋咸、吳祕、司馬光添注
明嘉靖間顧氏世德堂刻本　3册　rb1867
每半葉八行，行十七字，小字雙行同。白口，單白魚尾，左右雙邊。
鈐"求是室藏本"朱文方印、"霽山"朱文方印、"國立同濟大學圖書館藏書"朱文方印。

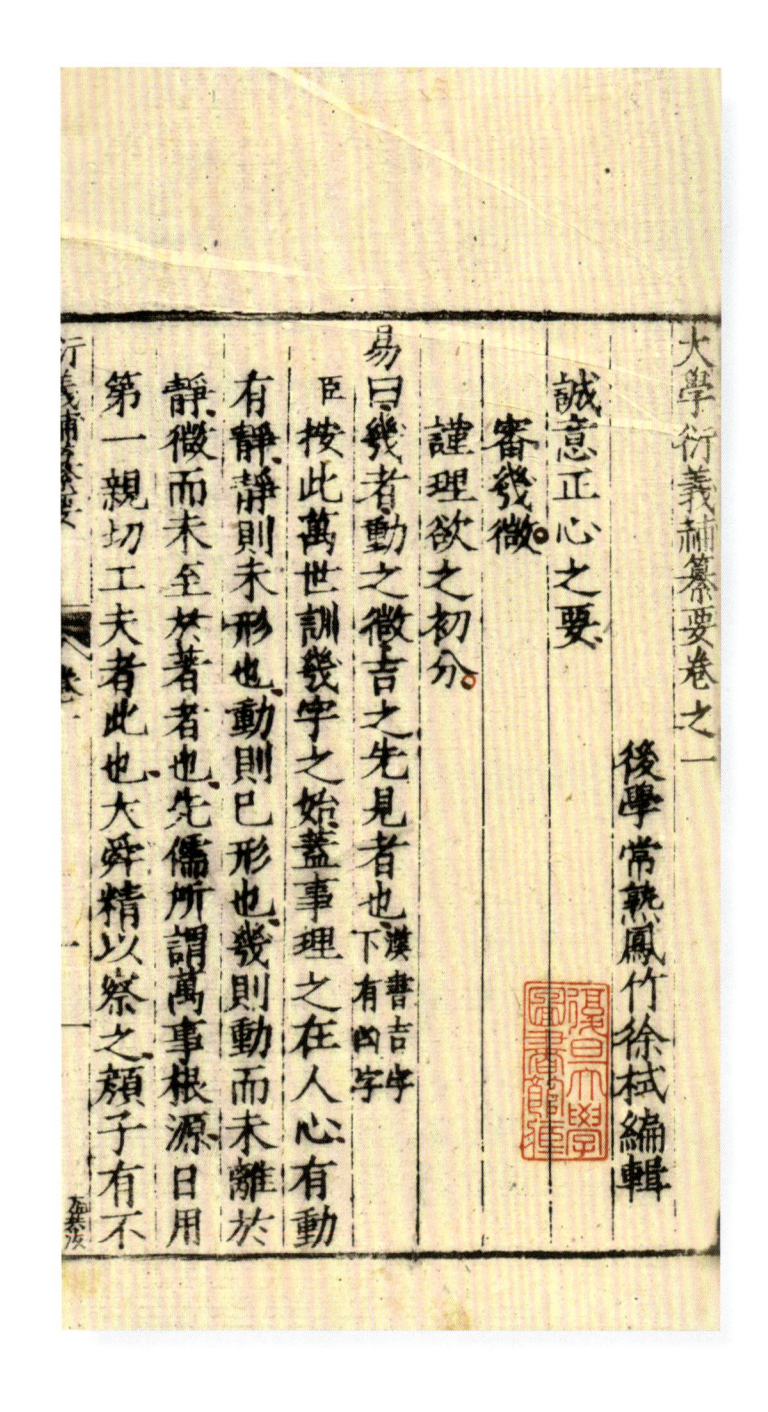

大學衍義補纂要六卷　明徐栻輯
明萬曆元年（1573）九江府刻本　6冊　ra1287
每半葉十行，行二十字，小字雙行同。白口，單魚尾，四周單邊。
鈐"國立同濟大學圖書館藏書"朱文方印。

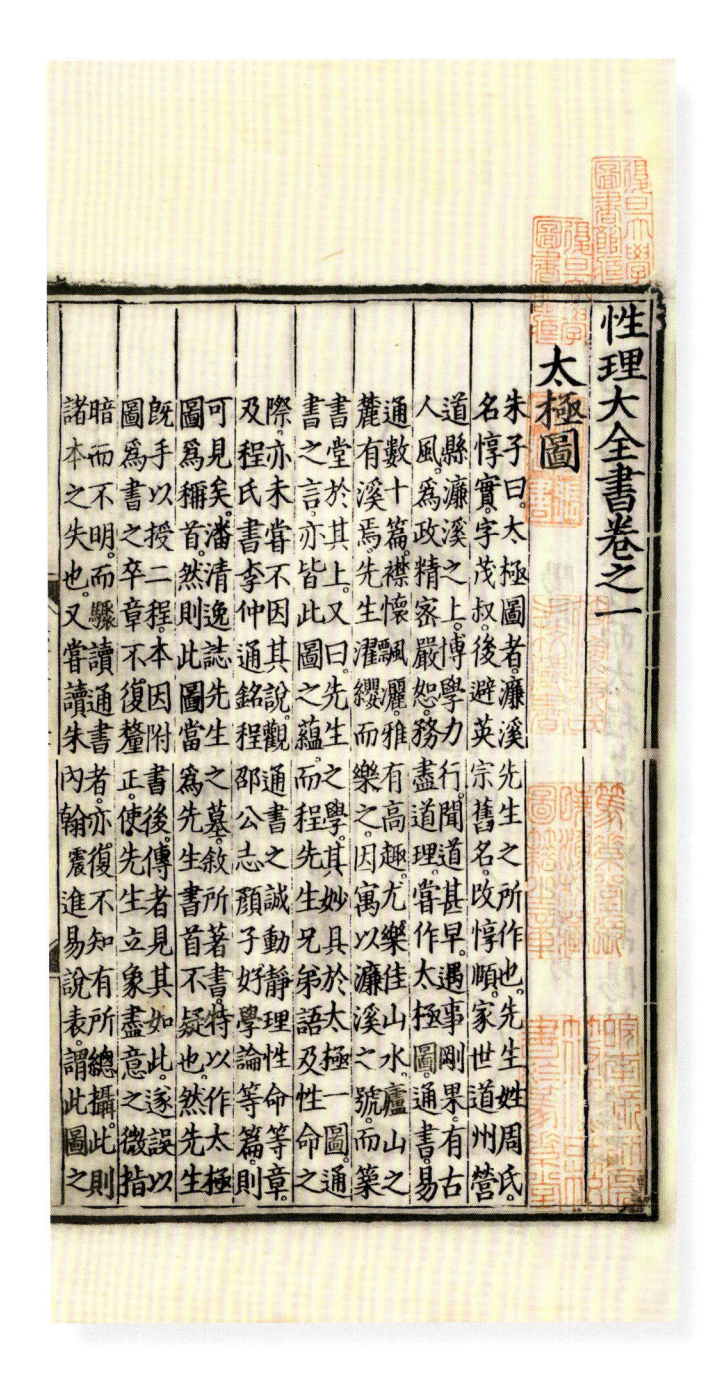

性理大全書七十卷　明胡廣等撰
明永樂間内府刻本　30册　rb1804
每半葉十行，行二十二字，小字雙行同。白口，雙魚尾，四周雙邊。鈐"皖南張師亮筱漁校書於篤素堂"朱文長方印、"篤素堂張曉漁校藏圖籍之章"朱文長方印、"筱漁張氏手校藏書"朱文長方印、"桐山張氏藏書"白文長方印。

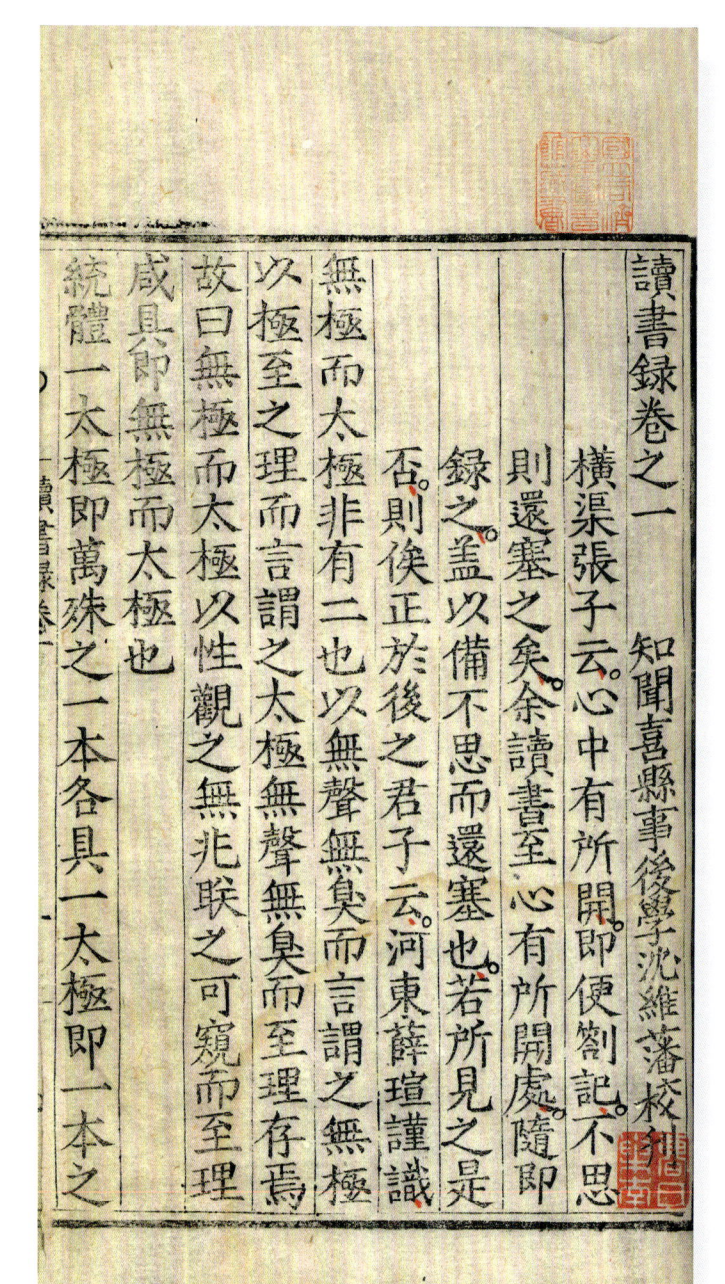

讀書錄十卷續錄十二卷　明薛瑄撰
明嘉靖三十四年（1555）沈維藩刻本　8冊　ra1286
每半葉十行，行二十字。白口，無魚尾，四周雙邊。
鈐"是亦樓藏書印"白文方印、"曹氏巢南"白文方印、"國立同濟大學圖書館藏書"朱文方印。

正續武經總要前集卷之一

宋天章閣待制臣曾公亮奉勅編次
明 南京兵部尚書臣范景文增續

選將上
選將下 續
將職
軍制上
軍制下 續

正續武經總要二十八卷　宋曾公亮等輯　明范景文增續
清寫樣本　28冊　ra0992
每半葉八行，行十八字。白口，單白魚尾，四周雙邊。

武備志二百四十卷　明茅元儀輯

日本翻刻明天啓間茅氏刻本　□□批注　81册　ra0008

每半葉九行，行十九字。白口，無魚尾，四周單邊。

鈐"龍山劉氏叔子"白文長方印、"蔣曾瑩字稟韓別號半癡"朱文長方印、"臣徐棟印"白文方印、"徐元印信"朱文方印、"徐氏元本"白文方印、"上海徐元元之"白文方印、"上海徐爾權鈐記"朱文方印、"爾權過眼"朱文方印、"上海徐道壹長壽印信"白文方印、"道壹墨緣"朱文方印、"道壹"朱文葫蘆印、"道壹"朱文方印、"甚陽讀本"朱文長方印、"甚陽子秘笈"朱文方印、"易盦"白文方印、"易盦長壽"白文方印、"夢鴻生"白文方印、"明府之章"朱文方印、"忠義節孝子孫"朱文方印、"何減驃騎"朱文方印、"武烈王孫"朱文方印、"江東布衣"白文方印、"淮浦草堂"朱文長方印、"淮浦居士"白文方印。

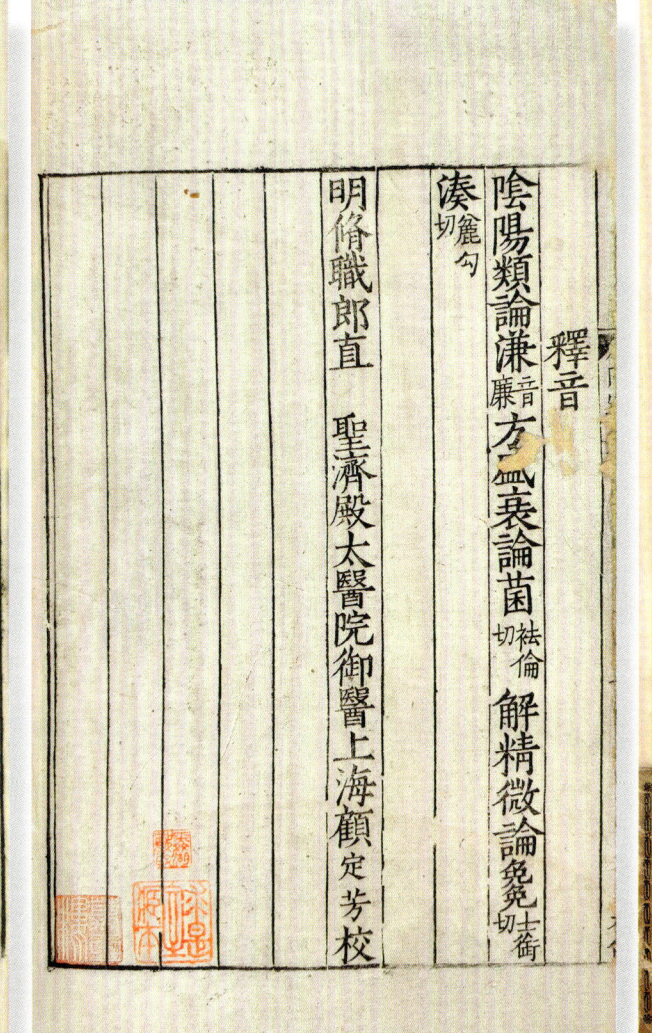

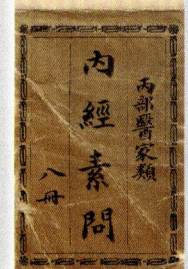

重廣補註黃帝內經素問二十四卷　唐王冰注　宋林億等校正　宋孫兆改誤
明嘉靖二十九年（1550）上海顧從德影宋刻初印本　□□校　8冊　rb2287
每半葉十行，行二十字，小字雙行三十字。白口，單魚尾，左右雙邊。
鈐"求是室藏本"朱文方印、"舜湖鄭成"朱文方印、"萬玉樓"白文方印。

金匱玉函經二註卷之一

漢張仲景方論　　趙以德衍義　吳門周揚俊補註
廣寧丁思孔定　　山陰趙寧校　古歙呂日表手抄

臟腑經絡先後病證脉第一　首脉證二條　論十三首方一

問曰上工治未病何也師曰夫治未病者見肝之病知肝傳脾當
先實脾四季脾王不受邪即勿補之中工不曉相傳見肝之病不
解實脾惟治肝也夫肝之病補用酸助用焦苦益用甘味之藥調
之酸入肝焦苦入心甘入脾□餘傷腎□氣微弱則水不行水不
行則心火氣盛心火氣盛則傷肺□被傷則金氣不行金氣不行
則肝氣盛肝氣盛則肝自愈此治肝補脾之要妙也肝虛則用此

金匱玉函經二注二十二卷十藥神書一卷　元趙良仁衍義　清周揚俊補注
清古歙呂日表鈔本　8册　rb1150
每半葉十行，行二十五字，小字雙行同。無匡格。
鈐"鳴野山房"朱文方印、"柯溪"朱文方印、"國立同濟大學圖書館藏書"朱文方印。

旅舍備要方

宋 董汲 撰

斑疹

神仙紫雪 治大人小兒一切熱毒胃熱發斑消豆瘡㾴疹及傷寒熱入胃發斑并小兒驚癇涎厥走馬急疳黃瘦喉痹腫痛及瘡疹毒攻咽喉水漿不下

黃金一百兩 寒水石 石膏各三斤 犀角 羚羊角各十兩 玄參一斤 沈香 木香 丁香各五兩

一

旅舍備要方一卷　宋董汲撰
清山陰沈氏鳴野山房鈔本　1册　rb3888
每半葉八行，行二十一字。小字雙行同。無匡格。
鈐"鳴野山房"朱文方印。

雞峰普濟方三十卷　宋張銳撰
清道光八年（1828）汪氏藝芸書舍仿宋刻本　10冊　rb0806
每半葉十一行，行二十二字。白口，雙魚尾，左右雙邊。
鈐"梅里李富孫既方之章"朱文方印、"國立同濟大學圖書館藏書"朱文方印。

東醫寶鑑內景篇卷之一

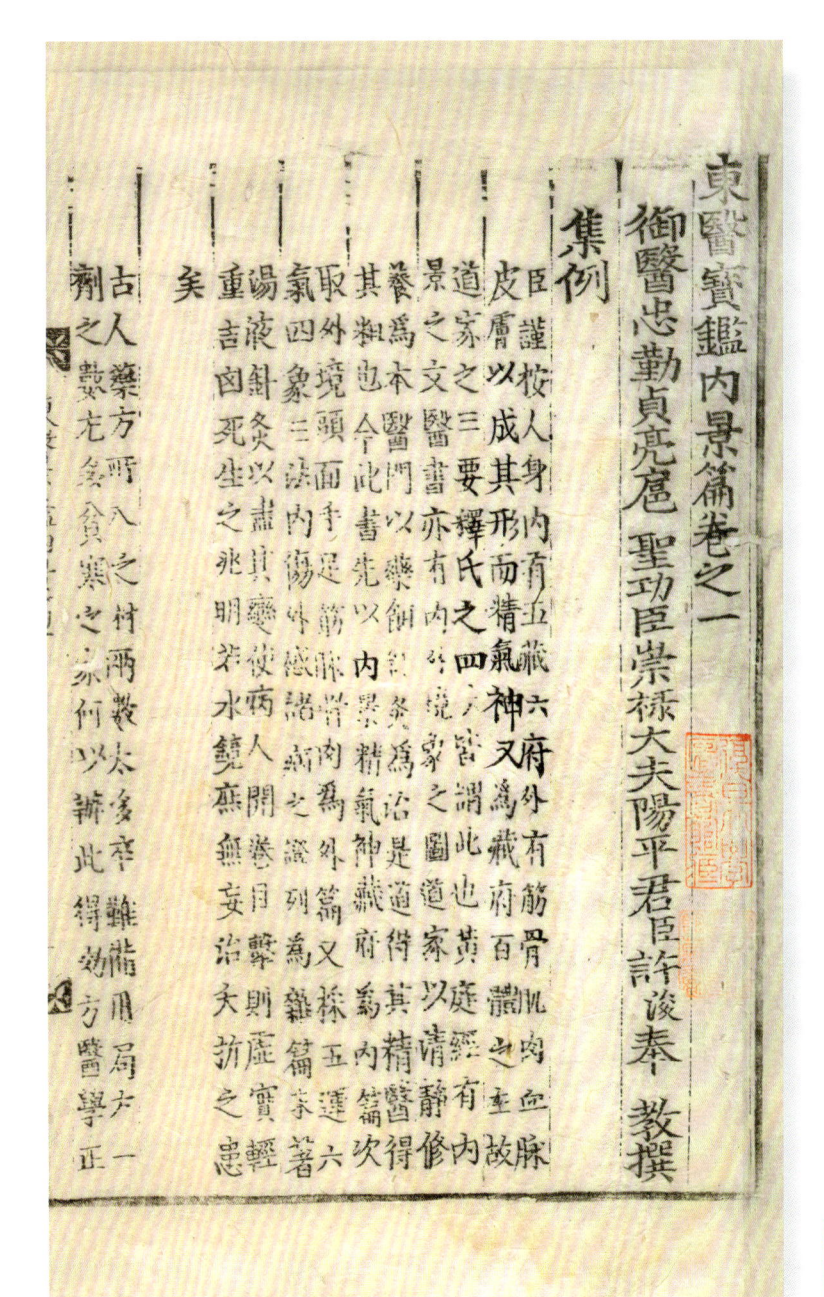

御醫忠勤貞亮扈聖功臣崇祿大夫陽平君臣許浚奉 教撰

集例

臣謹按人身內有五藏六府外有筋骨肌肉血脈皮膚以成其形而精氣神又為藏府百骸之主故道家之三要釋氏之四大皆謂此也黃庭經有內景之文醫書亦有內外境象之圖道家以清靜修養為本醫門以藥餌針灸為治是道得其精醫得其粗今此書先以內景精氣神藏府為內篇次則以外境頭面手足筋脈為外篇又以五運六氣藏府經絡脈法證候為雜篇次著湯液針灸以盡其變彼病人開卷目擊則虛實輕重吉凶死生之兆明若水鏡庶無妄治夭折之患矣

古人藥方所入之材兩數太多率難備用局大一劑之數尤多貧寒之家何以辦此得劑方醫學正

定曆玉衡卷一

秀水 張雍敬著

曆原

日月星辰象也春秋寒暑氣也合氣與象而數
生焉象昭于天氣運于地數成于人而三才之
理統於曆矣是以聖人尚之仰觀俯察而著之
數迹其推行之利以為化裁之宜履端立極必
體其元禮動樂舉必循其候五刑九伐必順其
氣三農百工必因其時廢政有為無不各從其

卷一 一

定曆玉衡十八卷卷首一卷　清張雍敬撰
清鈔本　4冊　ra1142
每半葉九行，行十八字。無匡格。

大唐開元占經一百二十卷目錄二卷　唐瞿曇悉達撰
清讀未見書齋鈔本　16冊　rb1170
每半葉十一行，行二十二字，小字雙行同。黑口，雙魚尾，左右雙邊。
鈐"仲魚圖象"朱文肖形印、"得此書費辛苦後之人其鑒我"白文長方印、"海寧陳氏向山閣圖書"朱文方印、"簡莊藝文"朱文長方印、"陳仲魚讀書記"白文長方印、"秘册"朱文長方印。

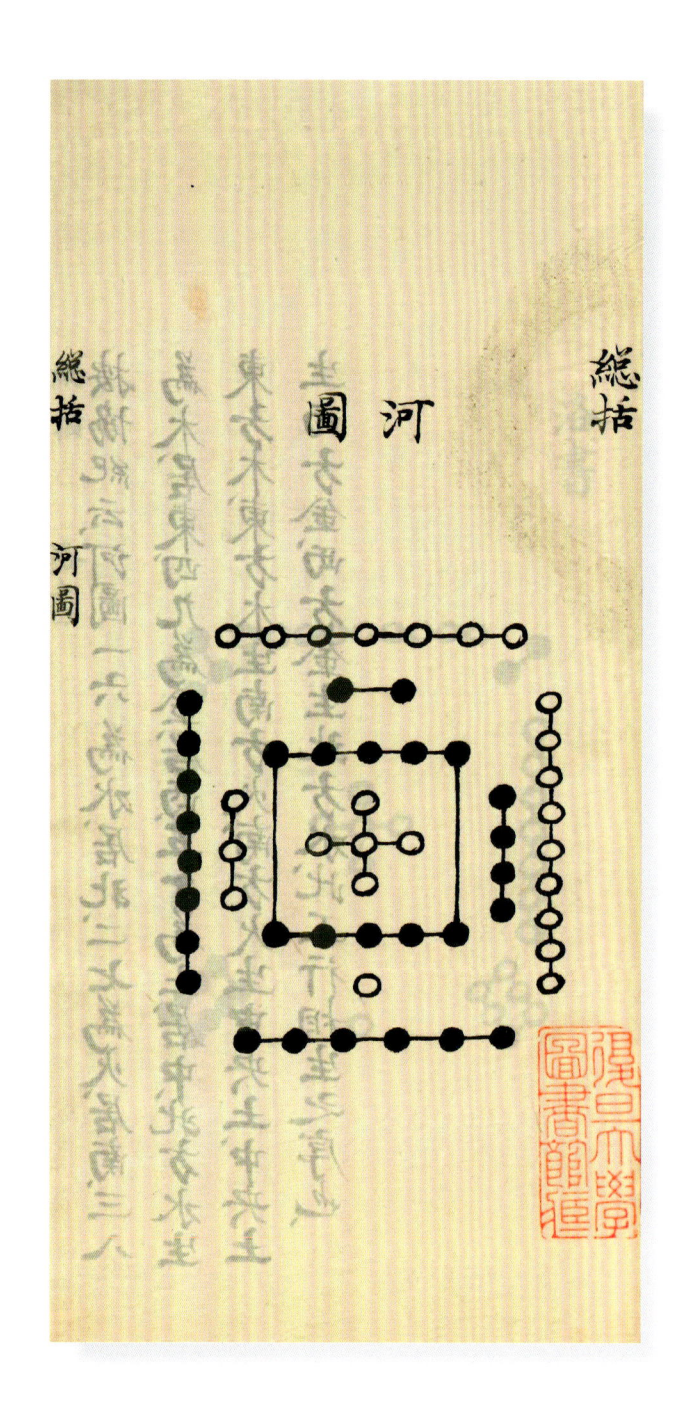

敬天小録不分卷　題清問梅居士編
清鈔本　4册　rb1409
每半葉八行，行二十字。無匡格。

鐵網珊瑚卷之一

太僕少卿吳郡都穆著

鹽鐵論

鹽鐵論十卷凡六十篇漢廬江太守丞
汝南桓寬次公撰按鹽鐵之議起昭帝
之始元中詔問賢良文學皆對願罷郡
國鹽鐵與御史大夫桑弘羊相詰難而鹽
鐵卒不可罷至宣帝時寬推衍增廣成

鐵網珊瑚二十卷　明都穆撰
清鈔本　□□朱墨二色批校　6册　ra0676
每半葉八行，行十五字。無匡格。
鈐"烏程龐淵如校閱秘藏本"朱文方印、"淵如"朱文方印、
"龐元澂印"白文方印、"清臣寓目"朱文方印。

珊瑚網法書題跋一

檇李汪砢玉樂卿氏集錄

魏太傅鍾繇戎輅宣示帖真跡有宣和政和雙龍小璽朱書諸印

臣繇言戎輅宣示孫權所求詣令所報所示臣以為今者事勢尚當有所依違願君思省若以在所慶可不須復貌節度唯君恐不可採故不自拜表

臣繇誠惶誠恐頓首頓首死罪死罪臣繇言戎路兼行履險冒寒臣以無任不獲扈從企仰懸情無有寧舍即日長史遼音宣示令命云、

建安廿四年閏 月九日南蕃東武亭侯臣鍾繇上

御府所藏魏鍾繇宣示帖淳祐十一年歲在辛亥至朔同日妝池松題記

俞松印章

珊瑚網 弓一

尚書宣示已入閣帖篤李直表亦鐫華氏真賞齋矣此則宣示戎輅真跡為吾禾項氏所藏是宣示有二種也遂昌鄭元祐

珊瑚網法書題跋二十四卷名畫題跋二十四卷　明汪砢玉輯
清鈔本　清周星詒校並跋　40冊　rb0193
每半葉十行，行二十四字，小字雙行同。無匡格。
鈐"茂苑香生蔣鳳藻秦漢十印齋秘笈圖書"朱文方印。

冬心先生畫竹題記一卷　清金農撰
清乾隆間金陵湯鳳池刻本　1册　rb1173
每半葉十行，行十七字。白口，單魚尾，左右雙邊。
鈐"張燕昌印"白文方印、"金粟山人"朱文長方印。

讀畫韻史一之一

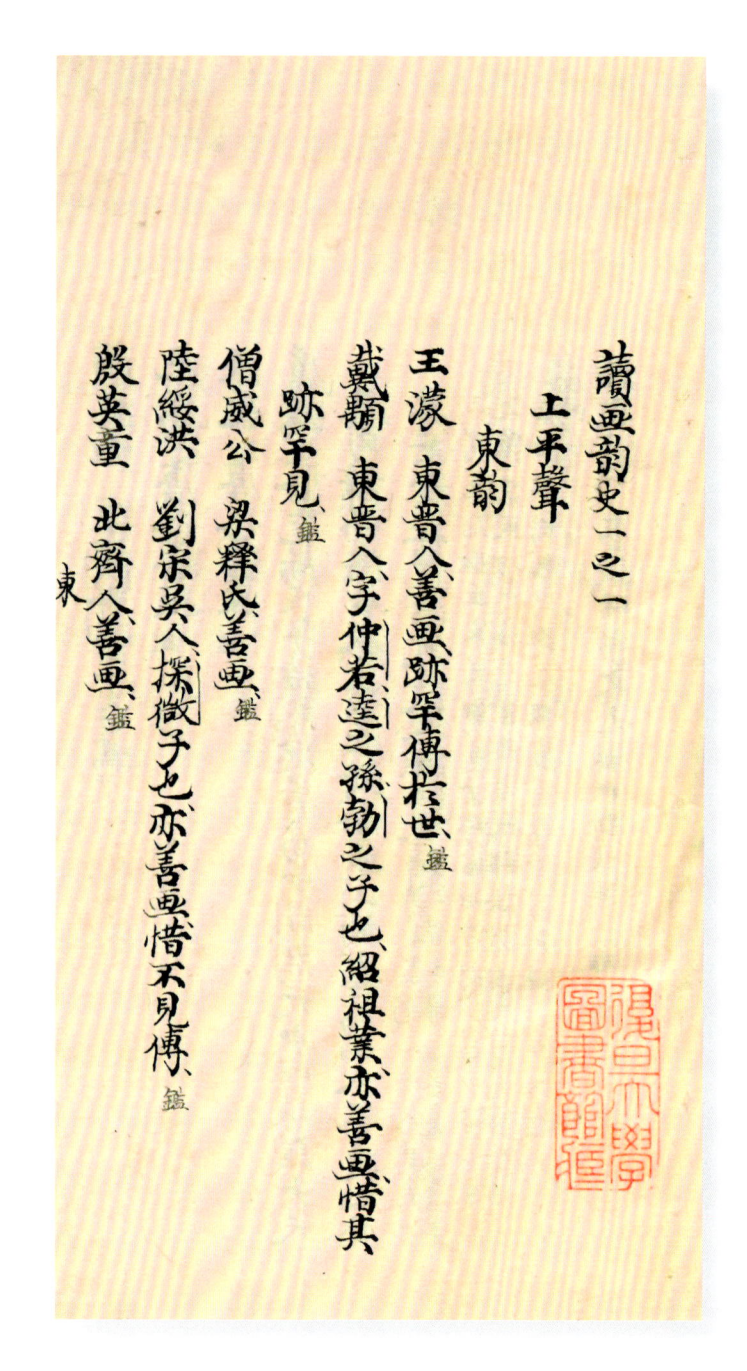

上平聲

東韻

王濛 東晉人善畫跡罕傳於世〔鑑〕

戴顒 東晉人字仲若逵之孫勃之子也紹祖業亦善畫惜其跡罕見〔鑑〕

僧威公 梁釋氏善畫〔鑑〕

陸綏洪 劉宋吳人探微子也亦善畫惜不見傳〔鑑〕

殷英童 此齊人善畫〔鑑〕

東

讀畫韻史五卷　□□撰
清鈔本　10冊　rb1253
每半葉九行，行二十四字，小字雙行不等。無匡格。

九五鎮

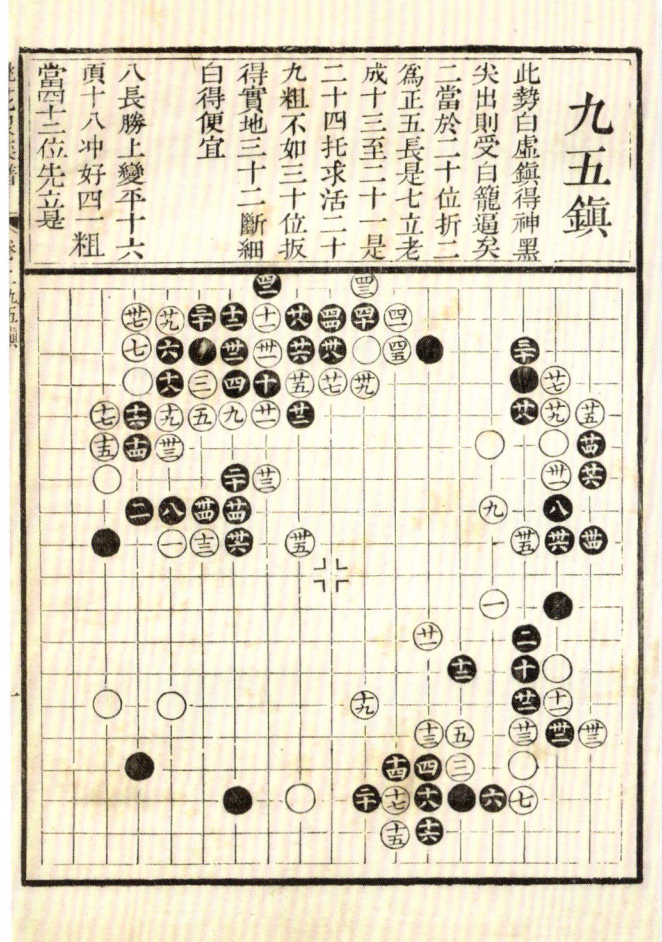

此勢白虛鎮得神黑
尖出則受白籠逼灸
二當於二十位折二
爲正五長是七立老
成十三至二十一是
二十四托求活二十
九粗不如三十位扳
得實地三十二斷細
白得便宜

八長勝上變平十六
頂十八冲好四一粗
當四十二位先立竟

桃花泉奕譜二卷　清范世勳撰
清乾隆三十年（1765）刻本　2冊　rb5851
白口，單魚尾，四周雙邊。

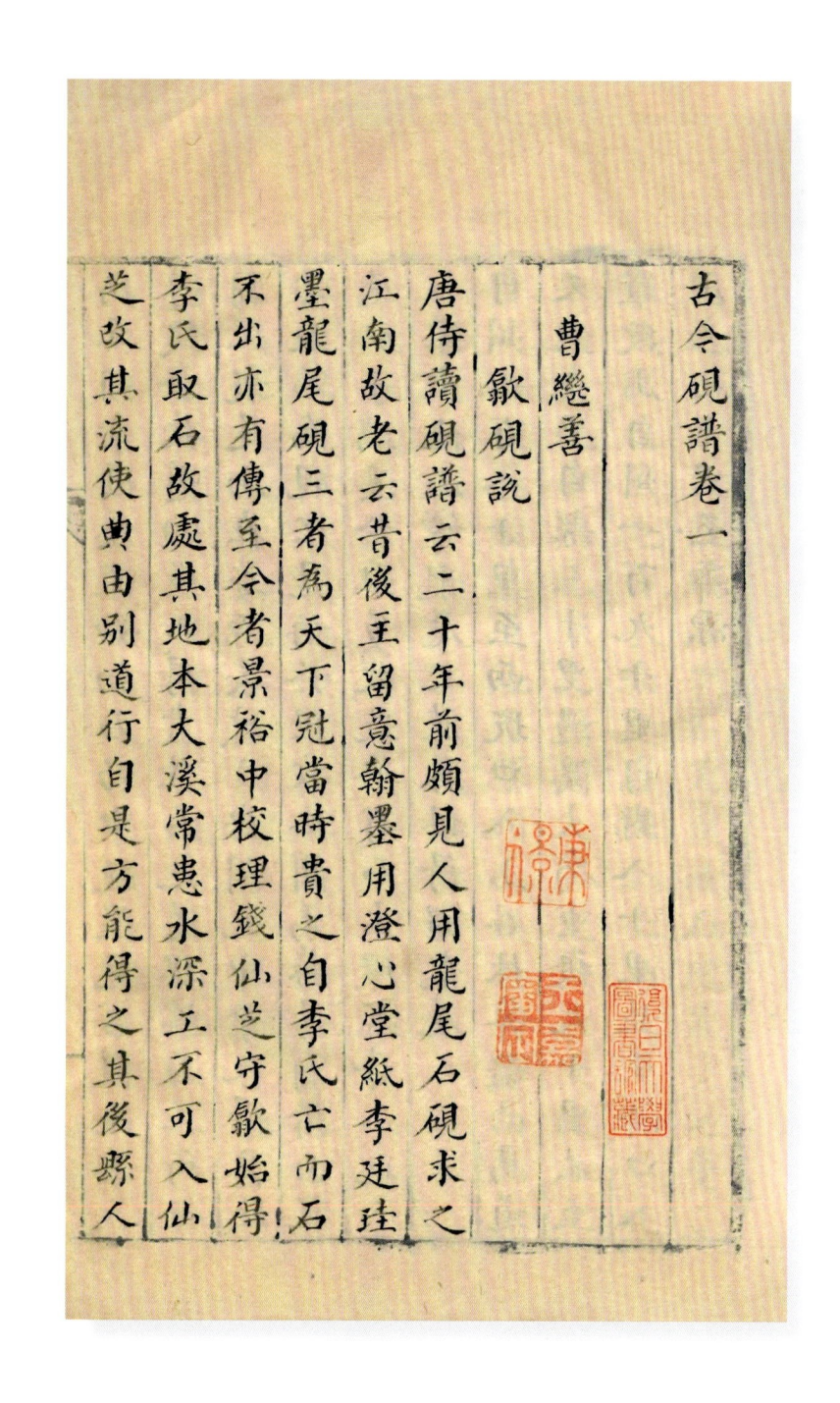

古今硯譜六卷　清倪椿輯
清乾隆三十八年（1773）稿本　1册　rb1181
每半葉十行，行二十字，小字雙行同。白口，單魚尾，四周單邊。
鈐"歲己未"朱文方印、"玉嘉"朱文方印、"龍山倪椿"白文方印、"玉嘉審定"白文方印、"秉景主人"朱文方印、"玉書"朱文長方印、"法古"朱文長方印、"倪椿"白文連珠印、"臣椿之印"白文方印、"研北"白文長方印、"品書畫人"白文長方印、"玉嘉"厚邊朱文方印、"千乘"白文長方印、"鄖橒"白文長方印、"識字農"朱文方印、"授簡堂"朱文橢圓印、"研田一片生涯"白文方印、"養拙"白文方印、"倪椿之印"白文方印、"識字農"白文扁方印。

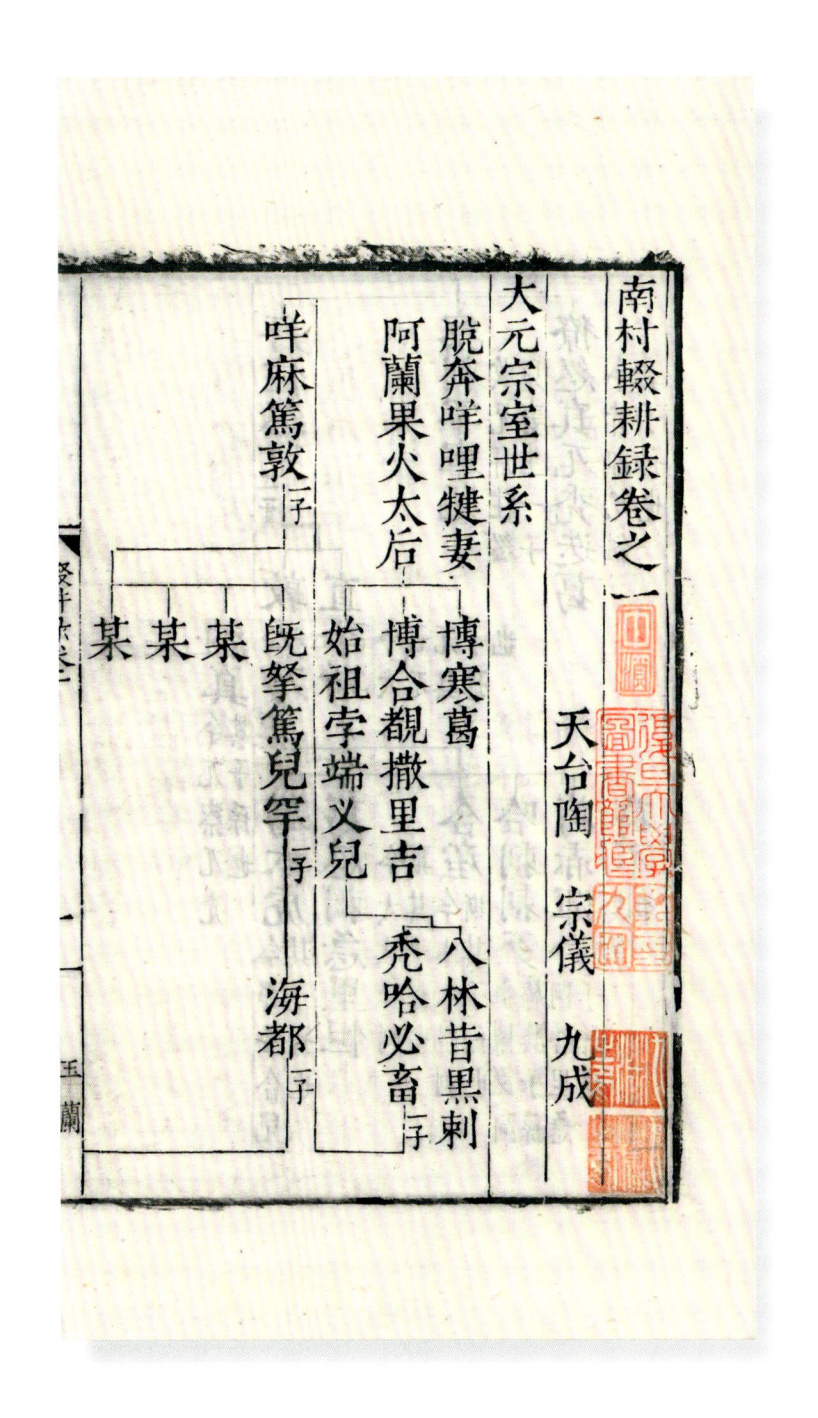

南村輟耕錄三十卷　元陶宗儀撰
明玉蘭草堂刻本　明金九淵批校　8冊　rb2305
每半葉十行，行二十一字，小字雙行同。白口，單魚尾，左右雙邊。
鈐"子深私印"白文方印、"九淵之印"白文方印、"金九淵印"朱白文方印、"中深"白文長方印。

濯纓亭筆記卷一

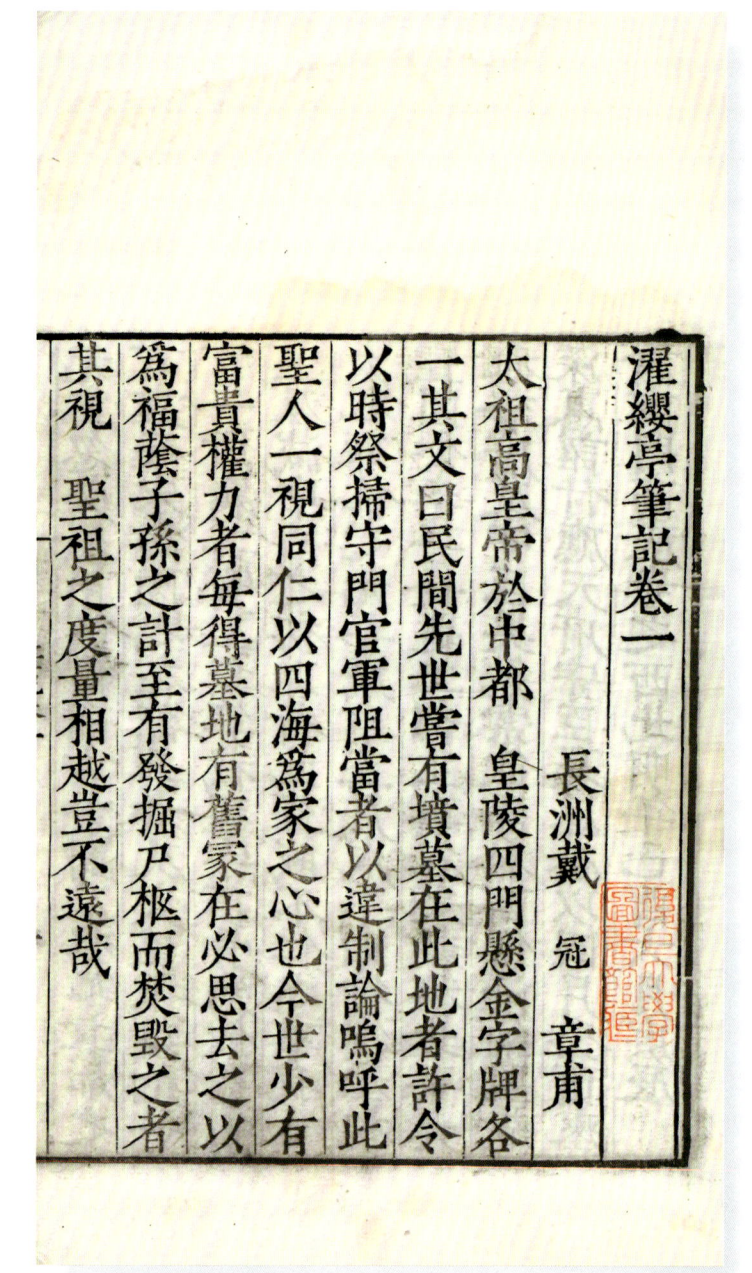

長洲戴　冠　章甫

太祖高皇帝於中都　皇陵四門懸金字牌各一其文曰民間先世嘗有墳墓在此地者許令以時祭掃守門官軍阻當者以違制論嗚呼此聖人一視同仁以四海為家之心也今世少有富貴權力者每得墓地有舊家在必思去之以為福蔭子孫之計至有發掘尸柩而焚毀之者其視　聖祖之度量相越豈不遠哉

濯纓亭筆記十卷禮記集説辨疑一卷　明戴冠撰
明嘉靖二十六年（1547）無錫華察刻本　3册　rb1970
每半葉九行，行十八字，小字雙行同。白口，無魚尾，左右雙邊。
鈐"海門"朱文方印。

古言卷上

海鹽鄭曉

八卦伏羲所作重之者文王也易曰八卦成列象在其中矣畫也因而重之爻在其中矣畫也連山首艮歸藏首坤皆止八卦至周首乾乃有六十四卦易之興也其於中古乎言義易也作易者其有憂患乎言文易也

古言二卷　明鄭曉撰

明嘉靖四十四年（1565）項篤壽刻本　2冊　rb1966

每半葉八行，行十六字。白口，單白魚尾，四周雙邊。鈐"曾藏烏程龐氏家"白文方印。

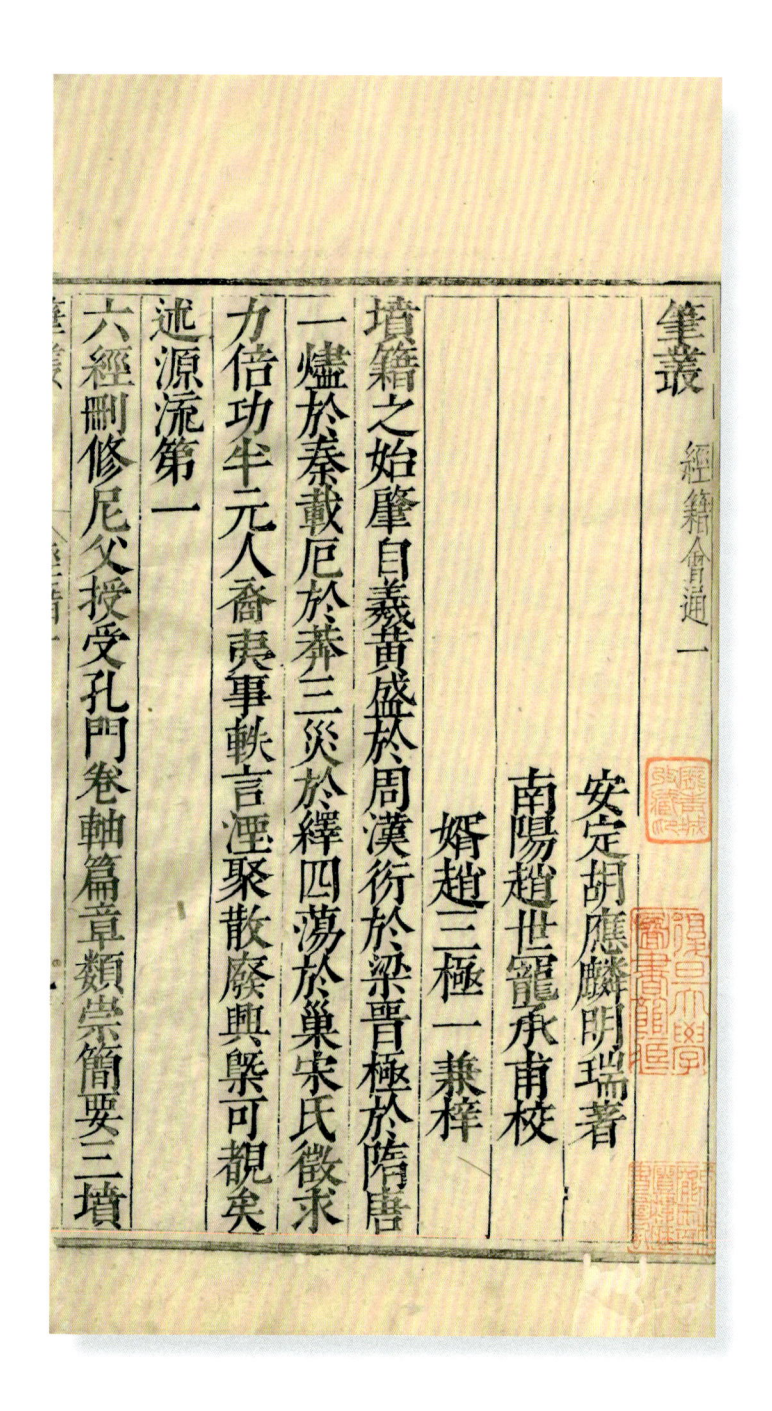

筆叢三十二卷續集十六卷　明胡應麟撰

明萬曆四十二年（1614）趙世寵重刻本　□□批校　16冊　rb1967

每半葉九行，行二十字，小字雙行同。白口，單白魚尾，四周雙邊。

鈐"烏程龐氏百匱樓藏書圖記"朱文方印、"龐青城收藏印"朱文長方印。

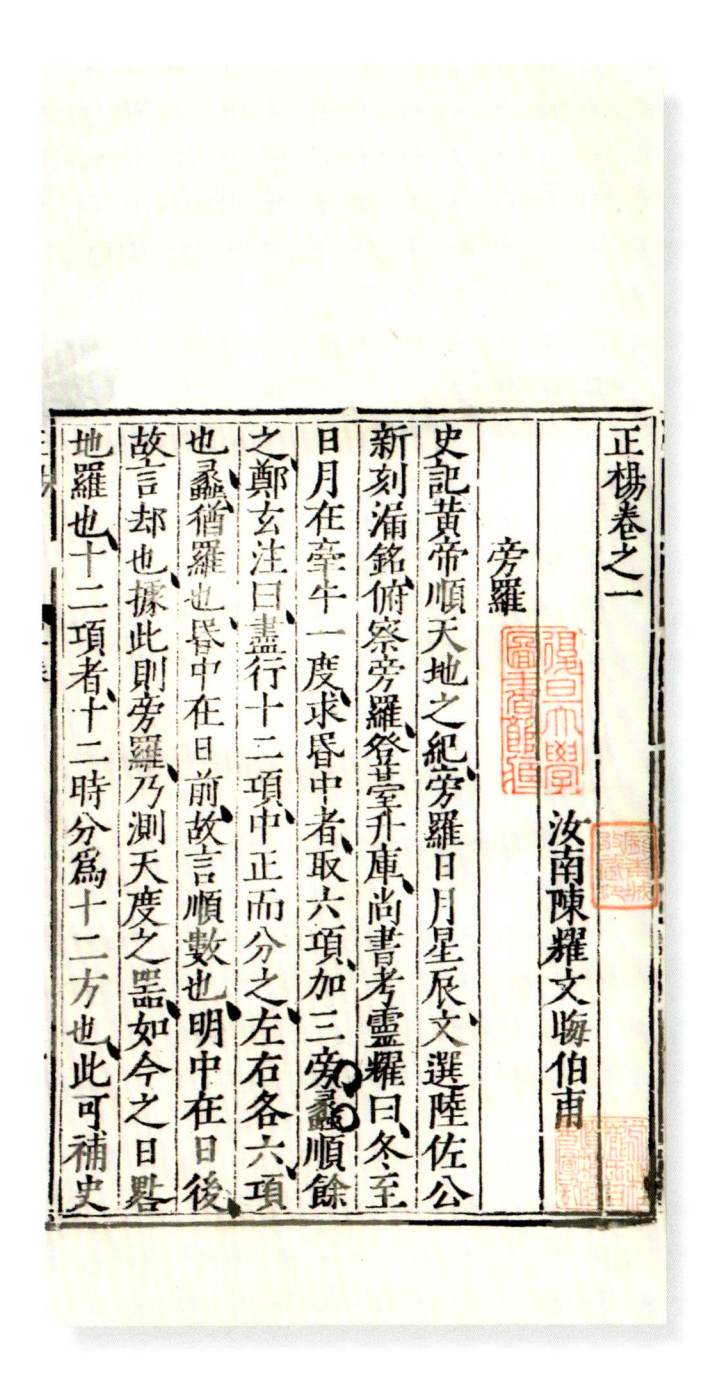

正楊四卷　明陳耀文撰
明隆慶三年（1569）刻本　4册　rb1969
每半葉十行，行二十字。白口，單魚尾，四周雙邊。
鈐"烏程龐氏百匭樓藏書圖記"朱文方印、"龐青城收藏印"朱文長方印。

來鶴堂雜鈔不分卷　清費錫章撰
清稿本　10册　rb1213
每半葉十行，行二十四字。白口，單魚尾，左右雙邊。
鈐"錫章"白文方印、"西墉"朱文方印、"無事讀來世之書"白文方印、"紫伯收藏"白文方印、"紫伯秘玩"朱文圓印、"小自在室"朱文長方印、"翼詵堂章氏所得之書"朱文方印、"烏程龐淵如校閱秘藏印"朱文方印。

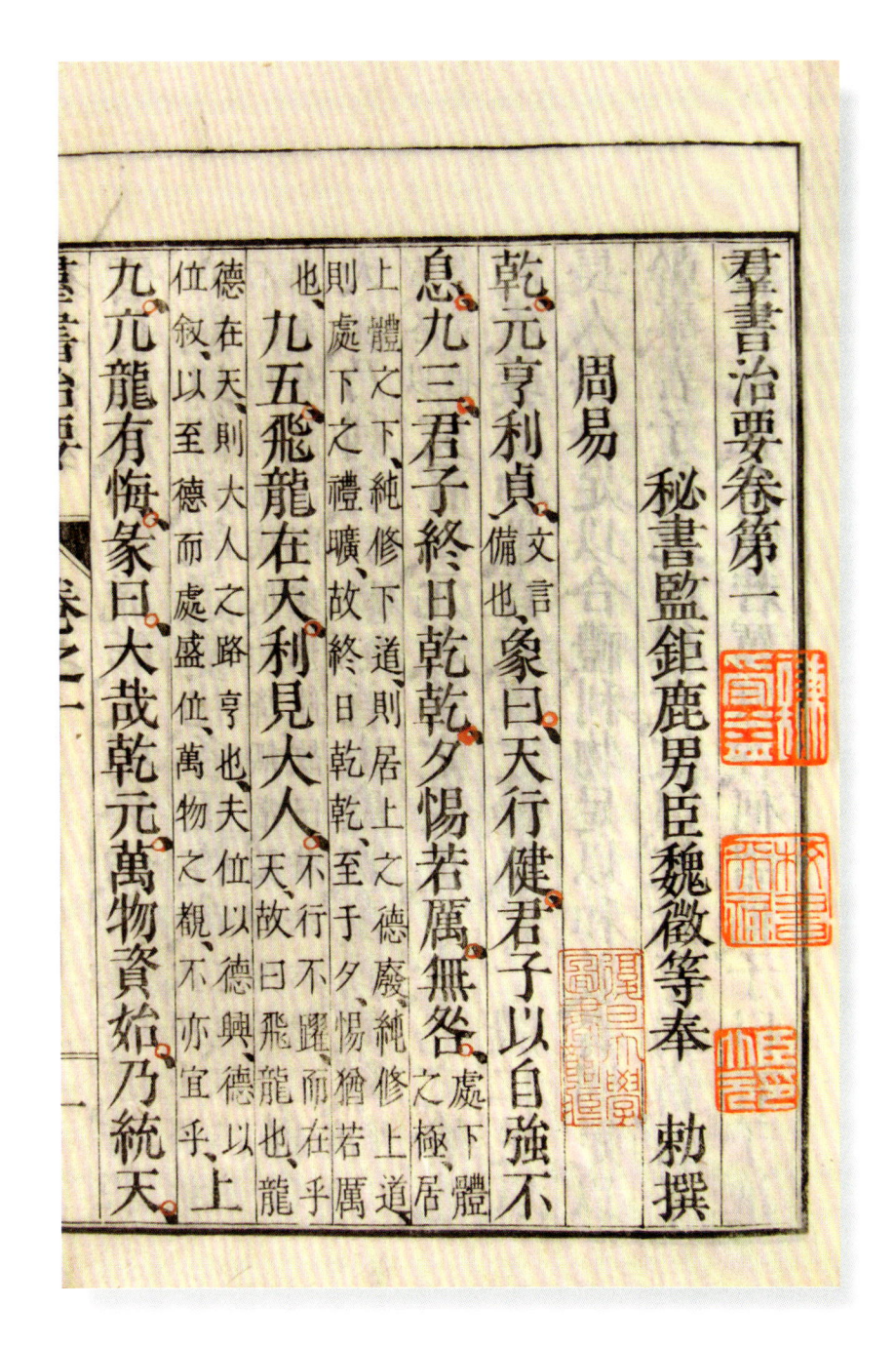

群書治要五十卷　唐魏徵等輯

日本天明七年（1787）尾張國細井德民刻本　25冊　rb0181

每半葉九行，行十八字，小字雙行同。白口，單魚尾，四周雙邊。

鈐"臣北元印"白文方印、"校書天祿"朱文方印、"謙受益"白文方印。

續自警編十六卷　明黃希憲輯
明萬曆六年（1578）嘉興府刻本　16冊　rb2235
每半葉十行，行二十字。白口，單白魚尾，左右雙邊。
鈐"烏程龐淵如校閱秘藏本"朱文方印、"國立同濟大學圖書館藏書"朱文方印。

續齊諧記

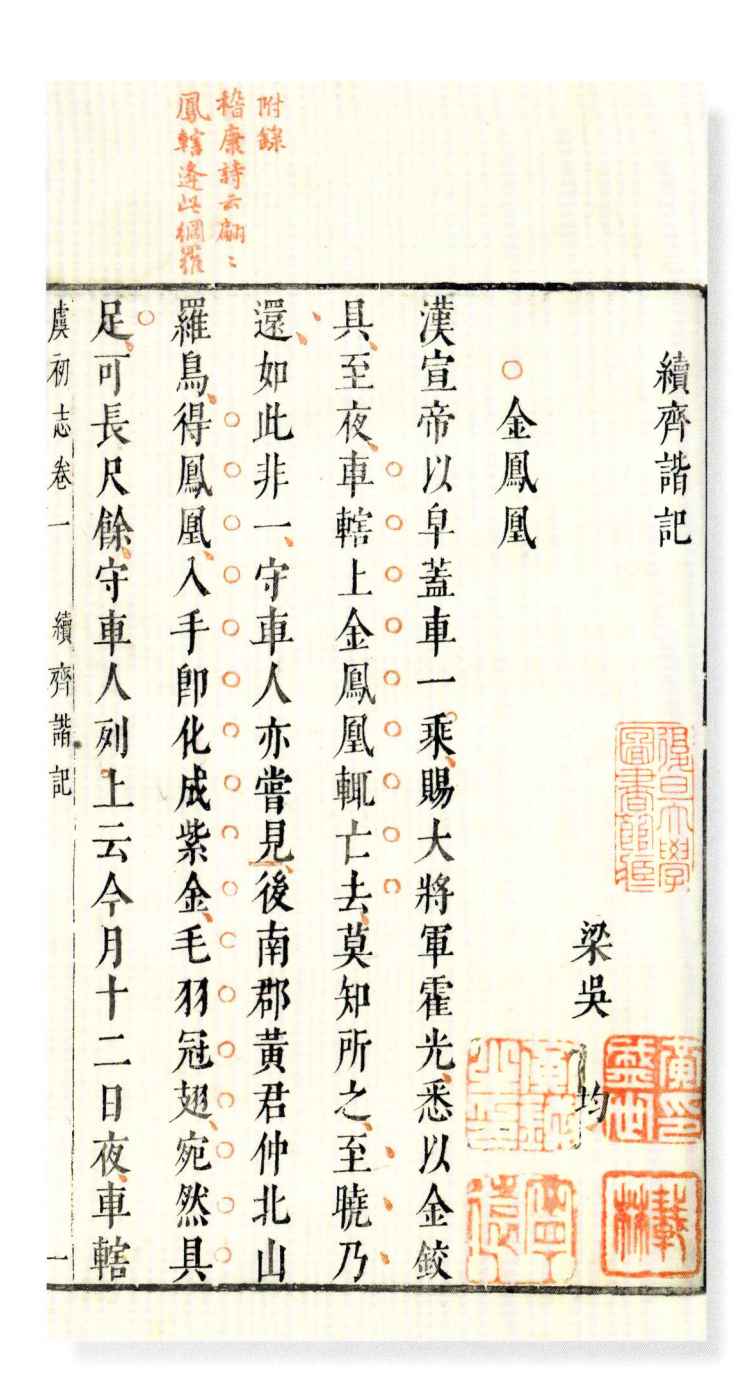

○金鳳凰

漢宣帝以阜蓋車一乘賜大將軍霍光悉以金鈒其至夜車轄上金鳳凰輒亡去莫知所之至曉乃還如此非一守車人亦嘗見後南郡黃君仲北山羅鳥得鳳凰入手卽化成紫金毛羽冠翅宛然具足可長尺餘守車人列上云今月十二日夜車轄

虞初志卷一　續齊諧記　一

附錄
嵇康詩云廟～
鳳轄逢此綢羅

梁 吳均

虞初志七卷　明袁宏道評
明末吳興凌性德刻朱墨套印本　4册　rb1341
每半葉八行，行十九字。白口，無魚尾，四周單邊。
鈐"載林"朱文方印、"黃盛世印"白文方印、"寧遠"朱文方印、"黃鉞之印"白文方印。

刻藝文類聚序

古以竆經今以談經古以訂史
今以洽史墳典之豪囿衆制
之淵藪宣亶曰以壹道曰以啓
摯綱而說乎詳撮要而學不博
據經舍道務末忘原其弊滋矣

藝文類聚卷第一

唐太子率更令弘文館學士歐陽詢撰

天部上　天　日　月　星　雲　風

天

周易曰大哉乾元萬物資始乃統天雲行雨施品物流形大明終始六位時成時乘六龍以御天乾道變化各正性命又曰天行健　尚書曰乃命羲和欽若昊天又曰立天之道曰陰與陽　禮記曰天之道博也厚也高也明也悠也久也日月星辰繫焉萬物覆焉　論語曰天何言哉四時行焉百物生焉　老子曰天得一以清　春秋繁露曰春秋之喜怒哀樂之心與人相副以類合之天人一也　爾雅曰穹蒼蒼天也　春秋元命苞曰不足西北陽極於九故天周九九八十一萬里　渾天儀曰天如雞子天大地小天表裏有水地各乘氣而立載水而浮天轉如車轂之運　黃帝素問曰

藝文類聚一百卷　唐歐陽詢輯

明嘉靖二十八年（1549）平陽府刻本　32冊　rb0665

每半葉十四行，行二十八字。白口，單魚尾，左右雙邊。

鈐"少泉蔡氏珍藏"朱文方印、"求善價而沽諸"白文方印。

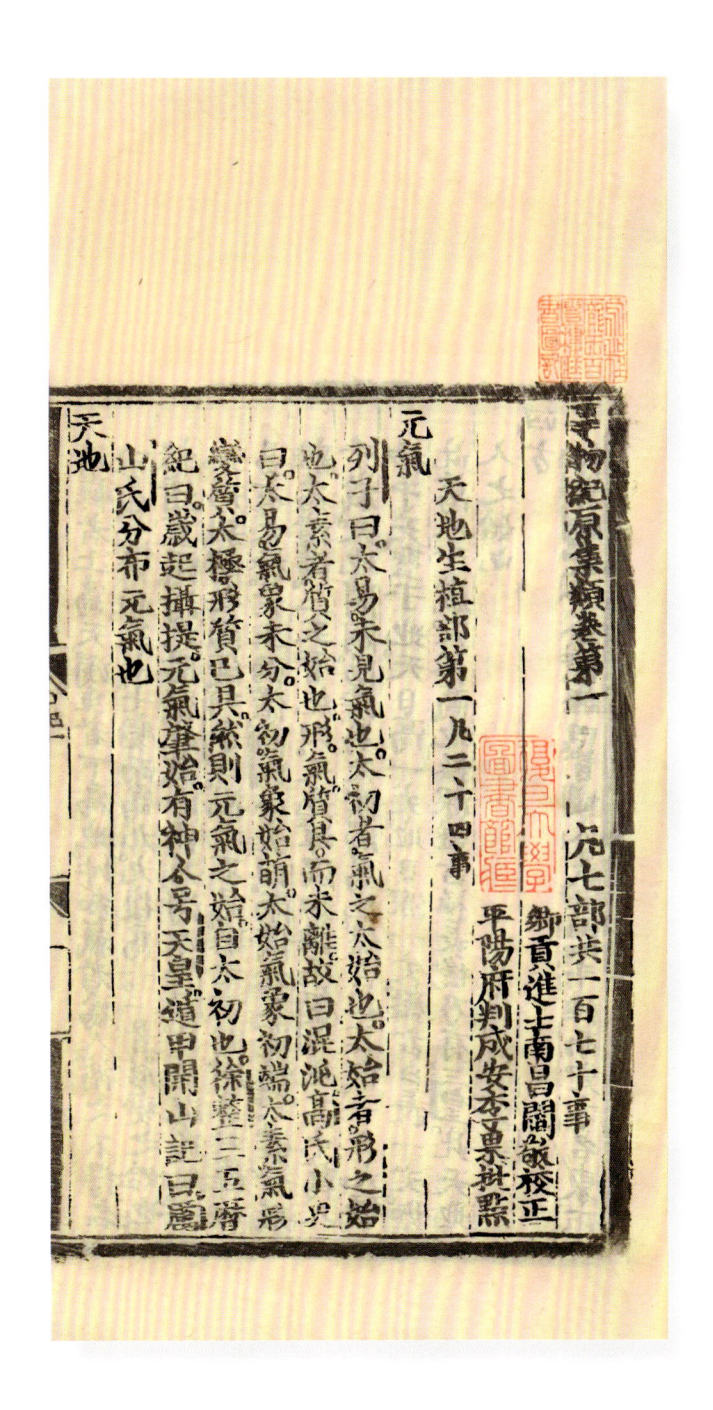

事物紀原集類十卷　宋高承撰
明成化八年（1472）李果刻本　4冊　rb1878
每半葉十二行，行二十四字。黑口，雙魚尾，四周雙邊。
鈐"環碧山房珍藏"朱文長方印、"烏程龐氏百匱樓藏書圖記"朱文方印。

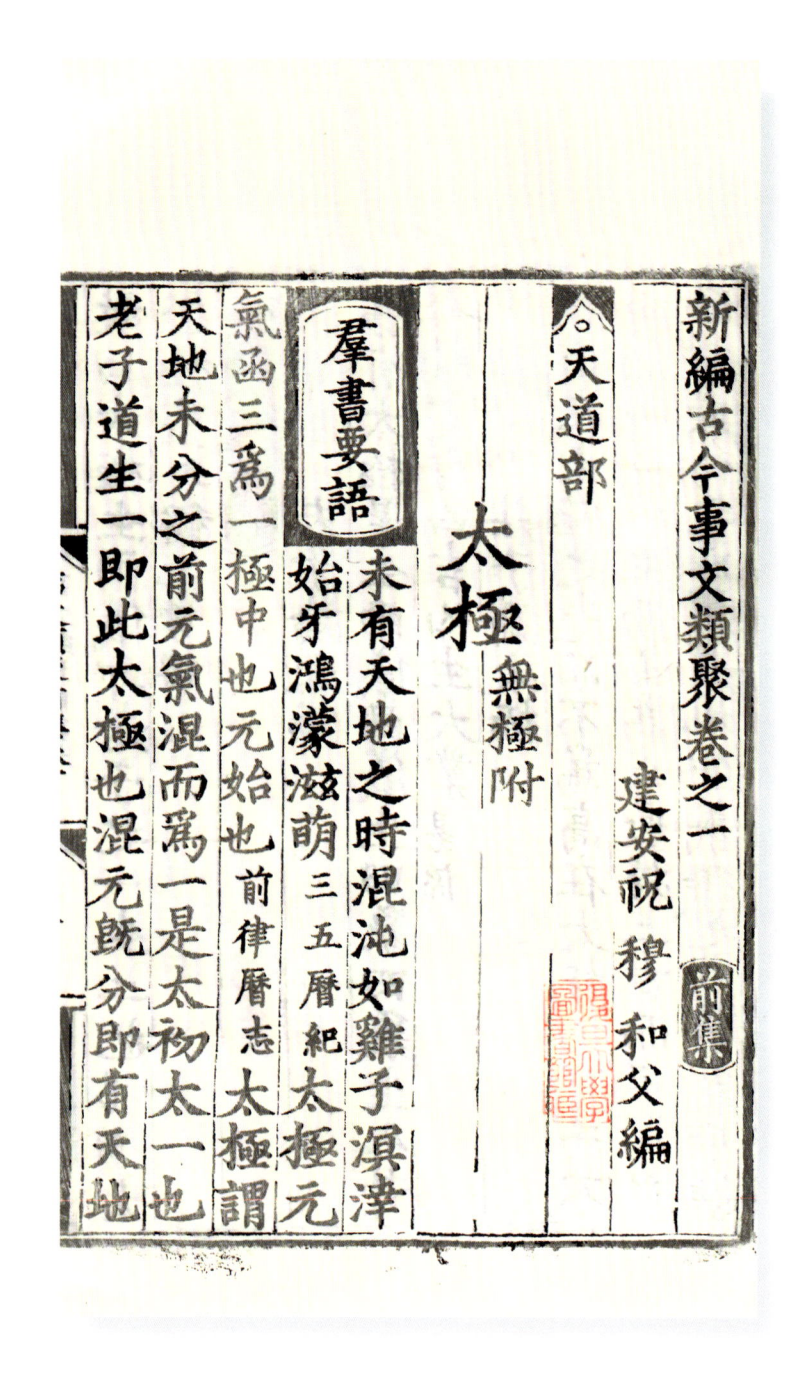

新編古今事文類聚卷之一 前集
建安祝穆和父編

天道部

太極 無極附

羣書要語

未有天地之時混沌如雞子溟涬始牙鴻濛滋萌三五曆紀太極元氣函三為一極中也元始也前律曆志太極謂

天地未分之前元氣混而為一是太初太一也

老子道生一即此太極也混元既分即有天地

新編古今事文類聚前集六十卷後集五十卷續集二十八卷別集三十二卷
新集三十六卷外集十五卷　宋祝穆輯　元富大用輯
明初刻本　70册　rb1803
每半葉十行，行十八字。黑口，雙魚尾，四周雙邊。

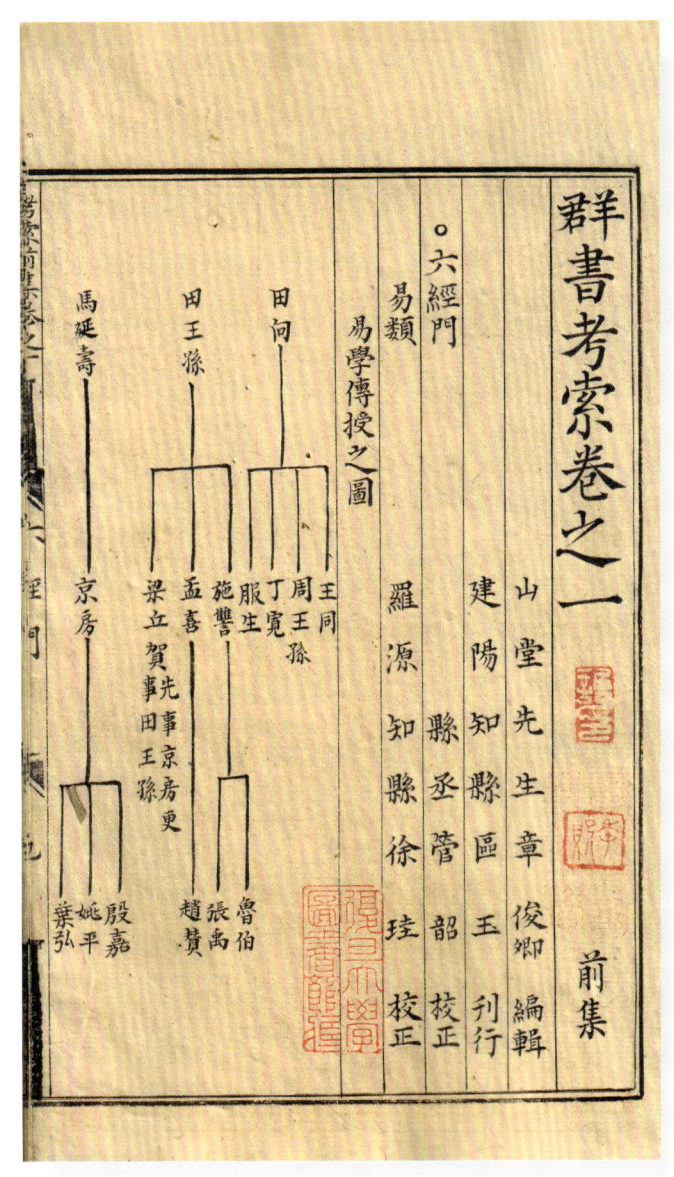

群書考索前集六十六卷後集六十五卷續集五十六卷別集二十五卷　宋章如愚輯
明正德三至十三年（1508—1518）劉洪慎獨齋刻十六年（1521）重修本　64冊　rb0158
每半葉十四行，行二十八字，小字雙行同。黑口，雙魚尾，四周雙邊。
鈐"季貺"朱文方印、"詒印"白文長方印、"太守之章"白文方印、"星詒長壽"白文方印、"茂苑香生蔣鳳藻秦漢十印齋秘匧圖書"朱文方印。

劉氏類山十卷　明劉胤昌撰
明萬曆三十三年（1605）江西刻本　8冊　rb2286
每半葉八行，行十六字，小字雙行同。白口，單魚尾，四周單邊。
鈐"烏程龐淵如校閱秘藏本"朱文方印。

雙桂療痾次抄卷一

一部
一尺詔版也後漢陳蕃傳尺一選舉注尺一版長尺一以寫詔書東坡
詩尺一東來喚我歸
不可張融字思光緒從弟仕宋為封溪令齊高帝曰此人不可無
一見南史
一六一歐公自號六一居士嘗曰吾集古一千卷藏書一萬卷有琴一
張棋一局酒一壺而以吾一身老于此吾物之間是為六一居士
見歸田錄六一本泉在杭州孤山趾歐公曰之自號或欲逃名

雙桂療痾次抄十三卷　清秉璜輯
清嘉慶九年（1804）稿本　13冊　ra1275
每半葉十行，行二十五字，小字雙行同。無匡格。
鈐"古茜墩"朱文長方印、"秉璜一字懶真"朱文方印、"學呂之章"白文方印、"烏程龐氏百匭樓藏書圖記"朱文方印、"龐青城收藏印"朱文長方印。

淵海摘二十七卷　　□□撰
清鈔稿本　28冊　ra1195
每半葉九行，行二十八字，小字雙行同。無匡格。
鈐"姜宸英藏書籍"朱文長方印、"王言氏"朱文方印、"趙綸私印"白文方印、"二金蝶堂藏書"朱文方印。

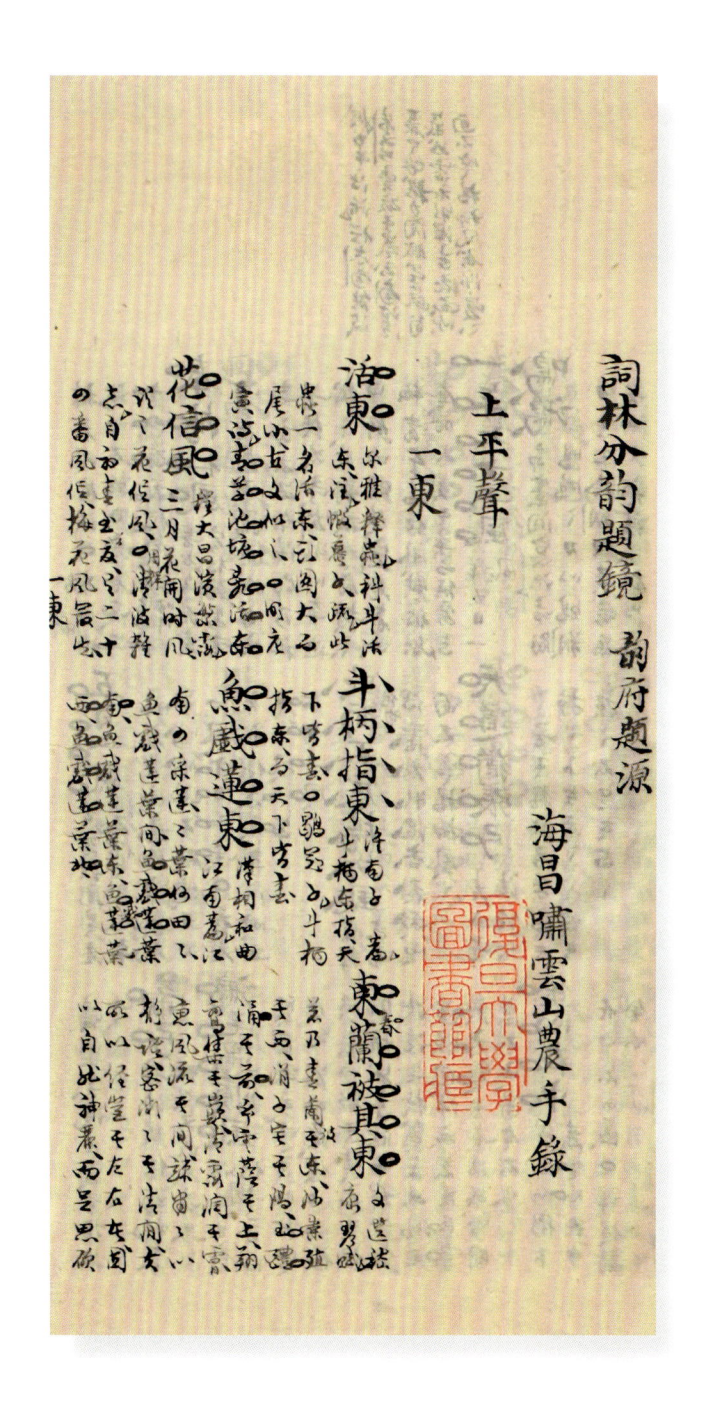

詞林分韻題鏡不分卷　題清嘯雲山農手錄
清稿本　5冊　ra1247
每半葉九行，行二十一至二十二字不等，小字雙行不等。無匡格。

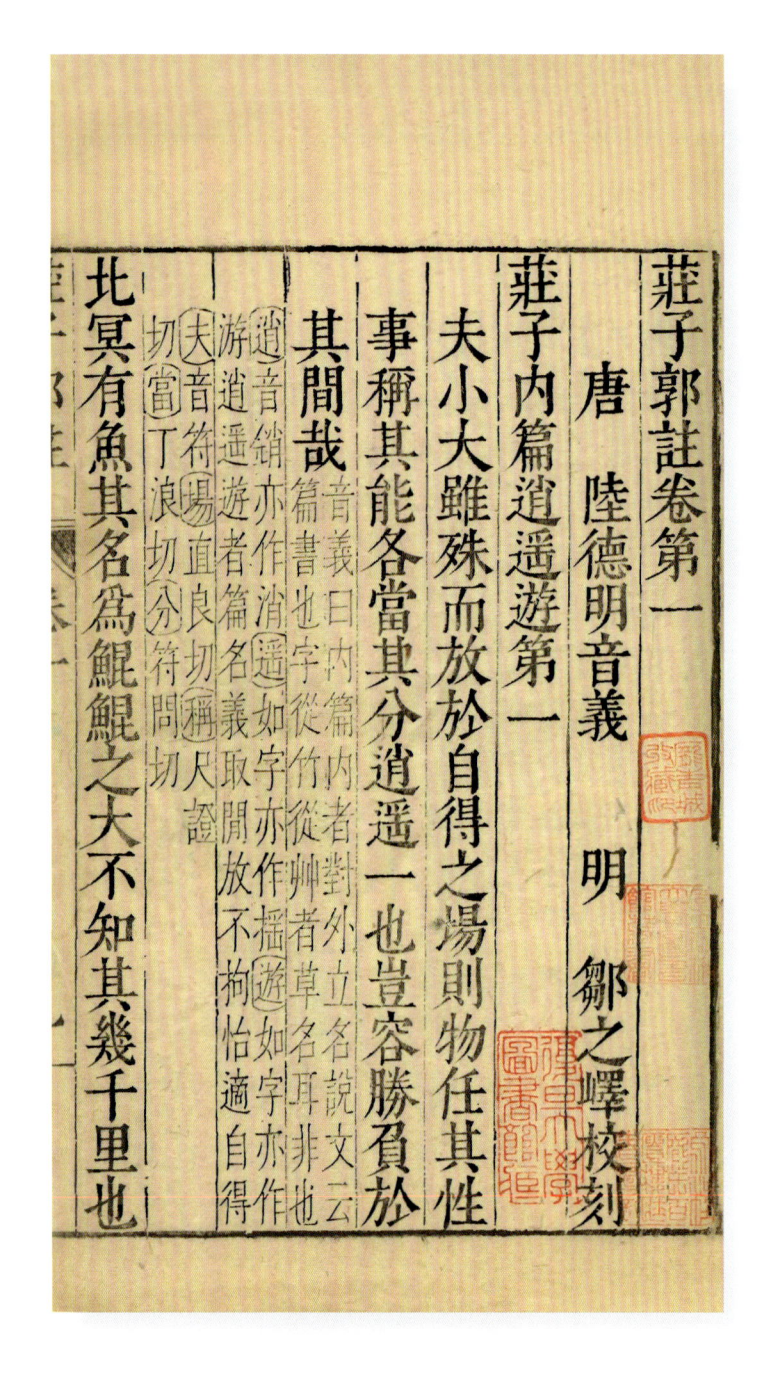

莊子郭註十卷　晉郭象注　唐陸德明音義
明萬曆三十三年（1605）鄒之嶧刻本　10冊　rb2229
每半葉九行，行十八字，小字雙行十八字。
鈐"退補齋珍藏印"朱文長方印、"烏程龐氏百匭樓藏書圖記"朱文方印、
"龐青城收藏印"朱文長方印、"國立同濟大學圖書館藏書"朱文方印。

莊子小傳

莊子宋人也名周字子休生睢陽蒙縣嘗為
蒙漆園史學無所不窺要本歸於老子之言
故其著書十餘萬言大抵率寓言也其言洸
洋自恣以適己故曰王公大人不能器之楚
威王聞周賢便使厚幣迎之許以為相周笑
謂使者千金重利卿相尊位也子獨不見郊
祭之犧牛乎養食之數歲衣以文繡以入太
廟當是之時欲為孤豚其可得乎子亟去無
汙我我寧游戲汙瀆之中自快無為有國者

南華真經義海纂微卷之一

武林道士褚伯秀學

內篇逍遙遊第一

北冥有魚其名為鯤鯤之大不知其幾千里
也化而為鳥其名為鵬鵬之背不知其幾千
里也怒而飛其翼若垂天之雲是鳥也海運
則將徙於南冥南冥者天池也齊諧者志怪
者也諧之言曰鵬之徙於南冥也水擊三千
里摶扶搖而上者九萬里去以六月息者也
野馬也塵埃也生物之以息相吹也天之蒼

南華真經義海纂微一百六卷　宋褚伯秀撰
清山陰沈氏鳴野山房鈔本　48冊　rb0577
每半葉十行，行十七字。細黑口，無魚尾，左右雙邊。
鈐"國立同濟大學圖書館藏書"朱文方印。

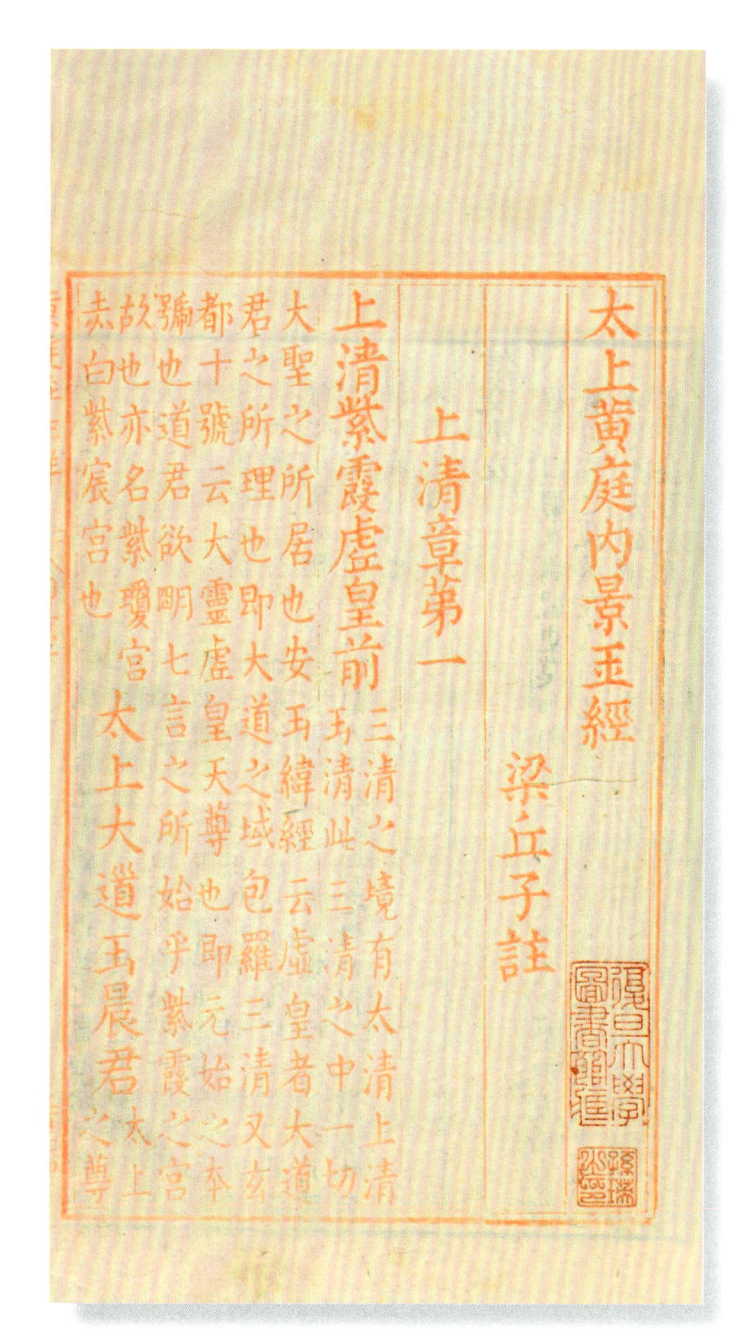

太上黃庭內景玉經一卷太上黃庭外景經一卷附黃庭內景五臟六腑圖説一卷　唐白履忠注　唐胡悟撰
明萬曆二十二年（1594）沈子木刻朱印本　3冊　rb2243
每半葉七行，行十六字，小字雙行同。白口，單魚尾，四周雙邊。
鈐"東華太淵"朱文長方印、"孫瑛之印"朱文方印。

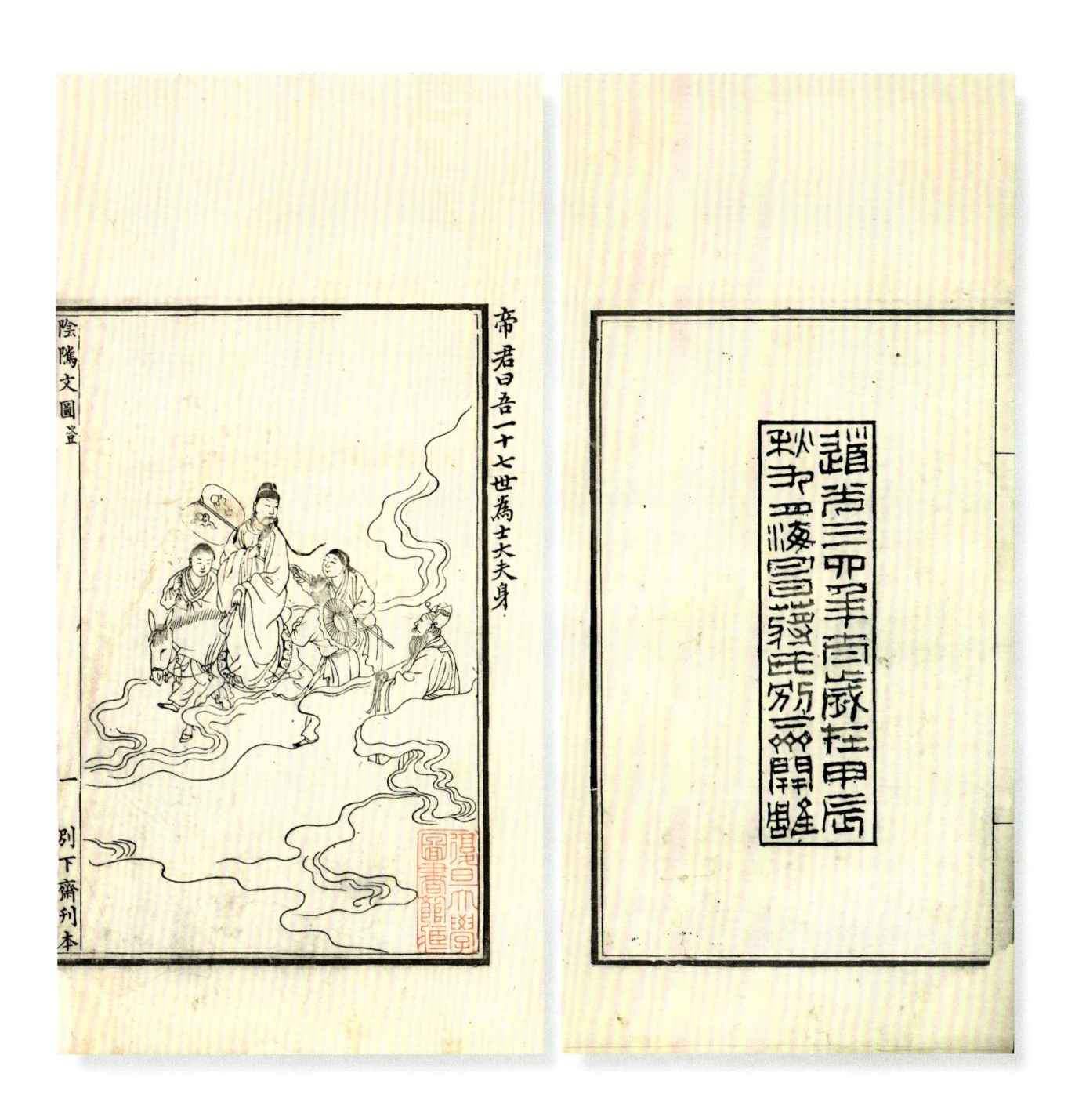

陰騭文圖證不分卷　清費丹旭繪圖　清許光清集證
清道光二十四年（1844）海昌蔣氏別下齋刻本　龐青城跋　2冊　rb1282
每半葉十行，行二十四字。白口，無魚尾，四周雙邊。

顏光祿集卷之一

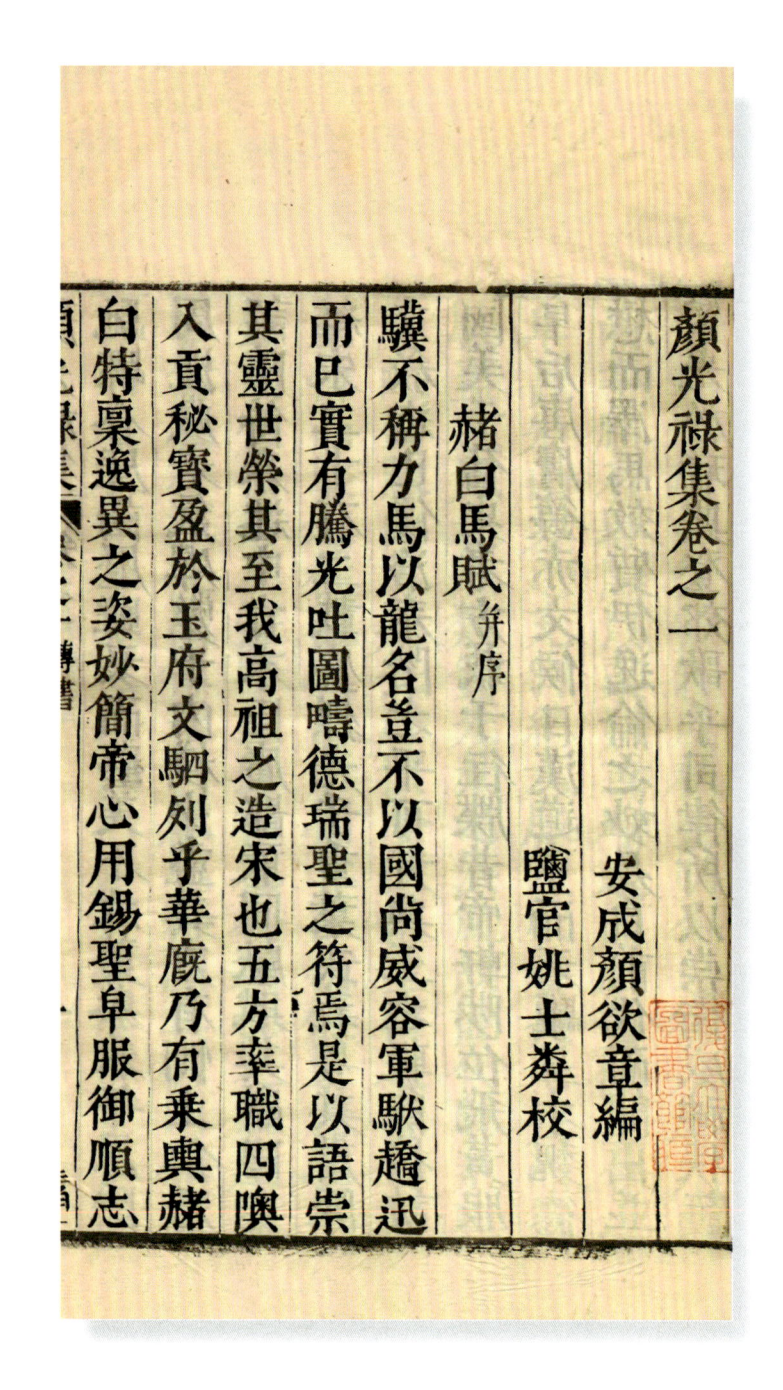

安成顏欲章編
鹽官姚士粦校

赭白馬賦 并序

驥不稱力馬以龍名登不以國尚威容軍駃趫迅
而已實有騰光吐圖疇德瑞聖之符焉是以語崇
其靈世榮其至我高祖之造宋也五方率職四噢
入貢秘寶盈於玉府文駟列乎華廐乃有乘輿赭
白特稟逸異之姿妙簡帝心用錫聖阜服御順志

顏氏傳書八種四十二卷　明顏欲章編
明萬曆三十六年（1608）刻本　10册　rb2039
每半葉九行，行十九字，小字雙行同。白口，單魚尾，左右雙邊。

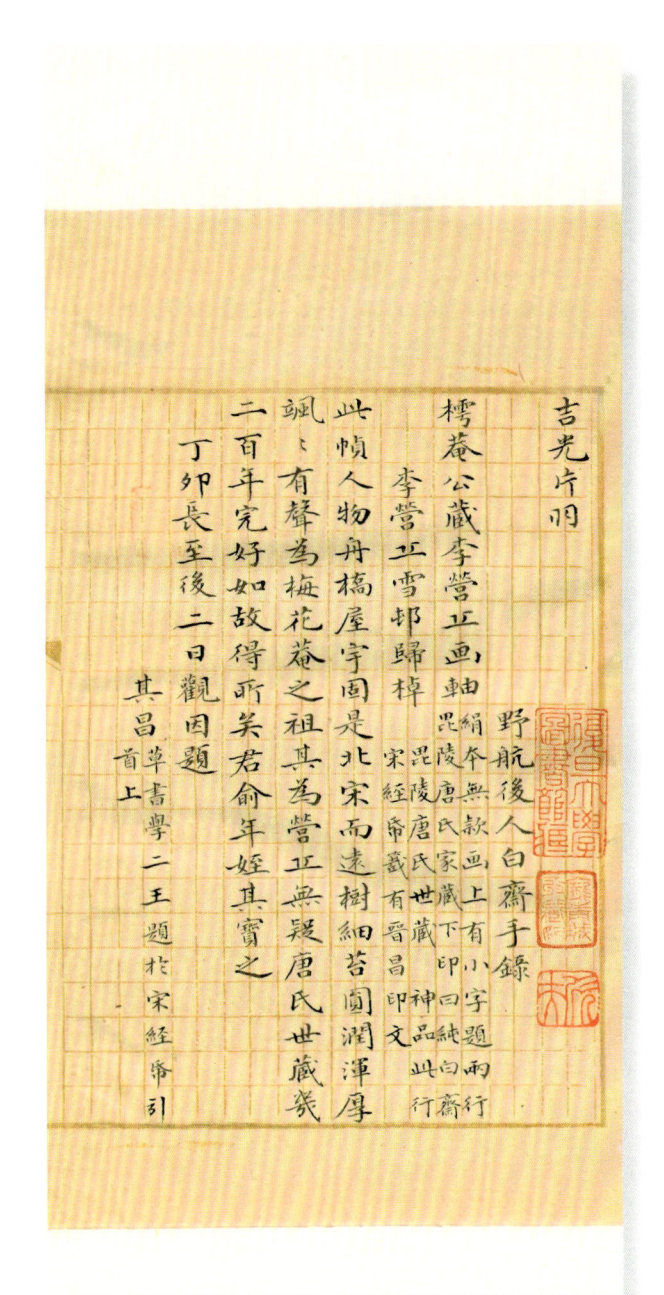

白齋七種十七卷　清陸紹曾編
清鈔本　清方塘跋　16册　rb1264
每半葉十行，行二十一字，小字雙行同。白口，單魚尾，左右雙邊。
鈐"讀未見書如得良友見已讀書如逢故人"朱文方印、"方塘之印"白文方印、"一名問淥"朱文方印、"龐青城收藏印"朱文長方印、"吳興龐元澂青城之印"白文方印、"欣夫"朱文方印。

施氏著書四種五卷　清施國祁撰
清嘉慶十七、二十一年（1812、1816）潯溪吉貝居刻本　2冊　rb2163
每半葉十二行，行二十三字。白口，單魚尾，左右雙邊。
鈐"烏程龐氏百匭樓藏書圖記"朱文方印。

百匯擷英

集部

卷一之一 五 古

起玄宗開元間至肅宗至德二載

十三年赴京兆貢舉不第二十五年遊齊
天寶三載在東都四載在齊州五載庶
八載間至東都九載在長安十載進三大禮賦命待
參列選序十四載授河西尉不拜改右衛率府冑
五載往白水又往鄜州七月肅宗即位改元至德
中二載脫賊謁上鳳翔拜左拾遺疏救房琯八月還

望嶽 按履歷公遊齊魯在開元二十
五六年間公集當以是為首

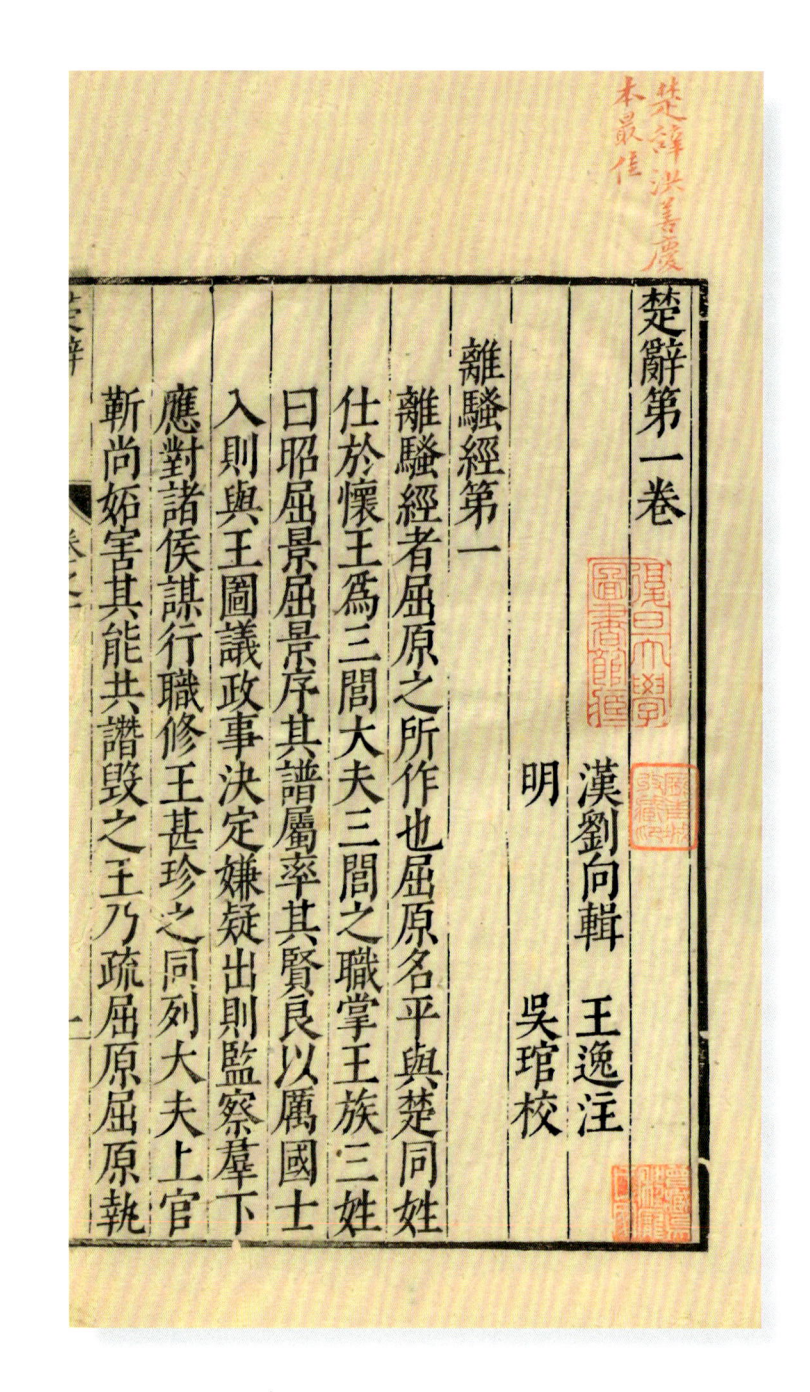

楚辭十卷　漢王逸注

明萬曆十四年（1586）俞初刻本　清錢陸燦批校　4冊　rb2031

每半葉十行，行二十字，小字雙行同。白口，單魚尾，左右雙邊。

鈐"南陔堂印"白文方印、"方白山人"白文方印、"芑堂"白文方印、"瓜圃居士"白文方印、"烏程龐氏百匭樓藏書圖記"朱文方印、"曾藏烏程龐氏家"白文方印、"龐青城收藏印"朱文長方印。

> 梁貞白先生陶隱居集卷上
>
> 昭臺弟子龐西傳霄編輯
> 大洞弟子頴川陳桷校勘
>
> 水仙賦
>
> 淼漫八海汯汩九河中天起浪分地瀉波東
> 卷長桑日窟西斡龍築月阿迺者潼關不壅
> 石門已開導江出漢浮濟達淮障渠水府包
> 山洞臺娥英之所游往琴馮是焉去來或窮
> 髮送鵬咸池浴日隨雲濯金槳之沂追霞採

梁貞白先生陶隱居集二卷附錄一卷　南朝梁陶弘景撰
明雲間朱大英刻本　2册　rb2254
每半葉九行，行十七字。白口，單白魚尾，左右雙邊。
鈐"龍山范氏文房"朱文圓印、"葉氏篆竹堂藏書"朱文圓印。

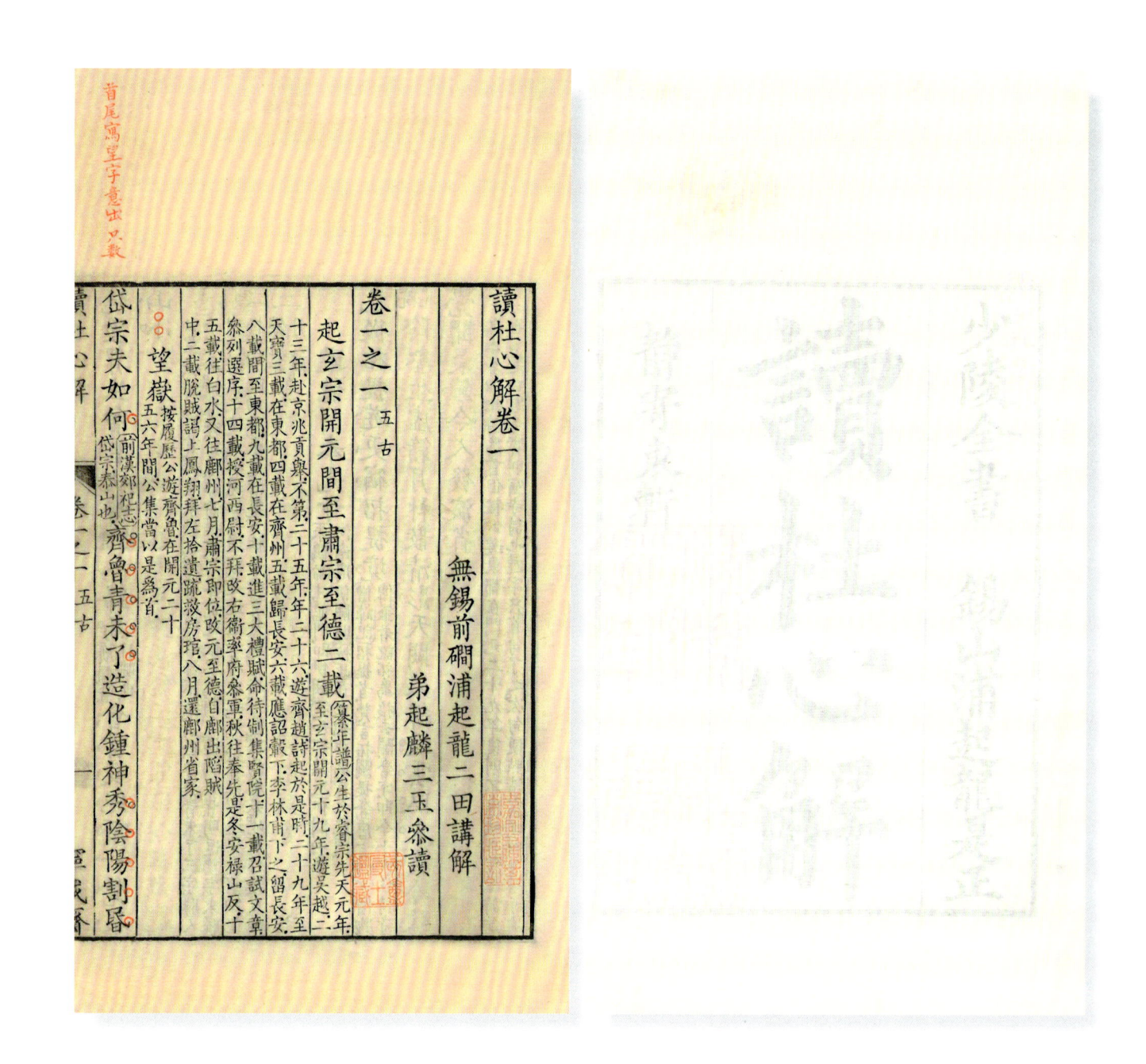

讀杜心解六卷卷首二卷　清浦起龍撰
清雍正二至三年（1724—1725）浦氏寧我齋刻本　清朱方靄批　清朱琰跋　6冊　rb0983
每半葉十行，行二十二字，小字雙行三十三字。白口，單魚尾，左右雙邊。
鈐"嘉興陳其榮珍藏記"朱文長方印、"荄盦曼士鑒藏"朱文方印。

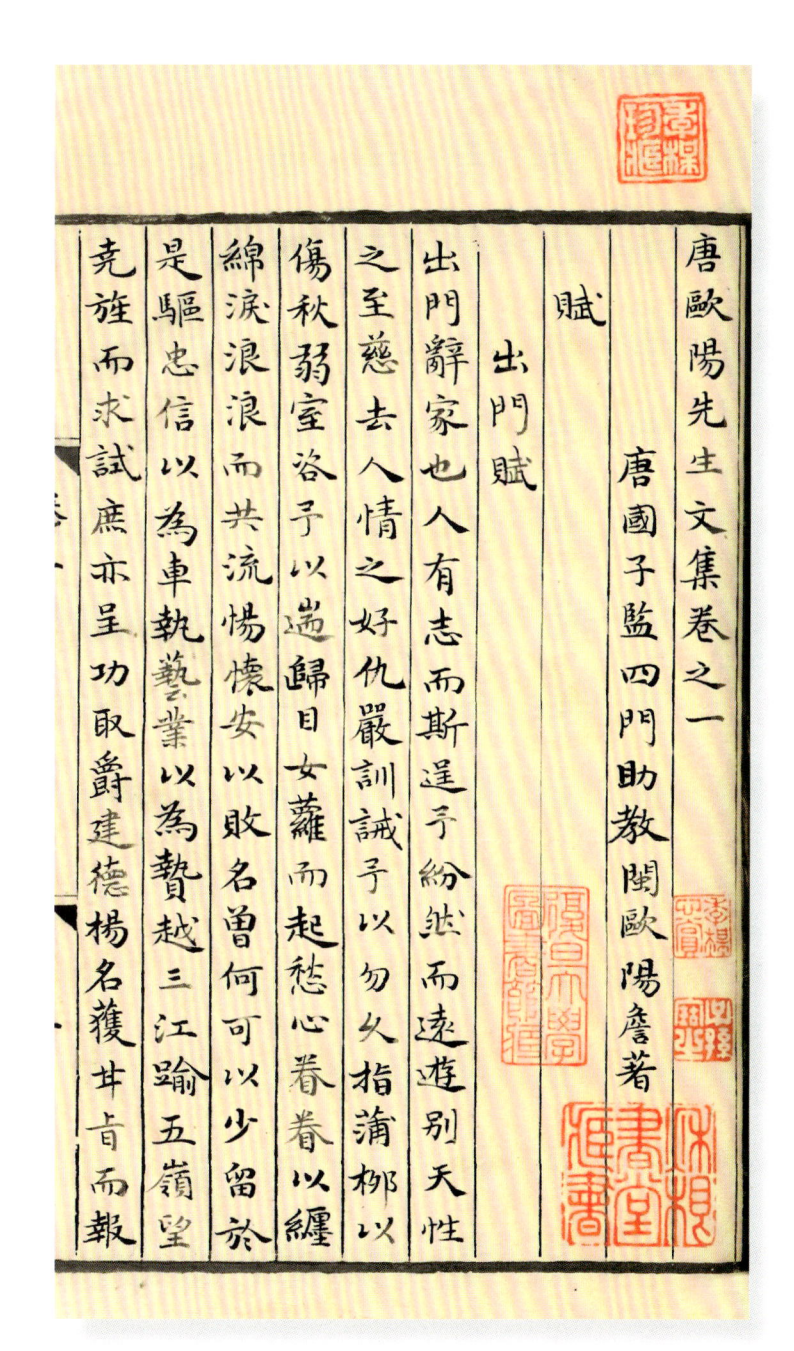

唐歐陽先生文集八卷附錄一卷　唐歐陽詹撰
清初鈔本　2冊　rb1315
每半葉十行，行二十字，小字雙行同。細黑口，雙魚尾，左右雙邊。
鈐"秋根書堂藏書"朱文扁方印、"子孫寶之"白文方印、"李梅心賞"朱文方印、"李梅珍藏"白文方印。

柳文卷之一　　　明巡按直隸監察御史南平游居敬校

唐雅

獻平淮夷雅表

臣宗元言臣負罪竄伏違尚書奏十有四年聖恩寬宥
命守遐壤懷印曳綬有社有人臣宗元誠感誠荷頓首頓
首伏惟膚聖文武皇帝陛下天造神斷克清大憝金鼓一
動萬方畢臣太平之功中興之德推校千古無所與
讓因伏自忖度有力剛之不得備戎行致死命況令已
無事思報國恩獨惟文章伏見周宣王時𢯱中興其道彰
大于後罕及然徵於詩大小雅其選徒出狩則車攻吉日

柳文四十三卷別集二卷外集二卷附錄一卷　唐柳宗元撰
明嘉靖十六年（1537）南平游居敬刻韓柳文本　6冊　rb2298
每半葉十一行，行二十二字。白口，雙白魚尾，左右雙邊。
鈐"張景平印"白文方印、"張肇楨印"朱文方印。

文莊集卷一

宋 夏竦 撰

制

兵部侍郎趙安仁可尚書右丞制

勅國家祖功宗德丕顯於大猷廣記備言允資於實學
屬成書而奏御宜加等以推恩具官趙某性尚淑均儀
操溫重有淳正之德服於搢紳有雅奧之文表於臺閣
自頃忝朝政首膺信書屢易歲時倫觀良直況宣明於
先烈宜峻異於寵章特進秩于中臺賁陞榮於右轄肅
茲六職更勵乃誠可

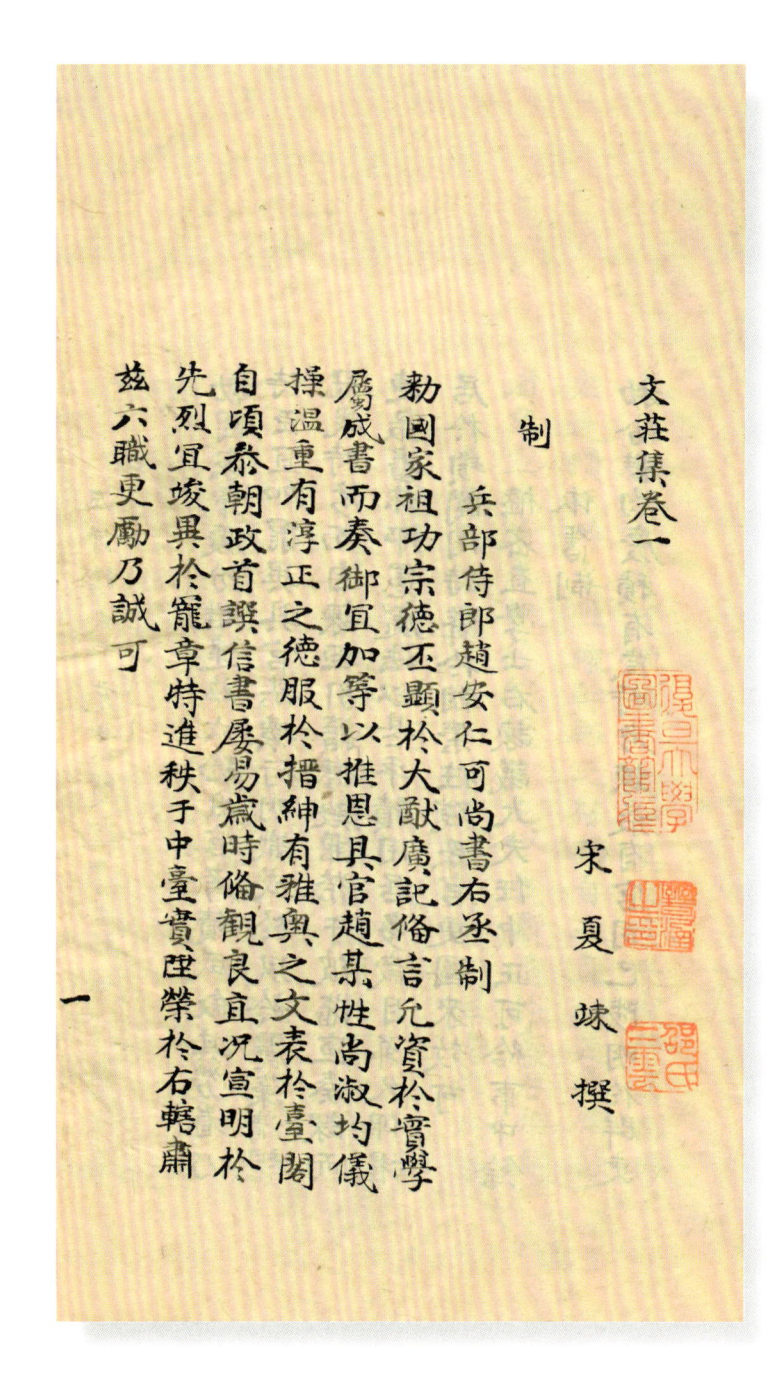

文莊集三十六卷　宋夏竦撰

清鈔本　4冊　rb1294

每半葉十行，行二十一字，小字雙行同。無匡格。

鈐"觀書石室"朱文方印、"邵氏二雲"朱文方印、"晉涵之印"朱文方印。

淮海集四十卷後集六卷長短句三卷　宋秦觀撰
明嘉靖二十四年（1545）胡民表刻本　5册　rb1910
每半葉十二行，行二十一字。白口，單魚尾，四周單邊。
鈐"求是室藏本"朱文方印。

周益公全集卷一

省齋文稿一

　　　　　廬陵　周必大　著

古律詩五十四首 起紹興辛酉止紹興乙卯赴京貢平江金陵

送陸先生聖脩府赴春闈 紹興辛酉冬

贛江 甲子

送君南浦悵離情握手依依數去程
日薄雲濃風轉勁江寒水落浪還生
此時執袂作話別仙舟穩後夜相
思山月明好把嘉謀獻丹宸中興天子急升平

贛江 甲子

周益公全集目錄卷一

省齋文稿

卷第一

古律詩五十四首

送陸先生聖脩府赴春闈 紹興辛酉冬

贛江 甲子

留題文氏雙秀亭三首 庚午

彭永州夫人挽詞 庚午

道中憶胡季懷 壬申

周益公全集二百八卷卷首目錄三卷　宋周必大撰

清道光十一年（1831）山陰沈氏鳴野山房鈔本　清沈復粲校　120冊　rb0375

每半葉九行，行二十字，小字雙行同。白口，單魚尾，左右雙邊。

鈐"鳴野山房"朱文方印。

南軒先生文集四十四卷　宋張栻撰
明刻本　6冊　rb2081
每半葉十二行，行二十字。黑口，雙魚尾，四周雙邊。
鈐"南昌彭氏"朱文方印、"知聖道齋藏書"朱文長方印、"遇讀者善"白文方印。

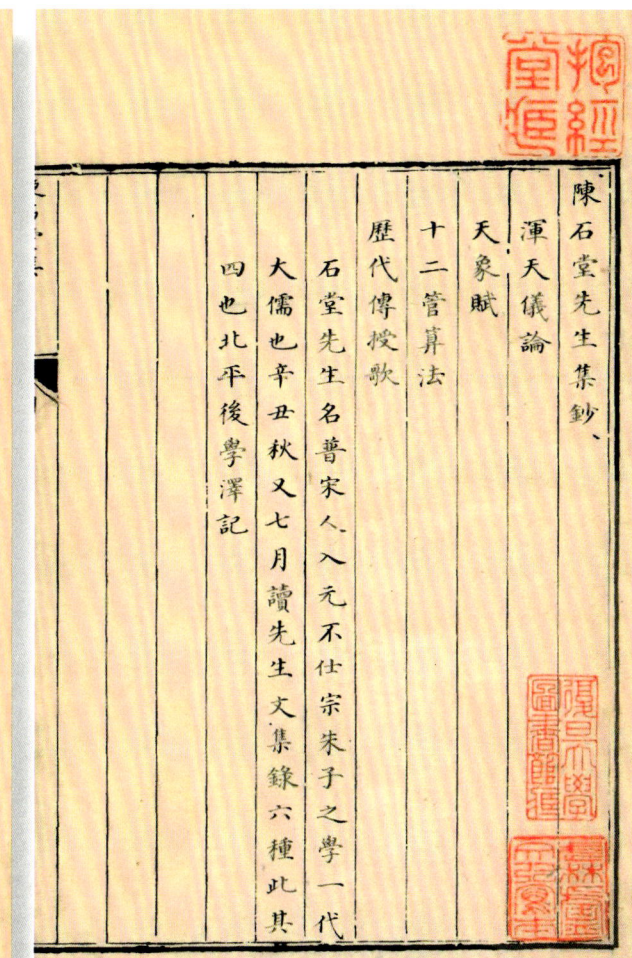

石堂先生集不分卷　宋陳普撰
清武林盧文弨鈔本　清盧文弨校　3册　rb0530
每半葉十一行，行二十一字，小字雙行同。白口，單魚尾，四周雙邊。
鈐"武林盧文弨寫本"朱文方印、"抱經堂藏"朱文方印、"弓父手校"朱文方印、"盧文弨"白文方印。

滹南遺老集卷一

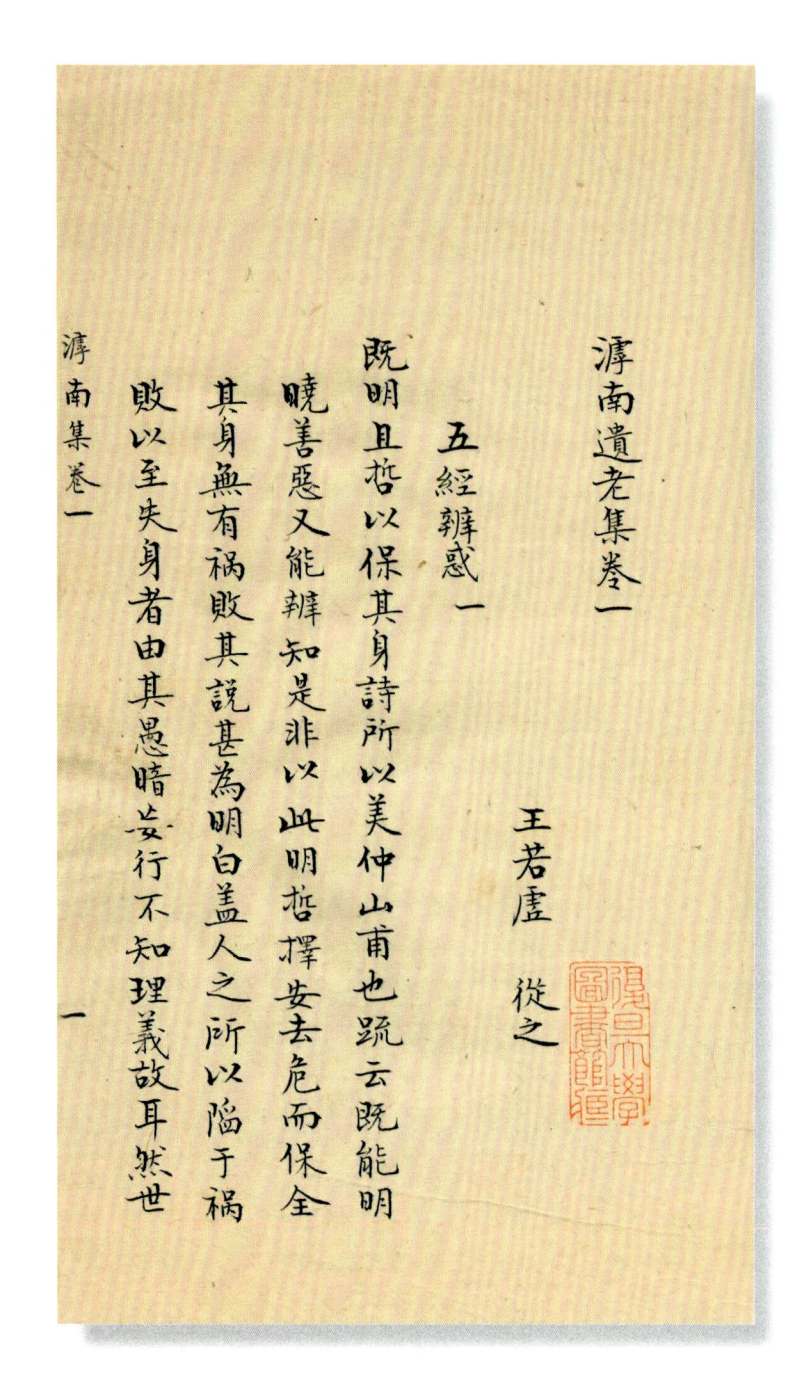

　　　　　　　　王若虛　從之

五經辨惑一

既明且哲以保其身詩所以美仲山甫也䟽云既能明
曉善惡又能辨知是非以此明哲擇安去危而保全
其身無有禍敗其說甚為明白蓋人之所以陷于禍
敗以至失身者由其愚暗妄行不知理義故耳然世

滹南集卷一

一

滹南遺老集四十五卷續編一卷　金王若虛撰
清鈔本　□□校　16冊　rb1269
每半葉七行，行二十一字。無匡格。

吴興沈夢麟先生花谿集卷之一

江西提刑按察司按察僉邑人陸珙編
副使邵人吳瓊校正

賦

清平山賦

夫何清平之山鬱鬱蒼蒼來神秀於天目萃佳氣於錢
塘浮紫蓋而軼雲雨吐金景而凌朝陽旦天造而地設
將俟時乎發祥爾其盤迴佛鬱坡陀衍迤襟帶乎三江
磅礡乎九地壯吳越之雄藩應斗牛之躔次翼然若鳳
凰之騫騰奮乎若蛟龍之鼎屭若乃林霏夕霽氣澄
空鏘百泉之琴筑滿萬谷之笙鏞散天香於琪樹探月

卷一　　　　　　　　　　　　　　　一

吳興沈夢麟先生花谿集三卷　元沈夢麟撰
清山陰沈氏鳴野山房鈔本　2冊　rb1288
每半葉十一行，行二十一字。無匡格。
鈐"烏程龐氏百匱樓藏書圖記"朱文方印、"龐青城收藏印"朱文長方印。

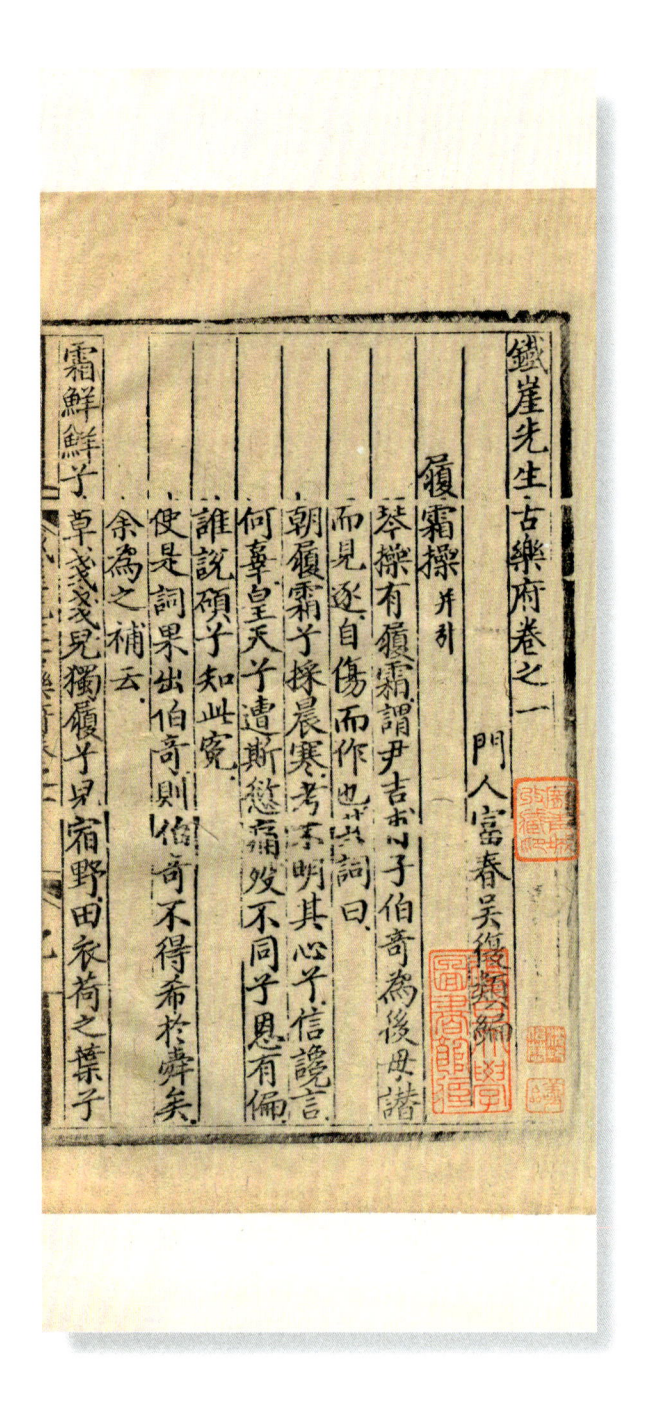

鐵崖先生古樂府十卷鐵崖先生復古詩集六卷　元楊維楨撰　元吳復類編
明成化五年（1469）海虞劉倣刻本　4冊　ra0700
每半葉十一行，行二十字。細黑口，雙魚尾，四周雙邊。
鈐"安髻山人"白文方印、"款冬書屋"朱文方印、"馬叔静圖書記"朱文長方印、"敬齋"朱文方印、"沈似蘭印"白文方印、"烏程龐氏百匭樓藏書圖記"朱文方印、"烏程龐淵如校閱秘藏本"朱文方印、"龐青城收藏印"朱文方印。

高季迪先生大全集十八卷　明高啓撰
清康熙間長洲許氏竹素園刻本　□□朱墨二色批注　4冊　rb0564
每半葉十行，行二十字。白口，單魚尾，左右雙邊。

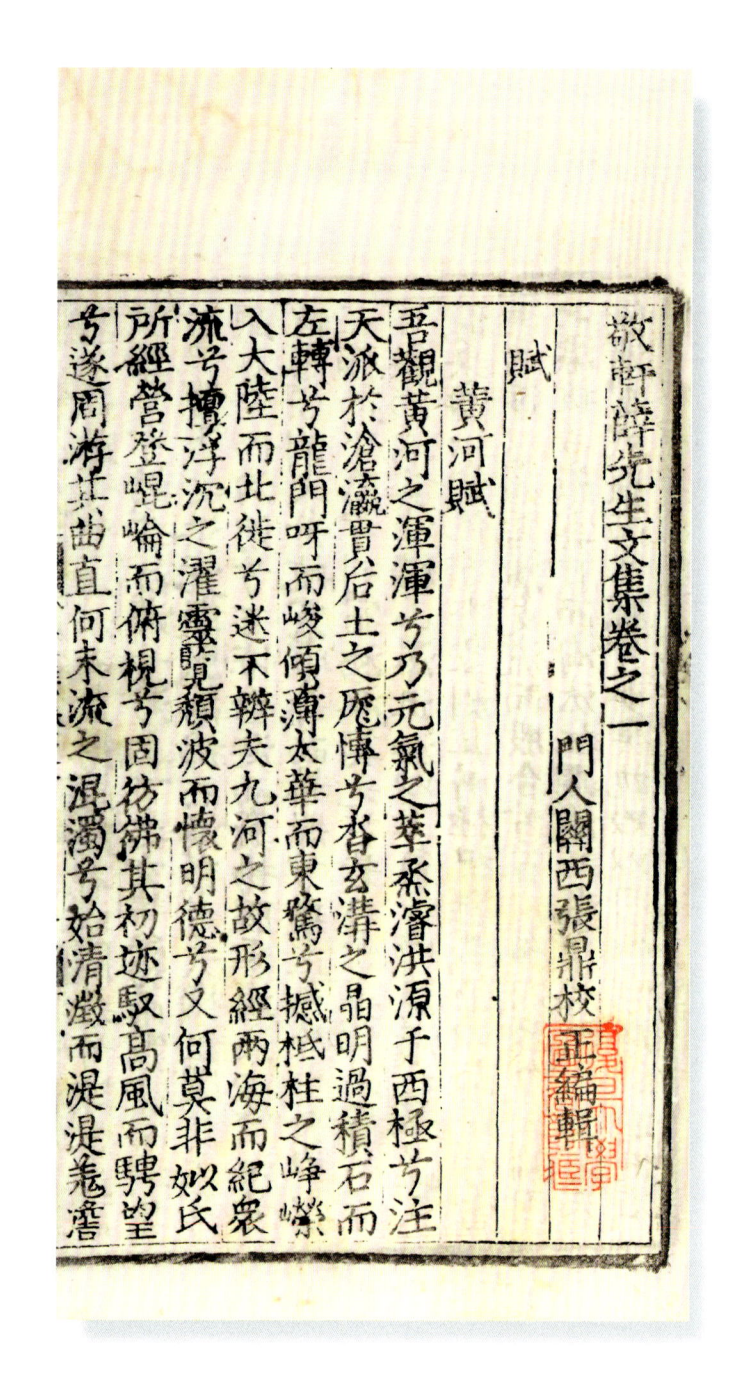

敬軒薛先生文集二十四卷　明薛瑄撰
明弘治十六年（1503）李鉞、曾大有河東鹽運使司刻本　8冊　rb2154
每半葉十一行，行二十二字。黑口，雙魚尾，四周雙邊。

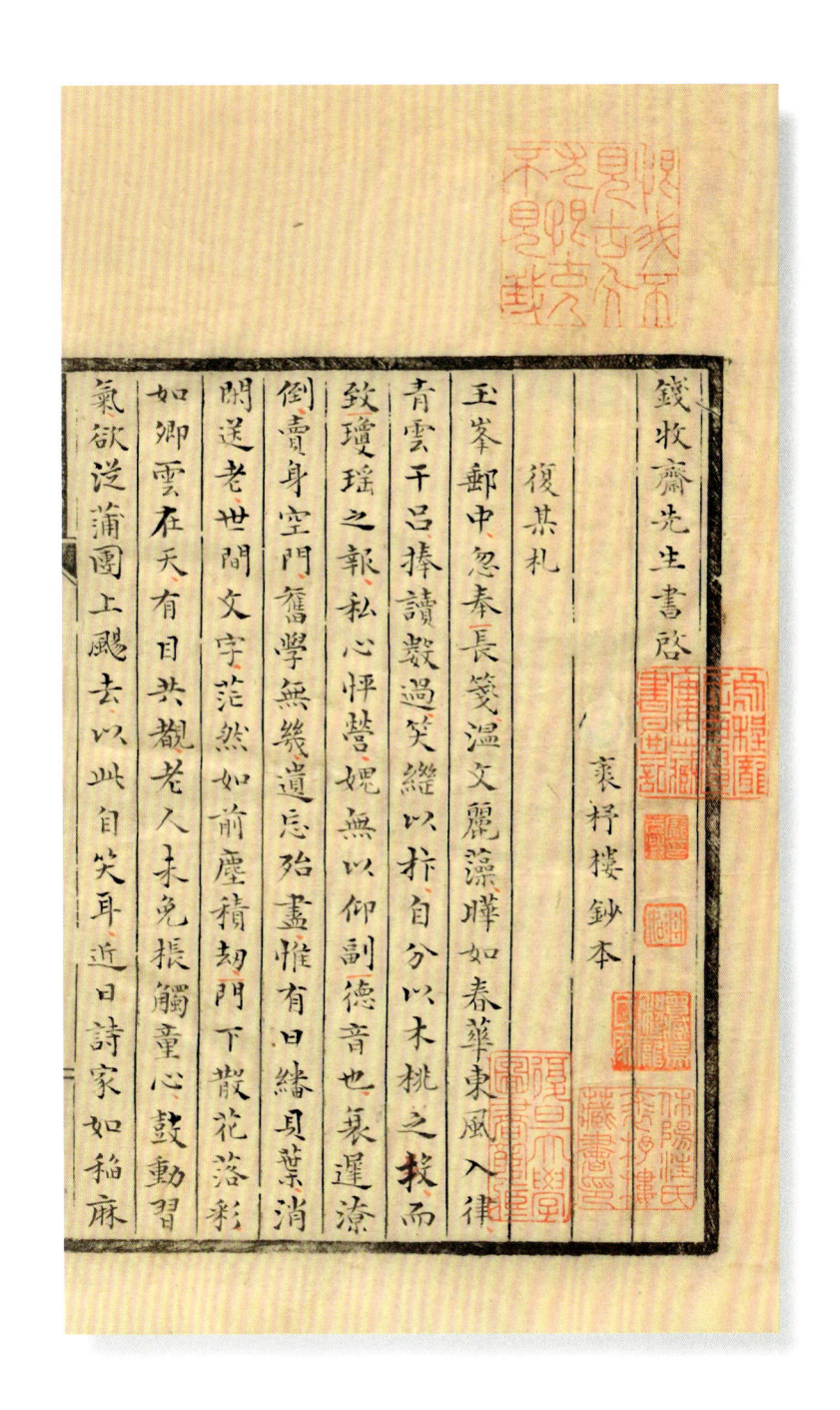

錢牧齋先生書啓不分卷　清錢謙益撰　清汪森集
清汪氏裘杼樓鈔本　蔡名衡跋　2册　rb1297
每半葉十行，行二十字。黑口，單魚尾，左右雙邊。
鈐"休陽汪氏裘杼樓藏書印"朱文方印、"恨我不見古人尤恨古人不見我"朱文方印、"西河"朱文長方印、"衡"白文方印、"曾藏烏程龐氏家"白文方印、"淵如"朱文方印、"龐元澂印"白文方印、"烏程龐氏百匱樓藏書圖記"朱文方印、"烏程龐淵如校閱秘藏本"朱文方印。

呂晚村先生文集八卷續集四卷附錄一卷　清呂留良撰
清雍正三年（1725）呂氏天蓋樓刻本　□□朱墨二色批校　5冊　rb0580
每半葉十行，行二十字。細黑口，雙魚尾，左右雙邊。
鈐"減衣省食爲收書"朱文橢圓印、"烏程龐氏百匭樓藏書圖記"朱文方印、"龐青城收藏印"朱文長方印。

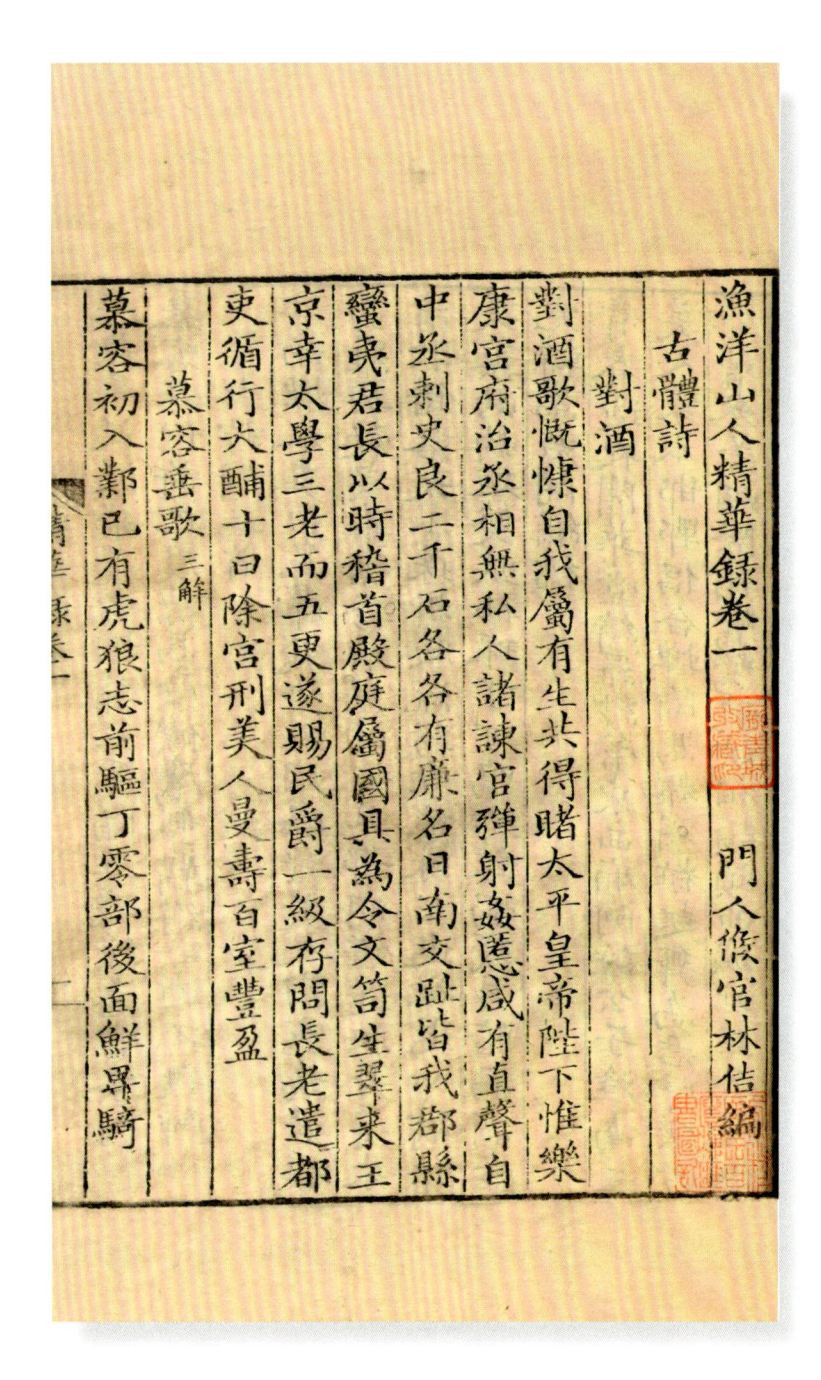

漁洋山人精華錄十卷　清王士禛撰

清康熙三十九年（1700）侯官林佶刻本　□□批注　4册　rb5900

每半葉十一行，行二十一字，小字雙行。細黑口，單魚尾，左右雙邊。

鈐"烏程龐氏百匱樓藏書圖記"朱文方印、"龐青城收藏印"朱文長方印。

松泉詩集卷一

梅花初月樓詩上

戊子

寒月吟柬查大頌三

寒風正凜冽寒燈無輝光皓月當小樓皎皎明虛牕羅幃動縠紋凝宿水中央欹枕弄清影徘徊窺我牀興言懷故人宛在天一方猶憶秋暮時矮閣同息裝涼颸響踈櫺飛鏡挂女牆孤鐘起山寺山遠烟樹蒼塔影倒入潭沙白成吳霜浮金碎淺灘稀星濯銀塘天低平野潤雊雉半微茫難聲出茅店依稀華子岡無心遇知已徒侶集高陽問月月不語白眼一舉觴錄事飛觥急耳熱

松泉詩集四十八卷　清汪由敦撰

清鈔本　12冊　rb0547

每半葉十一行，行二十一字。白口，無魚尾，四周單邊。

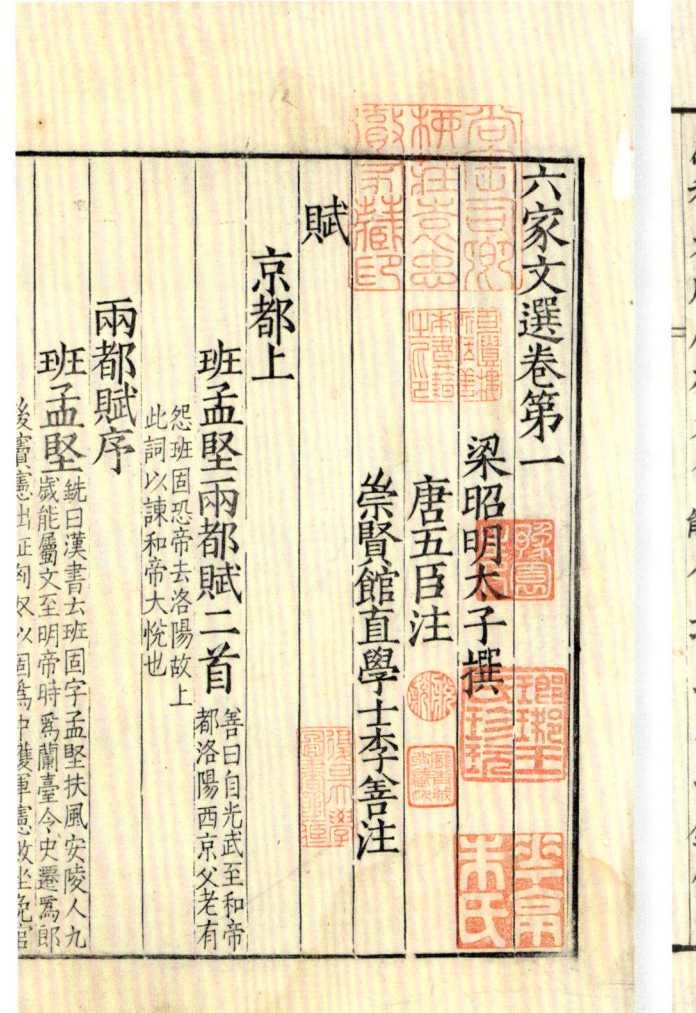

六家文選六十卷　梁蕭統編　唐李善、呂延濟、劉良、張銑、李周翰、呂向注
明嘉靖十三至二十八年（1534—1549）袁褧嘉趣堂刻本　60冊　rb0024
每半葉十一行，行十六字，小字雙行。白口，無魚尾，左右雙邊。
鈐"尚寶司卿柳莊袁忠徹家藏印"朱文方印、"瑯琊王氏珍玩"朱文長方印、"華亭朱氏"白文方印、"豫園主人"白文方印、"脫脫"朱白文橢圓印、"武陵趙氏培蔭堂同治甲子後所得書"朱文方印、"龐青城收藏印"朱文長方印、"百匭樓所藏善本書籍之印"朱文方印。

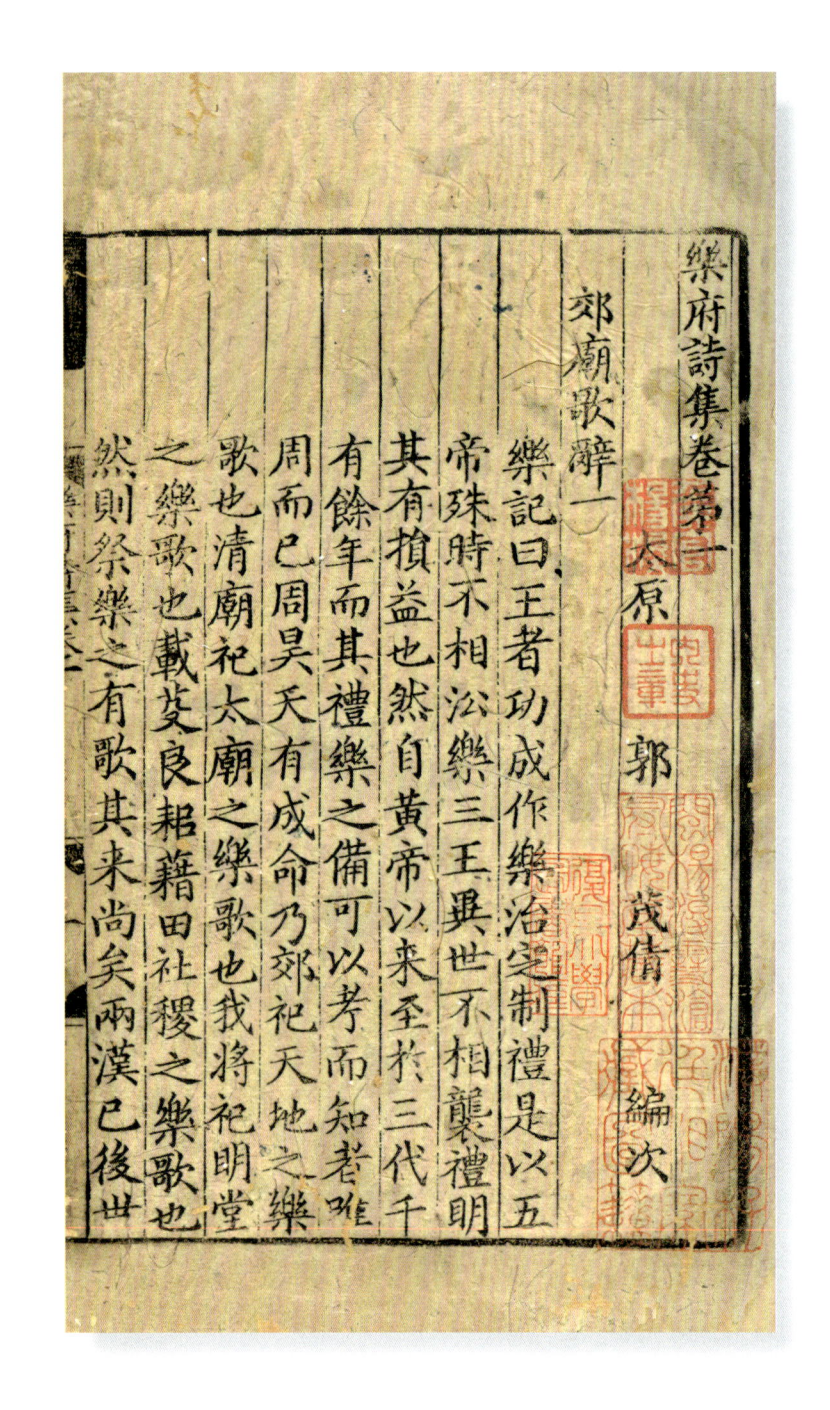

樂府詩集一百卷目錄二卷　宋郭茂倩輯
元至正元年（1341）集慶路儒學刻明初遞修印本　24册　ra0698
每半葉十一行，行二十字。細黑口，三魚尾，左右雙邊。
鈐"濮陽李廷相家藏圖籍"朱文方印、"内史之章"朱文方印、
"閩楊浚雪滄冠悔堂藏本"朱文長方印、"侯官楊浚"白文方印。

馮汝言詩紀匡謬

凡例云一上古迄秦以箴銘誦誄備載
原夫書契既興英賢代作文章流別其來久矣若箴
銘誦誄可以備載則賦亦詩家之一何以區分
若云有韻之語可以廣收則國策管韓之屬何往非
韻素問一書通篇有韻易之文言本自聖製書之敎
言出於孔壁亦自諧聲不專辭達可得混爲詩耶作
俑於茲濫觴無極焦氏易林居然入詩矣豈不可歎
一漢以後詩人先帝王次諸家以世次爲序
先帝王而後諸家以世次爲序似矣然有必不安者

馮汝言詩紀匡謬一卷　明馮舒撰
清鈔本　1册　rb1298
每半葉十行，行二十字。無匡格。
鈐"邵氏二雲"朱文方印、"晉涵之印"朱文方印。

新刊迂齋先生標註崇古文訣卷一

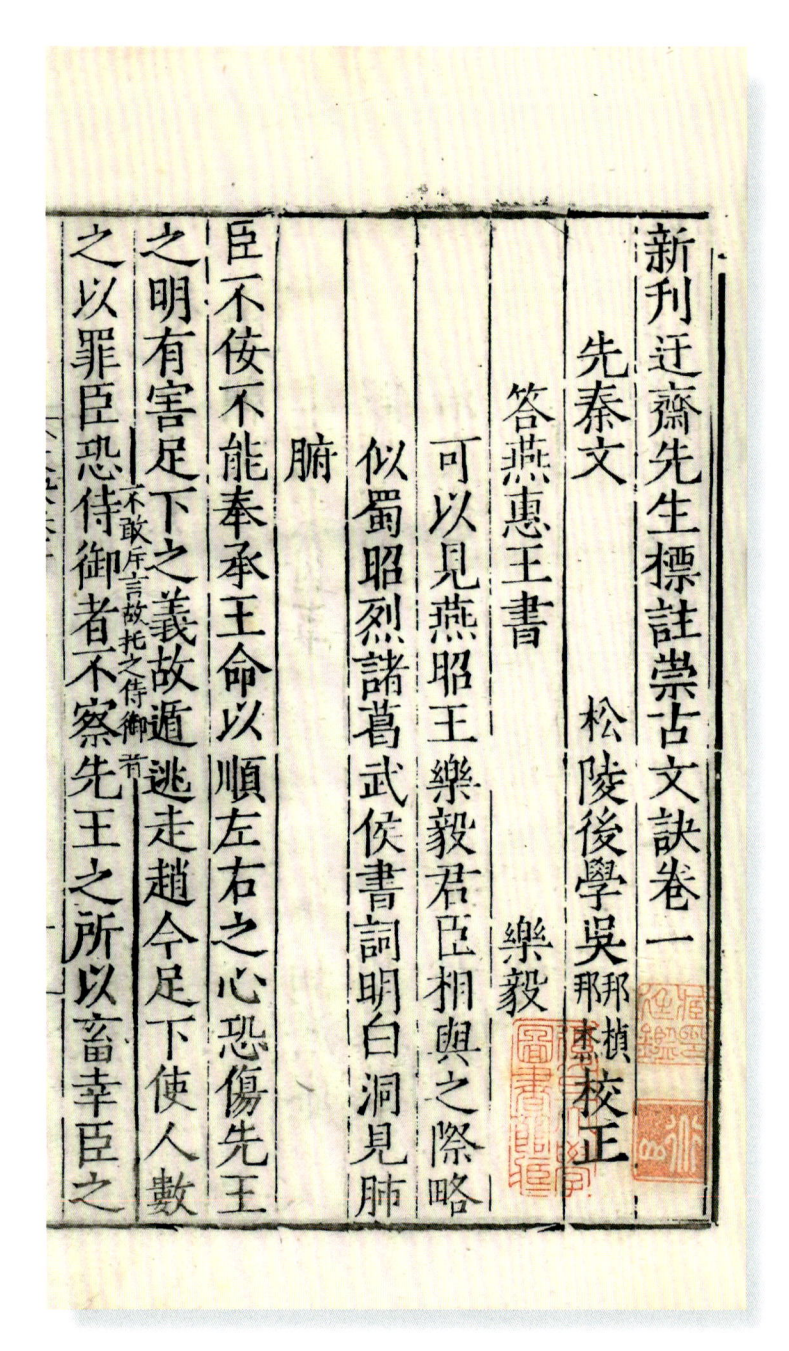

　　　　　　松陵後學吳郴槙校正

先秦文

答燕惠王書　　　　　　　　樂毅

可以見燕昭王樂毅君臣相與之際略
似蜀昭烈諸葛武侯書詞明白洞見肺
腑

臣不佞不能奉承王命以順左右之心恐傷先王
之明有害足下之義故遁逃走趙今足下使人數
之以罪臣恐侍御者不察先王之所以畜幸臣之

新刊迂齋先生標注崇古文訣三十五卷　宋樓昉撰
明嘉靖間刻本　12册　rb2176
每半葉九行，行十九字。白口，單白魚尾，左右雙邊。
鈐"道山"白文方印、"藏廷鑒印"朱文方印。

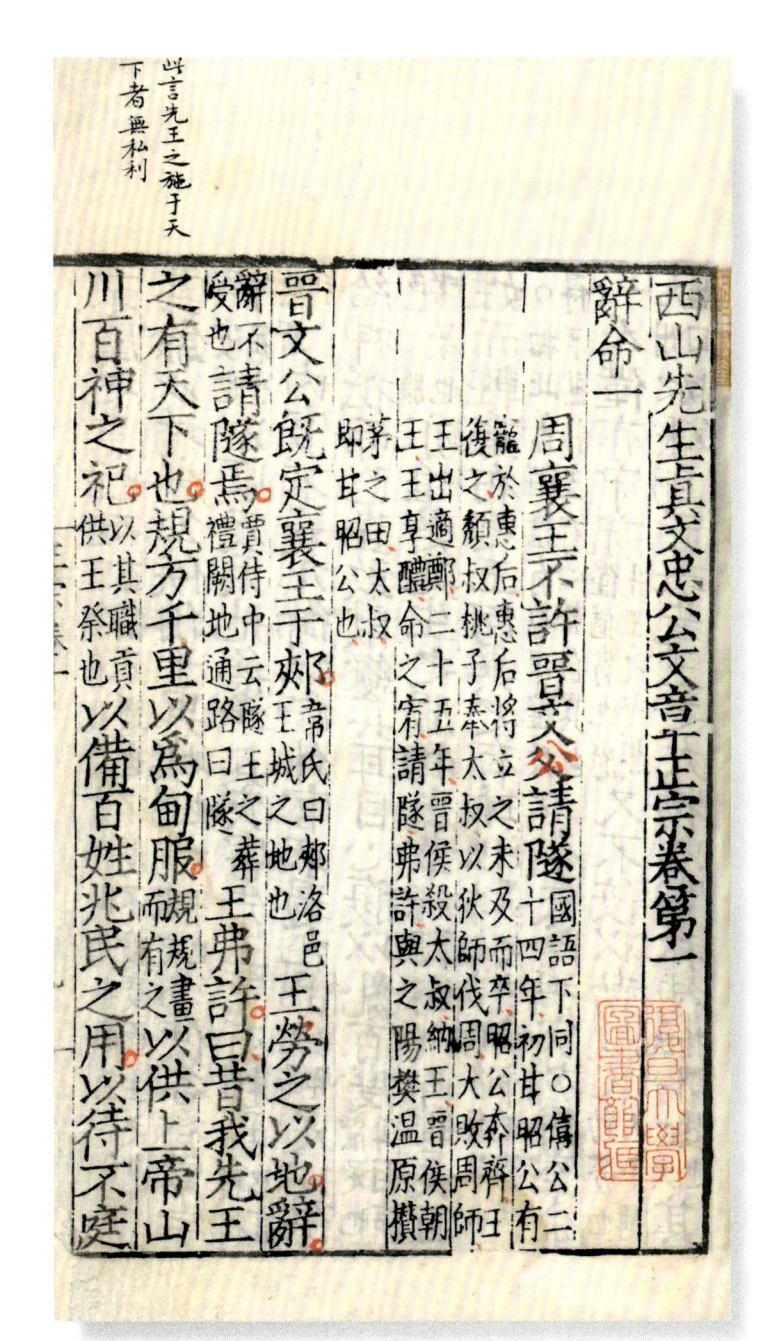

西山先生真文忠公文章正宗二十四卷　宋真德秀輯
明嘉靖十五年（1536）朱鴻漸刻本　〔卷十二配明嘉靖四十三年（1564）蔣氏家塾刻本〕
□□朱墨二色批校　12冊　rb0854
每半葉十行，行二十一字，小字雙行同。白口，無魚尾，四周單邊。
鈐"星垣""鄭煥奎印"朱白文連珠印、"鄭煥奎印"白文方印、"曾藏烏程龐氏家"白文方印。

蘇選古文備要二十卷　清蘇積功輯
清蘇氏稿本　10冊　rb1023
每半葉九行，行二十五字。無匡格。
鈐"龐青城收藏印"朱文長方印。

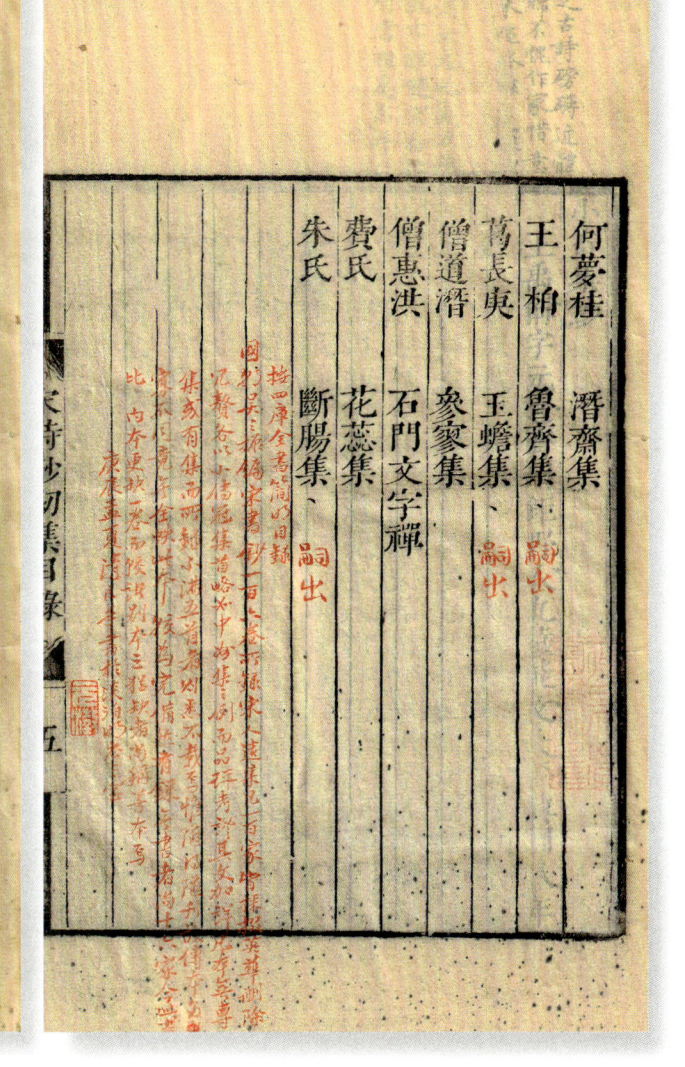

宋詩鈔一百六卷　清吳之振等編
清康熙間吳氏鑒古堂刻本　□□朱墨二色批校　龐青城跋　20冊　rb0186
每半葉十二行，行二十二字，小字雙行同。
鈐"程沅藏過"朱文方印、"秋濤讀本"白文方印、"清臣珍賞書畫"白文方印、"元澂"白文長方印。

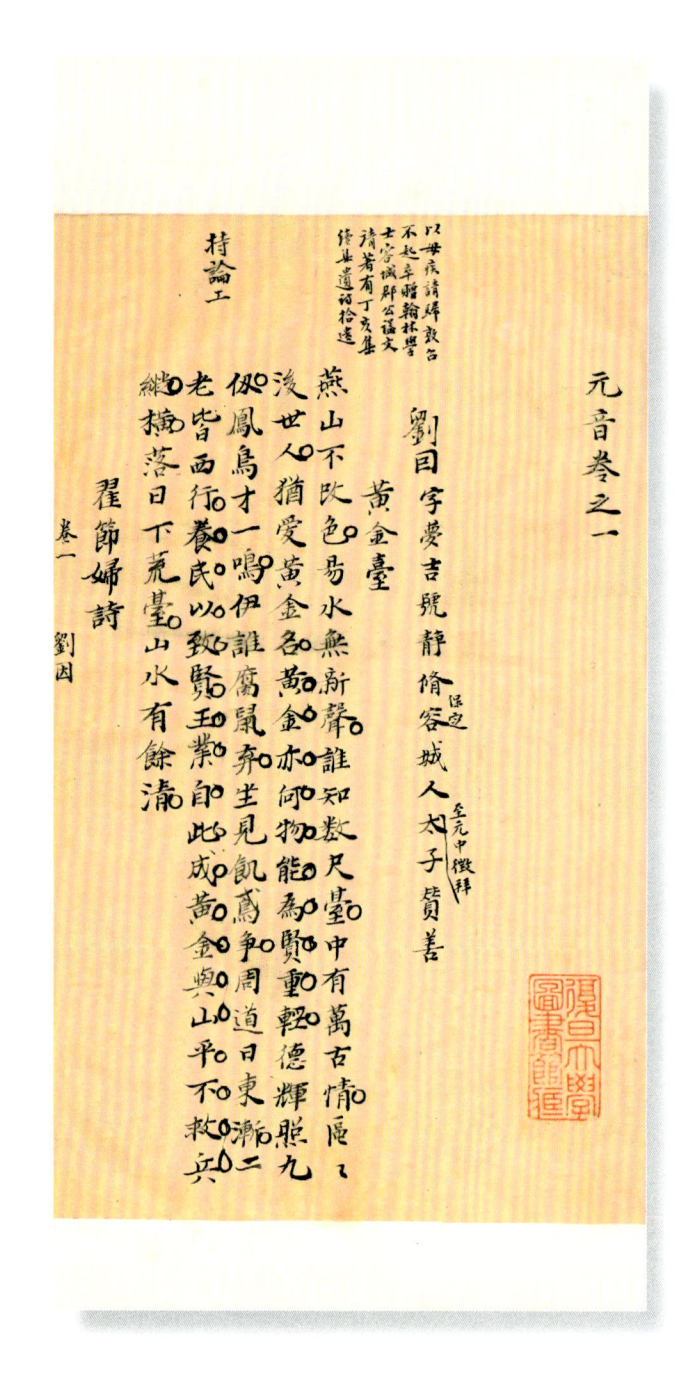

元音十二卷　明孫原理輯
清初傳鈔明建文刻本　□□批校　6册　rb1131
每半葉十二行，行二十二字。無匡格。
鈐"休寧汪季青家藏書籍"朱文方印、"古香樓"朱文圓印、
"柯庭流覽所及"朱文方印、"展研齋"白文方印。

晚村天蓋樓偶評補十二科大題觀略不分卷　清呂留良輯並評
清康熙十四年（1675）刻本　4册　rb4496
每半葉九行，行二十七字。白口，無魚尾，左右雙邊。

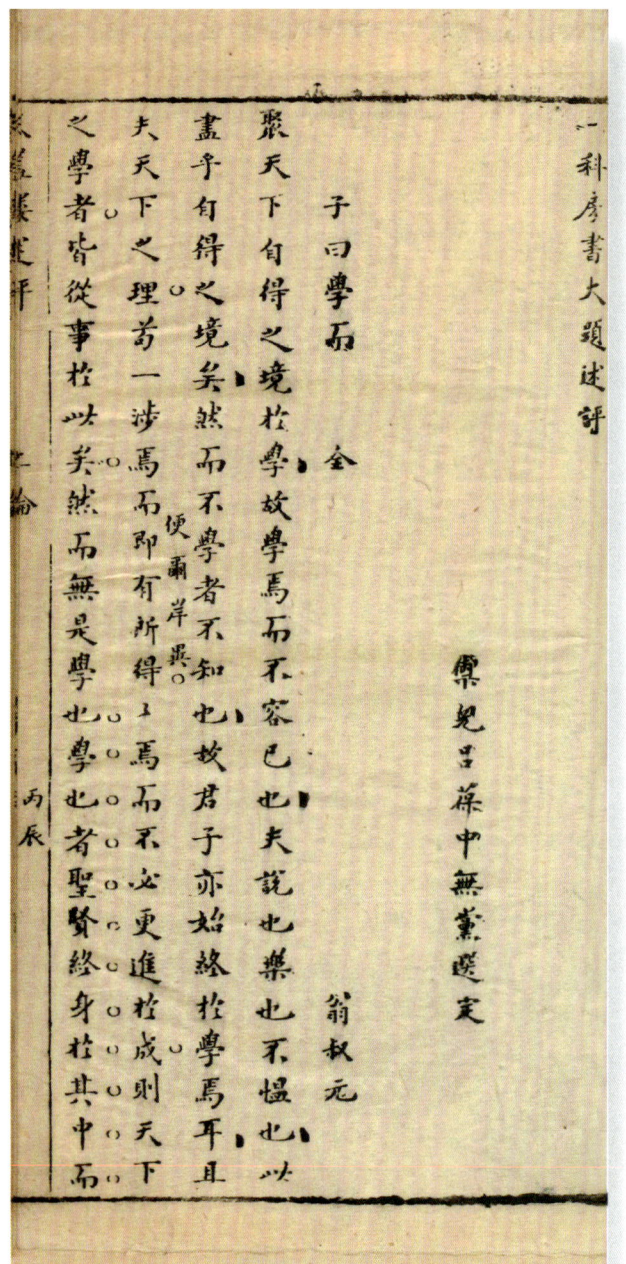

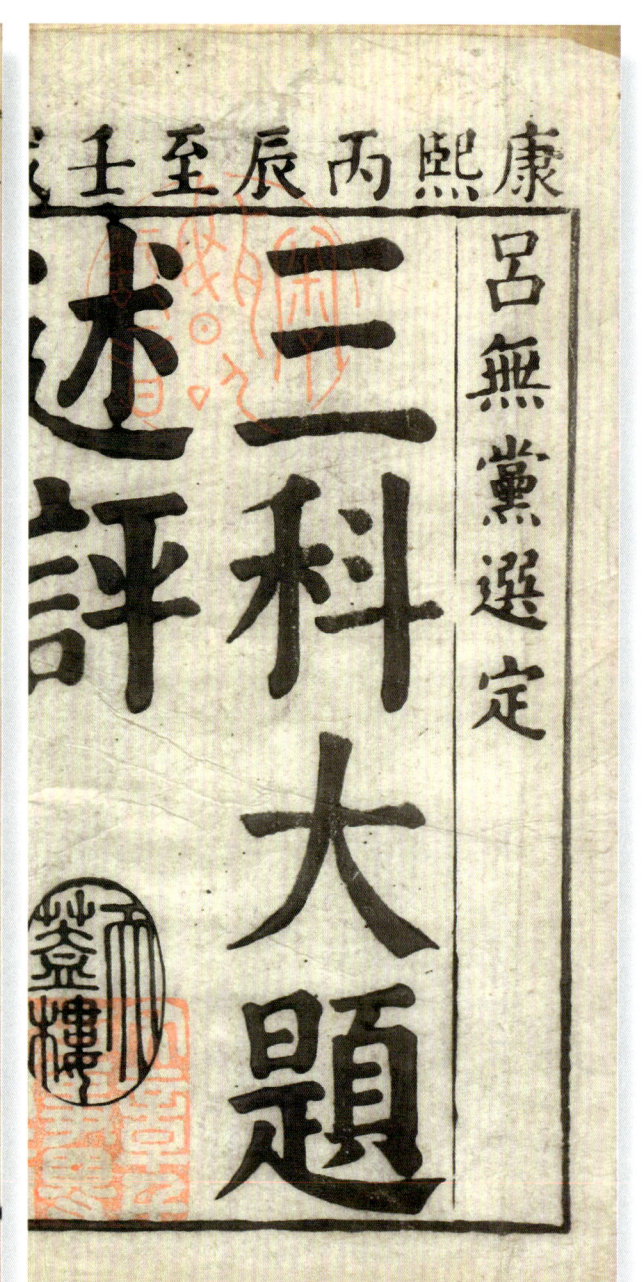

三科房書大題述評不分卷　清呂葆中輯
清康熙二十二年（1683）刻本　26冊　rb5645
每半葉九行，行二十六字。白口，無魚尾，四周單邊。

半村野人閒談

蓉塘詩話卷之一　　仁和姜南明叔父著

用刑

周公政書謂刑亂國用重典林少穎曰以其頑昏暴悖不可訓化則殲渠魁滅強梗宜以剛克之義也書曰惟敬五刑以成三德此之謂乎高皇初定天下承胡元大亂之後痛五教之大壞疾四維之不張於是用重典以治之迺有剕膝斷趾鉤背剥皮腰斬坑臨之刑蓋不如是則左衽之俗染人之深不易驅之於禮義教化之中亦聖人捄偏拯弊之權非衆

蓉塘詩話二十卷　明姜南撰
清鈔本　4册　ra0948
每半葉十行，行二十一字。無匡格。
鈐"啓淑信印"白文方印、"新安汪氏"朱文方印。

說詩補遺卷一

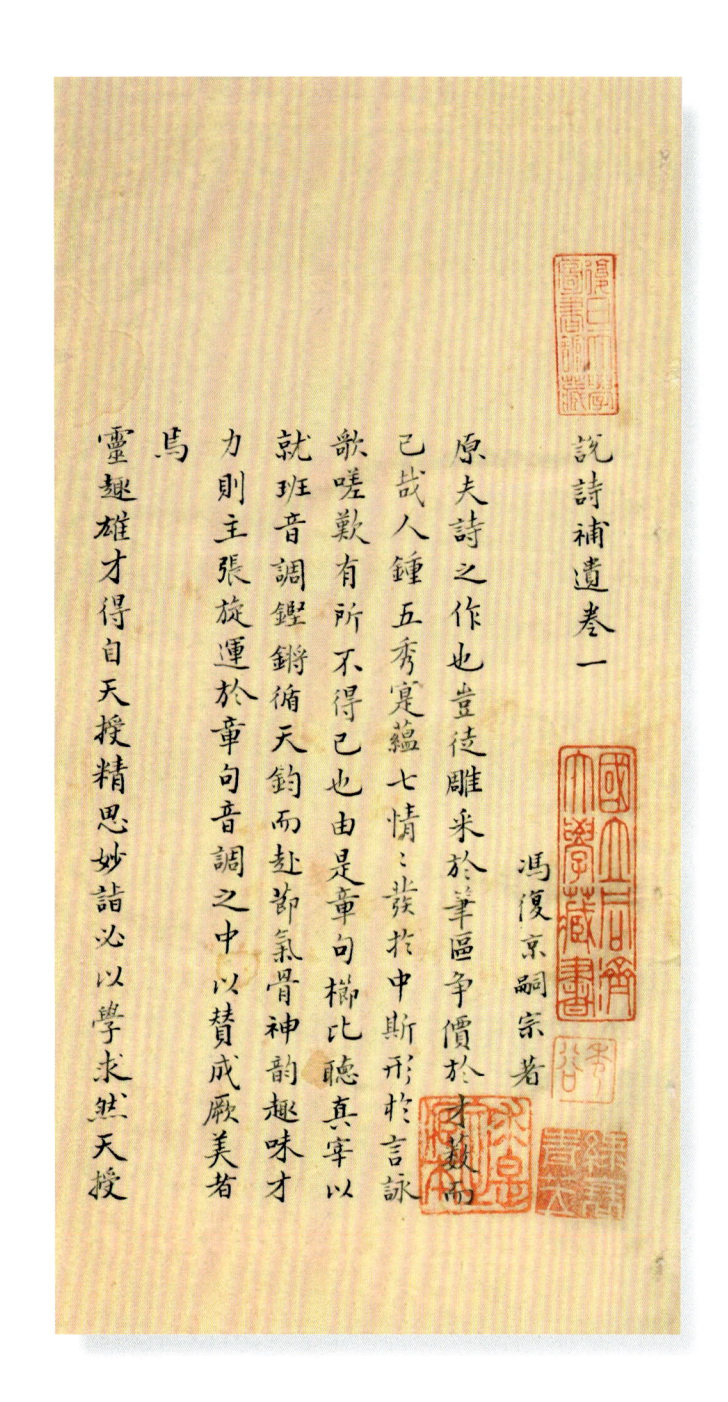

馮復京嗣宗著

原夫詩之作也豈徒離朱於筆區爭價於
己哉人鍾五秀寔蘊七情發於中斯形於言詠
歌嗟歎有所不得已也由是章句櫛比聽真宰以
就班音調鏗鏘俯天鈞而赴節氣骨神韻趣味才
力則主張旋運於章句音調之中以贊成厥美者
焉
靈趣雄才得自天授精思妙詣必以學求然天授

説詩補遺八卷　明馮復京撰
清初鈔本　清□□朱筆刪改　4册　rb1358
每半葉九行，行十九字。無匡格。
鈐"綠蓑青笠"白文方印、"秀谷"朱文方印、"求是室藏本"朱文方印、
"國立同濟大學藏書"朱文長方印。

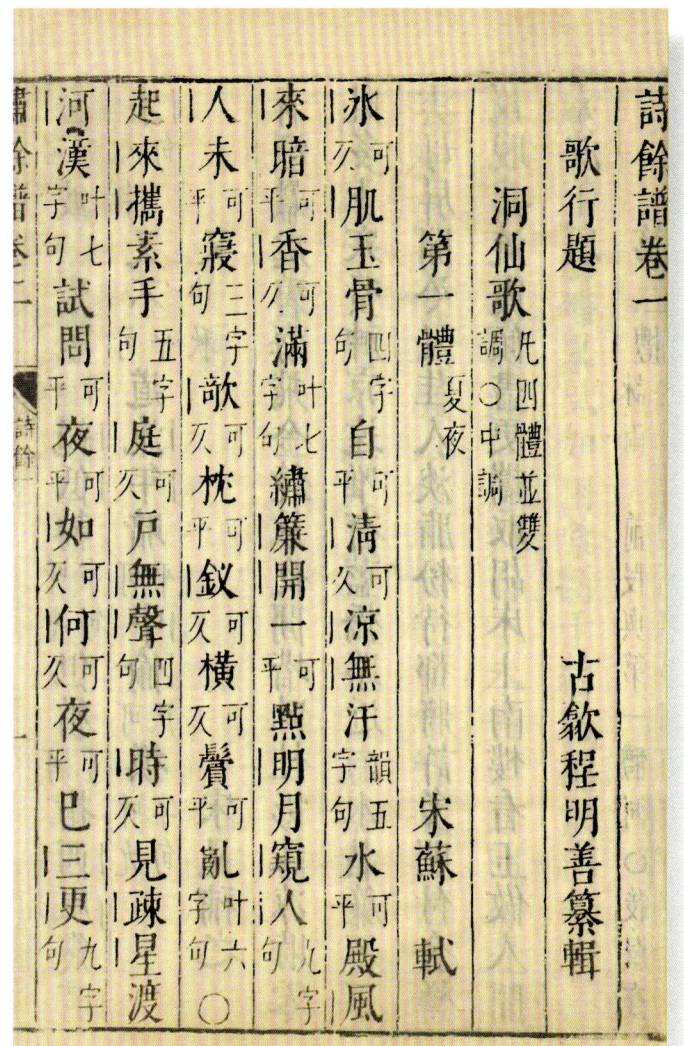

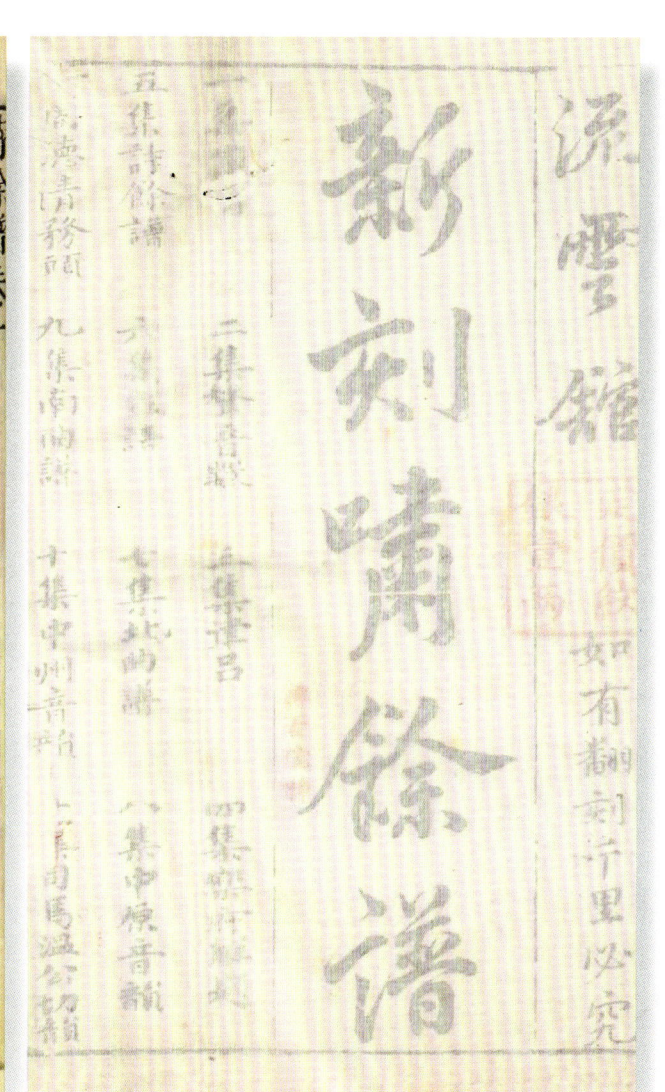

嘯餘譜十卷　明程明善撰
明萬曆四十七年（1619）流雲館刻本　12冊　ra1061
每半葉九行，行二十字，小字雙行同。白口，單魚尾，四周單邊。

百匯擷英

附錄

吉光片羽

野航後人白齋手錄

鄂菴公藏李營丘畫軸絹本無款畫上有小字題兩行
李營丘雪邨歸棹 毘陵唐氏家藏下印曰純白齋
 毘陵唐氏世藏有晉昌印文神品此一行
此幀人物舟橋屋宇圖是北宋而遠樹細苔圓潤渾厚
飄飄有聲為梅花菴之祖其為營丘無疑唐氏世藏幾
二百年完好如故得所芙若俞年姪其寶之
丁卯長至後二日觀因題
　　　　　　　　　　　　其昌草書學二王題於宋經箋引
　　　　　　　　　　　　　　　其昌首上

附録一

龐青城及其百匭樓藏書聚散考

程益丹撰

前言

近代湖州南潯藏書家中，適園張氏、傳書堂蔣氏、嘉業堂劉氏鼎足而三，其餘諸家，則乏人問津，知者寥寥。究其原由，大抵因上述三家均有著述存世，後人得以覽其書志、解題，檢其舊藏；後來作藏書紀事詩者亦多及之，所關涉之本事掌故，歷歷可知。然三家以外，南潯尚有百匭樓龐氏，其書之大宗現藏復旦大學圖書館，保存完好，然歷來探討者不多，民國以來，倫明、吳則虞、周退密諸家所撰《藏書紀事詩》均不列其名。[1] 筆者近年觀書館中，時見有其鈐印者，遂據《百匭樓書目》覆檢原書，略識其人其書之大略。以學界現有討論者尚少，謹就所知，略考龐青城其人事迹及藏書聚散始末，並就目前所見，考述復旦館藏以外之零星散出者。

一、龐青城生平及藏書之緣起

龐元澂，字淵如，號清臣，後改號青城，[2] 室號淡泊明志之室、百匭樓、井李館，[3] 生於清光緒元年乙亥（1875年6月13日），卒於民國三十四年乙酉（1945年7月31日），行年七十一歲。[4] 浙江烏程縣南潯鎮（今湖州市南潯區）人。清末貢生。父雲鏳，字芸皋，以經商起家，南潯四象，龐氏遂居其一。長兄景麟，幼殤。仲兄元濟，字萊臣，精鑒定，收藏古畫至夥，冠絕一時，著有《虛齋名畫錄》。[5]

---

1. 惟獨王謇任教上海東吳大學時，因學生中有龐氏後輩，略悉其藏書事迹，故其《續補藏書紀事詩》有所記載，見氏著，李希泌校注：《續補藏書紀事詩》，書目文獻出版社1987年版，第47頁。此外，今人鄭偉章撰《文獻家通考》，網羅清初至現代文獻家一千五百餘人，亦簡要記載龐青城藏書事迹，見是書，中華書局1999年版，"龐元澂"條，第1323頁。
2. 世多以龐青城初字清臣、號淵如，如青城長女龐蓮《回憶父親龐青城》一文所述亦如是，文載湖州市委員會文史資料委員會編：《湖州文史》，浙江大學出版社1991年版，第9輯，第38頁。"澂""清""淵"三字可以互訓，如明人崔澂字淵甫、清人吳大澂字清卿，俱屬其例，故僅據訓詁推定，難以釋疑。而龐青城長兄元濟字萊臣，其堂弟元浩字贊臣，則以清臣爲青城之字，似無疑義。然龐青城有一方"烏程龐元澂字淵如號清臣考藏金石印"朱文方印，多鈐於所藏金石類著述中，如復旦館藏《漢石例》六卷，清劉寶楠撰，清鈔本，一函二冊（rb0383），其目錄之末即鈐有此印。此外，《民權報》1912年5月24日載《龐青城謹啓》云："鄙人幼號'清臣'，稍長即易'青城'。請自今後，凡親友之投函者，概書'青城'二字，不勝盼禱。"今據鈐印實物及龐青城自述，以"淵如"爲其字、"清臣"爲其號。
3. 此處所述室號，以復旦館藏百匭樓舊藏所見龐青城鈐印爲證：（一）《元詩選》六卷《補遺》一卷《名氏爵里考》一卷《總論》一卷，清顧奎光選輯，清陶瀚參評，清陶玉禾參評，清乾隆十六年（1751）無錫顧氏刻本，一函四冊（索書號：rb4485），其卷首序首葉鈐"淡泊明志之室主人詩書畫印"白文方印；（二）《隸釋》二十七卷《隸續》二十一卷，宋洪適撰，清乾隆間汪氏樓松書屋刻本，二函二十冊（索書號：381515），其卷端鈐"百匭樓主"朱白文方印；（三）《墨池瑣録》四卷，明楊慎撰，清康熙五十四年（1715）李光暎刻本，一函一冊（索書號：760009），其卷首序首葉鈐"井李館主鑒定近世善本書籍"朱文方印。
4. 據龐蓮《回憶父親龐青城》，載《湖州文史》第9輯，第38頁。
5. 鄭孝胥《清贈光禄大夫龐公墓表》略云："子三人，長景麟，幼殤。次元濟，廩貢生，恩賞舉人，特賞正一品封典候補四品京堂。三元澂，附貢生，分部郎中。"收入周慶雲纂：《南潯志》，民國十二年（1923）刻本，卷三十九，碑刻四，第二十二葉下。

青城少時東游扶桑，歸國後銳意興辦實業，熱衷公益，創立潯溪公學、述志醫院，聯署創辦復旦公學。[6] 壯歲因外甥張靜江之薦介，追隨孫中山，傾資毁家，襄助革命，締造共和。民國成立，歷任實業部商政司司長、國民黨交通部總務處長、總統府參議等職。不數年而袁氏復辟，以黨錮避走東瀛。迨袁氏敗亡，始得還國。中歲以後，身病體羸，寓居上海，屏絕應酬，以書法、篆刻自遣。[7]

青城與其兄元濟異趣，更喜收藏古書、碑帖，其聚書始自何時，暫未見確切之文獻記載。唯南京圖書館藏民國鈔本《百匭樓書目》（以下簡稱《龐目》）二册，卷首有短序一篇，記青城藏書大略，錄如下：

> 百匭樓藏書原係杭州丁氏舊藏，後歸南潯龐氏收藏，並加陸續補充，歷有年所，戰前始歸他人所有。全書計壹千叁百伍十種，共約兩萬捌仟册。另銀杏木書匭壹百十餘隻。全部種類齊備，裝潢工整，修訂完善，大部皆有夾板、布套，並標記書籤。其中以明板及清殿板居最多數，抄本及家鈔板次之，宋元本及稿本又次之，爲海内有名藏書種類最多之一。[8]

上引短序明言百匭樓藏書，得自杭州丁氏，即世稱八千卷樓藏書。《龐目》鈔本不署作者，短序亦不署名字、年月。然無他證，亦未見反證，姑據以申説如下。

南潯龐氏與杭州丁氏皆經商家族，兩家主事人龐元濟與丁丙交誼甚篤，清末時先後於浙江杭州、德清等地合辦世經繅絲廠、通益公紗廠。[9] 龐青城能從丁氏購得其藏書若干，固情理之中。丁氏後人因經營生意不善，急需籌措現金以應付困局，遂將數代搜羅之藏書整批售予江南圖書館，事在1908年（清光緒三十三年丁未），今人考證其售書始末甚詳，不贅。[10] 據此推想，則龐青城購得丁氏藏書，亦當在本年或以前，乃其零星散出者，數量不多。

再者，自1906年起，龐青城開始資助革命事業，其捐款大額者如下：1907年接濟鎮南關之役軍餉五千元；1909年捐萬元助于右任辦《民呼日報》；1910年春，所設革命金融機關東益昌票號爲經理李燧生盜吞巨款十四萬元，破家資之半；1911年捐資近萬元以供黃花崗、武昌等地起義之用，同年冬，抵押房屋得三萬元以助藍天蔚北伐軍餉。尤其1910年票號倒閉以後，龐青城資產大減，加之當時革命形勢危急，斷無餘力、閒情收購丁氏藏書。[11]

民國成立未幾，袁氏與國民黨互相傾軋，孫中山遂於1913年發動二次革命討袁，龐青城再傾餘財，其不足者，則抵押所居上海戈登路宅第。討袁事敗，龐氏旋遭緝捕，流亡日本，家產亦爲袁氏籍沒。迨1916年袁氏病殁，民國恢復，龐氏始得歸國。總之，1906至1916年間，龐氏顛沛流離，生計頗窘，難以從容搜羅古籍。

自1925年孫中山辭世後，龐氏不復過問政治，僅領閒

---

6. 龐青城爲二十八位聯署人兼校董之一，見復旦大學檔案館藏《復旦大學集捐公啓》，内文首行題作《復旦公學募捐公啓》，目錄號：ZH0101—1，案卷號：0001。
7. 龐青城主要行迹，綜參以下數種：（一）天仇（戴季陶）：《龐青城事略》，《民權報》，1912年5月8至9日。（二）田子琴（田桐）：《龐青城先生五秩序》，《國學周刊》，1924年第58期。（三）鴉：《張靜江與龐青城》，《南京晚報》，1937年3月13日。（四）龐維謹：《回憶父親龐青城追隨孫中山先生事略》，收入中國人民政治協商會議上海市徐匯區委員會文史資料工作委員會編：《徐匯文史資料選輯》，内部資料1991年版，第72—73頁。本文所述龐青城事迹，凡同一事而繫年有異説者，俱以戴季陶所撰《事略》爲準，以其最早最詳也。
8. 南京圖書館編：《南京圖書館藏稀見書目書志叢刊》，國家圖書館出版社2016年版，第63册，第323—324頁。
9. 中國社會科學院近代史研究所中華民國史研究室編：《中華民國史·人物傳》，中華書局2011年版，第5卷，《龐元濟》（王鐵生撰），第2754—2755頁。
10. 詳參石祥著：《八千卷樓書事新考》，中西書局2021年版，上編，第3章《八千卷樓藏書流散考》，第98—137頁。
11. 天仇（戴季陶）《龐青城事略》，《民權報》，1912年5月8至9日。又唐長孺《叙南潯巨富四象》："清臣生而偏僂，少年時入同盟會，屢捐巨資助孫中山革命，又不善治生，中歲傾其家貲。弟兄志趣相異，不相往來。嘗因事涉訟，張靜江，龐氏外甥也，爲兩舅解之。"見氏著，王素整理：《唐長孺回憶錄》，中華書局2021年版，第13頁。案：唐長孺爲劉承幹外甥，幼居南潯，讀書嘉業堂中。劉承幹與龐青城往還細節，具載其《求恕齋日記》中。唐氏或聞之舅氏，或得諸當時衆口流傳，其追述當有憑據。

職，[12]從事慈善、教育等公益事業，一直寓居上海，經歷年斷續搜羅，前後共得書一千三百五十種，約二萬八千冊，以書櫃百餘隻貯之，故自題藏書之所曰"百匭樓"。

"匭"字，今人多寫作"櫃"，未合龐氏本意。《尚書·金縢》："公歸，乃納冊于金縢之匱中。"[13]《說文解字·匚部》："匭，匣也。从匚貴聲。求位切。"《段注》："俗作櫃。《史記》：'石室金鐀。'字作鐀。"[14]語見《史記》卷一百三十《太史公自序》："卒三歲而遷爲太史令，紬史記石室金匱之書。"《索隱》："石室、金匱皆國家藏書之處。"[15]據此，"匭"乃古字，典出《尚書》《史記》，謂藏書之匣，其大者曰匭，引申爲藏書之處；"櫃"爲俗字，涵義相同。百匭樓所用一百餘隻銀杏木書櫃，多已散佚，而復旦大學圖書館庫房尚存相類者七八十口，乃翻蓋木箱，形制舊式，[16]所謂"匭"之大者，名實相副，即昔人所雅稱"青箱"是也。且《百匭樓書目》鈔本外封題簽、卷首皆寫作"匭"；而龐青城喜藏印章，嘗集所得諸印，鈐製印譜，題曰《百匭樓集印》，據上海圖書館所藏原鈐本，内葉邊欄有篆書譜名，亦作"匭"。[17]"百匭樓"乃專名，當尊主人命名本意，作"匭"而不作"櫃"。

二、龐氏出售藏書之始末

龐氏藏書何時轉售、流散，諸家記載簡略，茲按諸説所述年代先後，試爲梳理。大略言之，龐氏家族嘗於抗戰時出售百匭樓藏書，是次售書概况，王謇《續補藏書紀事詩》"龐青城"條有簡要記載：

雜抄大典孤來鶴，庼次隨緣雙桂寮。天上有聲野趣畫，樓空百匭夠魂銷。

龐青城，爲萊臣孝廉介弟。富藏書，雖乏宋雕元槧，而稿抄校孤本極多。抗日變後，北京圖書館秘派人收書上海，得青城全藏。余見其目於錢君存訓許。最令人注目者，爲〔費〕（黃）西墉（錫章）《來鶴堂筆記》原稿十册，與《純常子枝語》相似，多錄《永樂大典》資料，《枝語》有刊本，此則未刊。雋品又有《雙桂寮庼次抄》十三册，匆促未録撰者，恐猶爲未竟之緒耳。《野趣有聲畫》，爲文瀾閣抄本，楊叔明（公遠）撰，則已入《四庫》矣。見書目時，余任教於上海東吴大學，青城介弟襄城、淑媛、貴英來就學，嘗咏《雜事詩》云："綠柳宜作兩家居，差幸金箱學有餘。凄絶樓空人去後，米船名畫直齋書。"蓋余家世居吴中鳳池鄉，萊臣亦築室於是。抗戰後，萊臣吴寓齋書畫聞有劫之者，而青城書亦散出，故發此感慨。今則虚齋亦架上一空矣。世事茫茫難自料，又何從而太息之耶？[18]

王謇即王佩諍，其《紀事詩》中所記百匭樓藏書中三

---

12. 據龐蓮回憶："1928年，我記得有一天許世英來找我父親，他那時因發起舉辦賑濟委員會，要我父親出來任該會委員並捐款，我父親一向是很慷慨的，就答應了，捐了不少錢。"參氏撰：《回憶父親龐青城》，載《湖州文史》，浙江大學出版社1991年版，第9輯，第40—41頁。1928年（民國十七年），龐青城擔任直魯賑災委員會委員，見張朋園、沈懷玉編：《國民政府職官年表》，臺北近代史研究所1987年版，第353、392頁。
13.〔漢〕孔安國傳，〔唐〕孔穎達正義：《尚書正義》，清乾隆四年（1739）武英殿刻十三經注疏本，卷十二，《金縢》，第十一葉上。
14.〔漢〕許慎撰，〔清〕段玉裁注：《説文解字注》，上海古籍出版社1981年版，據清乾隆經韻樓原刻本影印，十二篇下，匚部，第五十葉下（第636頁）。案：各本《史記》皆作"石室金匱"，班固《漢書》卷六十二《司馬遷傳》則作"石室金鐀"，顏師古注云"鐀與匱同"，則段玉裁引書實本《漢書》，而非《史記》。
15.〔漢〕司馬遷撰，〔唐〕司馬貞索隱，〔唐〕張守節正義：《史記》，中華書局1982年版，第3296頁。
16. 2019年復旦大學中華古籍保護院五周年紀念系列活動會議吴格先生發言稿《民間藏書與圖書館發展——以復旦館藏爲例》："弟弟叫龐元澂，主要興趣是在收藏圖書，他的書櫃是傳統的那種翻蓋式的，相當於我們現在書櫥半截大小的那種。木頭的質量很好，百櫃現在不存在了，但是我們圖書館的庫房裡大概還有七八十口那樣的櫃子。"轉引自韋力《會海鴻泥録》，中華書局2020年版，第398頁。
17. 龐青城藏：《百匭樓集印》不分卷，原鈐本，一函二册，上海圖書館藏本（索書號：綫普484542-43）。
18. 王謇著：《續補藏書紀事詩》，收入倫明著，楊琥點校：《辛亥以來藏書紀事詩》，北京燕山出版社1995年版，第83條，第199頁。

種雋品，今俱載鈔本《龐目》中，惟兩書所記書名、冊數略異，如《來鶴堂筆記》作《來鶴堂雜鈔》，《雙桂寮疒次抄》十三冊作《雙桂軒療疒次鈔》十二冊。[19] 三書今均入藏復旦。[20] 王謇詩自注所謂"抗日變後，北京圖書館秘派人收書上海，得青城全藏"云云，其中"北京圖書館"即國立北平圖書館（以下簡稱"平圖"），1933 年於南京設立分館，後來遷臺（以下簡稱"臺圖"），因 1937 年抗日戰爭全面爆發，翌年平圖館長袁同禮即派該分館南京工程參考圖書館主任錢存訓赴上海，[21] 主持位於法租界亞爾培路中國科學社之平圖上海辦事處，負責善本書赴運美國之事宜。當時另一主要任務，即秘密搜購善本古籍，尤其注意私家所藏精槧舊鈔之流入市場者。[22] 王謇既從錢存訓處觀閱百匭樓書目，則平圖"得青城全藏"之說，似亦得自錢氏，以此推測，當時平圖確實有意收購龐青城藏書，然今日臺圖館藏中，可確知屬百匭樓舊藏者僅一種，[23] 則當時平圖縱有購書之議，終未成事，否則亦無後來售予同濟而終歸復旦之結果。

龐青城長女兼康有爲媳婦龐蓮嘗撰《回憶父親龐青城》一文，述及百匭樓藏書散出過程：

> 後來父親身體日趨衰弱，故很少出來應酬，終日在家寫字刻章，又喜歡碑帖及翻閱他所珍藏的古書，古書有數萬卷，題爲"百櫃樓"以自娛。到晚年時，父親精神不正常，所有百櫃樓的藏書，全部由我大弟賣給了上海同濟大學文學院（50 年代院系調整時并入復旦大學），所有碑帖，也被大弟賣了。在我十多歲時，父親要我爲他抄這批古書的目錄，這事一直印在我的腦海中，到現在也忘不了。[24]

龐蓮親歷其事，據其回憶，則早於龐青城生前，百匭樓藏書已由龐維謹（字秉禮，龐蓮之弟）作主出售，此點與王謇所述時間吻合。維謹乃青城次子，因青城長兄元濟喪子，故以維謹爲繼子，以承嗣長房，維謹遂爲龐氏家主，主持家族事務，遂握有處置家族資產之權力，龐元濟所藏名畫、龐青城所藏古籍碑帖亦在其中。龐維謹收藏趣味與嗣父龐元濟相近，喜藏玩名畫，而與生父龐青城迥異，雖於 20 世紀 50 年代先後數次響應國家徵集，捐獻虛齋所藏名畫精品，實時勢使然；而主動出售百匭樓藏書，則因其於古籍、碑帖略不措意。

至於同濟大學何時購得百匭樓藏書之大部，可據 1948 年出版《國立同濟大學上海同學會會報》略作推測，其中附錄《母校消息》所載《母校近況》中，隸屬"文理學院"之"中國文學系"條記載：

> 本系於三十五年八月成立，由郭紹虞先生主持系務，教授牟潤孫先生爲前輔仁大學教授，蔣大沂先生爲前華西大學教授，潘伯鷹先生爲前中法大學教授，穆木天先生爲前中山大學教授。三十五年度學生凡十七人，本年度新生尚未註冊，人數未詳。圖書設備除購得百匭樓書籍二萬八千餘冊外，又於教育部沒收

---

19. 南京圖書館編：《南京圖書館藏稀見書目書志叢刊》，第 63 冊，《百匭樓書目》，第 411、415、474 頁。

20. 清費錫璜撰：《來鶴堂雜鈔》不分卷，清稿本，一函十冊（索書號：rb1213）。元楊公遠撰：《野趣有聲畫》二卷，傳鈔四庫全書本，一函一冊（索書號：rb1259）。清秉璜輯：《雙桂療疒次抄》十三卷，清嘉慶九年（1804）稿本，一函十三冊（索書號：ra1275）。

21. 錢存訓於 1937 年（民國二十六年）應時任平圖館長袁同禮之聘，由上海交通大學圖書館轉職平圖南京分館，任該館工程參考圖書館主任，可參錢孝文《錢存訓教授年表》，載《漢學研究通訊》2015 年第 34 卷第 3 期，第 15 頁。《年表》載錢存訓於 1938 年 3 月初抵上海，而雷強《袁同禮年譜長編》1938 年 2 月 18 日條引孫洪芬覆袁同禮函略云："錢君存訓已到申，薪已發。"署年爲 1938 年 2 月 18 日，則錢存訓 2 月中已抵上海，詳見是書，中華書局 2024 年版，第 2 冊，第 861、864 頁。

22. 錢存訓《北平圖書館善本書籍運美經過——紀念袁守和先生》略云："當時上海辦事處的工作，大概可以分爲幾方面……三、善本書的搶購。故家私藏流出在市上的精槧舊鈔，北平和中央兩圖書館都在淴搜購。後來平館影印的孤本《元明雜劇》和中央圖書館影印的《玄覽堂叢書》，便是那時在上海收獲的一部分。"收入國家圖書館編：《錢存訓文集》，國家圖書館出版社 2012 年版，第 130 頁。當時民間亦有搶救古籍之舉，例如有鄭振鐸、張壽鏞等人發起文獻保存同志會，最新研究可參馬步青：《文獻保存同志會戰時古籍保護活動研究（1940—1941）》，復旦大學 2023 年博士學位論文。

23. 明陶崇道撰：《拜環堂奏疏》二卷，舊抄本，臺圖藏本（索書號：212.2 04813）。此本鈐有"曾藏旅滬龐氏井李館"白文方印、"百匭樓所藏善本書籍之印"朱文方印、"龐青城收藏印"朱文長方印、"烏程龐氏百匭樓藏書圖記"朱文方印等，皆龐氏藏書印，另詳下文。

24. 龐蓮：《回憶父親龐青城》，載《湖州文史》第 9 輯，第 41 頁。

陳群書籍中分配得綫裝書一萬餘册，連日文書籍，約在三川李莊遷返滬上，在三萬册左右，參考圖籍尚稱豐富。[25]

1945年抗戰勝利後，同濟全校自四川李莊遷返滬上，並擴充理學院爲文理學院，翌歲即1946年8月正式成立中文系，始有增購文科圖書之需要。上引報導提及，1946年同濟中文系招收"學生凡十七人，本年度新生尚未注册，人數未詳"，則該則報導所云"本年"即1947年，據此，則同濟購入百匱樓藏書，約在1946至1947年之間。若結合《龐目》卷首短序所云"戰前始歸他人所有"，"戰前"當指解放戰爭前夕即1945年，龐青城卒於該年7月13日，同濟購得百匱樓藏書之年份上限，當不早於本年。至於龐氏書散出至入藏同濟之曲折原委，暫無確切文獻可徵，惟闕疑而已。[26] 至1949年秋，隨高校院系調整，同濟大學文學院併入復旦大學，該校館藏古籍之著者，即龐青城百匱樓、陳群澤存書庫二家藏書，亦隨之入藏復旦大學圖書館，迄今七十五載。[27]

三、百匱樓藏書之零星散出者

《龐目》卷首短序云"全書計壹千叁百伍拾種，共約兩萬捌千册"，與上引《國立同濟大學上海同學會會報》"購得百匱樓書籍二萬八千餘册"之説契合。然今據《龐目》逐條覆核，計有一千三百三十二條，若去除其中可能重複之條目，實一千三百二十七條，則同濟當時實際所購得者，恐又少於《龐目》所載。而且，百匱樓藏書售予同濟前，已有零星散出者，兹舉數例佐證。

甲、黄裳所藏

黄裳曾於上海來青閣購得百匱樓舊藏數種，其《來燕榭讀書記》"吕晚村家訓真迹"條載云：

> 庚寅首夏小滿前一日，收得此禁本《晚村家訓》於海上之來青閣。黄裳手識。/ 此本得之九年前，烏程龐氏不知誰何，頗藏舊板。估人絪載入市，價絶廉。此本外余尚收得舊抄《玉峰草堂集》《南燼紀聞》等。後二年更收得寒山小字本《玉臺新詠》，皆其家書也。[28]

黄裳購書，事在1950年（庚寅）及1952年（按文意，當是庚寅後二年），其時距百匱樓藏書歸入同濟，已逾五年，書市猶見其零種。據此條，黄裳前後所得凡四種，計有：

（一）《吕晚村先生家訓真迹》五卷，清吕留良撰，康熙按真迹摹刻本。

（二）《玉峰草堂集》□卷，□□撰，舊抄本。

（三）《南燼紀聞》□卷，宋辛棄疾撰，舊抄本。

（四）《玉臺新詠》十卷，南朝陳徐陵編，寒山小字本。

上述各書，去向不明，然尚可略作考索：《吕晚村先生家訓真迹》一書，其末有識語，署"康熙癸未冬十月三原門人員賡載盥手謹識"，一般據此著録爲清康熙四十二

---

25. 國立同濟大學直屬分團青年社主編：《國立同濟大學上海同學會會報》，國立同濟大學直屬分團青年社1948年版，（己）《附録》，第9頁。
26. 如鄭偉章《文獻家通考》"龐元濟"條提及："龐氏與同濟大學校長爲親戚，同大購其藏書，今歸復旦大學圖書館。"見是書，第1323頁。案：若據鄭説，歷任同大校長相符者有二，一爲徐誦明，1944年7月至1946年6月在任；一爲董洗凡，1946年7月至1947年9月在任。
27. 復旦館藏有《鐵崖先生古樂府》十卷《鐵崖先生復古詩集》六卷，元楊維楨撰，元吳復類編，明成化五年（1469）海虞劉倣刻本，一函四册（索書號：ra0700）。卷首扉葉鈐有藍墨水印，著録云："同濟大學圖書館 / 登記： / 書碼：822.8 / 164。"其下又印有英文日期"MAY 10 1952"，墨色一致。據此，則同濟藏書全部入藏復旦，當又在其校文學院併入復旦後數年。
28. 黄裳著：《來燕榭讀書記》，遼寧教育出版社2001年版，下册，第98頁。

年（1703）吕氏家塾刻本，此書係據吕留良手迹上板摹刻，故黄裳著録爲"康熙按真迹椎刻本"，並云鈐有"龐青城收藏印"朱文長方印、"烏程龐氏百〔匱〕（匶）樓藏書圖記"朱文方印，[29] 則此本屬龐氏藏書無疑。《龐目》載有"四書語録　天蓋樓本　八册""二程全書　十册""醫貫　三册""宋詩鈔　廿册""天蓋樓偶評　四册""天蓋樓小題觀略　廿册""天蓋樓程墨　十二册""吕選唐詩文　六册""吕選四家文　四册"等條目，[30] 皆吕留良撰述或編著，連同《家訓》一書，計有九種。此外復旦館藏尚有一部清雍正三年（1725）吕氏天蓋樓刻本《吕晚村先生文集》，《龐目》未載，亦屬龐氏舊藏，[31] 可知龐青城頗留心吕氏著述，他家罕有及之者。《玉峰草堂集》疑即《玉山草堂集》，元代顧仲瑛撰，又清人錢林所撰一種，題名亦相同，意以前一種近是。《南燼紀聞》，鈔本多作一卷，然亦有與《竊憤録》《竊憤續録》《北狩見聞録》《北狩行録》《阿計替傳》等合刊，故其卷數不能遽定。《玉臺新詠》一書，黄裳著録爲"寒山小字本"，蓋即明崇禎吴郡趙氏小宛堂刻本，《龐目》著録有"玉台新詠　明刊本　四册"條，[32] 似與此合，然黄裳未明言册數，亦未能遽定是否即同一本。

乙、公共館藏

今日各家公立館藏中，偶亦見有百匱樓舊藏，目前確定無疑者有六種，分述如下。

（一）北京師範大學圖書館藏有一部《臨川先生文集》一百卷目録二卷，宋王安石撰，明嘉靖間蘇州刻早期印本，二十册（索書號：845.14/118-09）。[33] 每半葉十二行，行二十字。白口，單白魚尾，左右雙邊。鈐"龍丘南巷余氏藏書記"白文方印、"小天目山館錢氏圖書"朱文長方印、"百匱樓所藏善本書籍之印"朱文方印、"龐青城收藏印"朱文長方印、"北京師範大學圖書館"朱文方印。而《龐目》著録有"王荆公文集　十册"條，册數不合，或别是一本。

（二）清華大學圖書館藏有一部《松泉詩集》二十六卷《文集》二十卷（存《詩集》卷二十一至二十二、《文集》卷一至二十），清汪由敦撰，清乾隆間汪承霈刻本，二函八册（索書號：庚327.2/7016）。每半葉十一行，行二十一字。白口，單魚尾，左右雙邊。鈐"曾藏烏程龐氏家"白文方印。[34] 確爲龐氏舊藏，然卷帙有闕，已非完本。《龐目》另著録有"松泉詩集　鈔本　十二册"條，殆即復旦館藏之《松泉詩集》四十八卷，清鈔本，二函十二册（索書號：rb0547）。每半葉十一行，行二十一字。白口，無魚尾，四周單邊。此別是一本，鈔於烏絲欄稿紙，謄寫極工整，收録詩作較經趙翼删選之二十六卷刻本多出六百餘首，當鈔自未删選之稿本，尚存原本之貌。[35]

（三）王世襄《〈畫解〉後記》一文略云："明欽抑撰《畫

29.《來燕榭讀書記》，下册，第98頁。

30.《南京圖書館藏稀見書目書志叢刊》，第63册，《百匱樓書目》，第338、390、398、449、450、453、454、459頁。

31.《吕晚村先生文集》八卷《續集》四卷《附録》一卷，清吕留良撰，《附録》清吕公忠述，有朱、墨二色批校，清雍正三年（1725）吕氏天蓋樓刻本，一函五册，復旦本（rb0580）。此本《文集》卷一、卷二、卷四、卷六及《續集》卷一卷端俱鈐"烏程龐氏百匱樓藏書圖記"朱文方印、"龐青城收藏印"朱文長方印。案：今人編校吕氏文集，即以復旦館藏此本爲底本，著録作"雍正三年乙巳南陽講習堂刻本"，詳見俞國林點校：《吕留良文集》，中華書局2021年版，《前言》，第6頁。此本卷首内封鐫有"南陽講習／堂左个藏板"二行九字牌記，同葉鈐有"雍正乙巳天蓋樓鎸"朱文長方印（發兑印），實即同一版本也。

32.《南京圖書館藏稀見書目書志叢刊》，第68册，《百匱樓書目》，第455頁。

33.北京師範大學圖書館古籍部編《北京師範大學圖書館古籍善本書目》第2482條："《臨川先生文集》一百卷目録二卷，宋王安石撰，明嘉靖間刻本，二十册。"即此本也。見是書，書目文獻出版社2002年版，第237頁。董岑仕《〈臨川先生文集〉版本源流考》進一步考察鑒定爲"明嘉靖間蘇州刻早期印本"，撮録如下："存世的嘉靖蘇州刻本《臨川先生文集》，有早印、晚印的印次差別。該書書版在嘉靖中後期有大規模的補版，補版葉包括卷首叙、目録二卷、正文卷一至十一、卷九一至一百，及卷六七葉九葉十。補版時，均以蘇州早印本的版葉爲底本覆刻。蘇州早印本、晚印本有七十九卷爲同版，從今存印本來看，印面新舊大體一致，可知補版時間距離初刻不遠……蘇州早印本叙、目録、正文用白魚尾，魚尾上大多無横綫……筆者經眼的蘇州早印本全帙，有北師大藏本二帙（甲本：845.14/118-06，二十册；乙本：845.14/118-09，二十册）……北師大蘇州乙本、蓬左本亦爲二十册，無原刻書籤，各册分卷同。"文載《文史》2023年第2輯，第107頁。

34.清華大學圖書館編：《清華大學圖書館藏善本書目》，清華大學出版社2003年版，第350頁。

35.今人整理汪由敦《松泉詩集》即以乾隆間汪承霈刻本爲底本，校以復旦館藏清鈔本，清鈔本多出之詩作則附於末，詳參張秀玉、陳才校點：《松泉集》，黄山書社2016年版，《前言》，第10—11頁。

解》二册，不分卷，清抄墨格巾箱本，半葉九行，行十九字。書中有龐青城藏書印記，現藏中國科學院圖書館……《畫解》世無刻本。遠在一百多年前，程庭鷺《小松圓閣書畫跋》已稱此書'若在若亡'。依常情來推測，《畫解》恐久已散佚。今天竟能發現首尾無缺的寫本，真是一件喜出望外的事。""清抄"注云："書中'曆'字寫作'歷'，'寧'字不缺筆，當是嘉慶間的抄本。""龐青城"注云："有'龐青城考藏印''烏程龐氏百匲樓藏書圖記'等印。"[36] 據著錄之鈐印，確爲龐氏舊藏，惟"龐青城考藏印"一印，"考"當是"攷"之誤，蓋"考"常作"攷"，與"收"字之篆文相似。《龐目》未著錄此本，知爲編目前已散出者。

（四）河南大學圖書館藏有一部《晚笑堂竹莊畫傳》不分卷，清上官周撰並繪，清乾隆八年（1743）刻本，一函二册（索書號：S755.1/S/295）。每半葉十二行，行二十二字。白口，單魚尾，左右雙邊。版心上欄題"晚笑堂畫傳"，版心題朝代、葉碼。鈐"烏程龐氏百匲樓藏書圖記"朱文方印、"龐青城收藏印"朱文長方印。《龐目》著錄"晚笑堂畫傳　原本　二册"條，即此本也。

（五）四川大學圖書館藏有一部《重修政和經史證類備用本草》三十卷，宋唐慎微撰，明嘉靖十六年（1537）楚府崇本書院刻本，二十册。每半葉十二行，行二十三字，小字雙行同。白口，雙白魚尾，四周單邊。卷端首行題"重修政和經史證類備用本草卷第一"，次行題"成都唐慎微續證類"，三行題"中衛大夫、康州防禦使、句當龍德宮、總轄修建明堂所醫藥、提舉入内醫官、編類《聖濟經》、提舉太醫學臣曹孝忠奉敕校勘"。鈐"金黃裳吉氏藏書"白文方印、"曾藏烏程龐氏家"白文方印。[37] 龐青城少年時即留心醫籍，嘗刊刻桐鄉陸以湉《冷廬雜識》《冷廬醫話》及嘉善俞震《古今醫案案》諸書，《龐目》著錄"本草綱目　李刊本　卅二册""本草綱目拾遺　抄本　十册""食物本草　八册"諸條，即明李時珍《本草綱目》、清沈李龍《食物本草會纂》、清趙學敏《本草綱目拾遺》三書，均屬本草著作，而未著錄明嘉靖刻本《政和本草》，蓋編目前已流散者。

上述五種，現分藏於北京、河南、四川各高校或研究院圖書館，可推知當日龐氏藏書流入上海市肆，有購載其書而去者，流轉各地，終歸入各家公立館藏。

（六）臺圖藏有《拜環堂奏疏》二卷，明陶崇道撰，舊抄本。每半葉紅格八行，行十八字。鈐"汲古閣藏"白文方印、"毛表審定真迹"朱文長方印、"曾藏旅滬龐氏井李館"白文方印、"百匲樓所藏善本書籍之印"朱文方印、"龐青城收藏印"朱文長方印、"烏程龐氏百匲樓藏書圖記"朱文方印等印。[38] 據葉景葵《卷盦札記》云："葉佶又送閱《拜環堂奏疏》，抄本二卷，會稽陶崇道路叔著，

---

36. 王世襄著：《錦灰堆：王世襄自選集》，北京三聯書店1999年版，第403頁。
37. 此本書影收入中國國家圖書館、中國國家古籍保護中心編：《第四批國家珍貴古籍名錄圖錄》，國家圖書館出版社2014年版，第252頁。又党躍武主編：《四川大學珍貴古籍名錄》，四川大學出版社2020年版，第92頁。案：承郝雪麗博士轉述四川大學圖書館館方回覆，此本尚未編定索書號，排架號暫定爲"善本庫5-5-1"。
38. 案："毛表審定真迹"一印，據葉景葵之說，"表"當作"扆"。此書網上書影漫漶，原書遠不可致，無從目驗，未敢遽定，然考錢謙益《隱湖毛君墓志銘》略云："子晉初名鳳苞，晚更名晉……子晉娶范氏、康氏，繼嚴氏。生五子：襄、褒、衮、表、扆。"收入〔清〕錢曾箋注，錢仲聯標校：《牧齋有學集》，上海古籍出版社1996年版，卷31，第1140頁。可知毛晉四子即毛表（字奏叔，號正庵），五子即毛扆（字斧季，號省庵），俱實有其人，惟毛扆繼承父業，尤爲後世熟知。蘇曉君編著《汲古閣彙紀》著錄毛表藏書印四十八方，其中即有"毛表審定真迹"朱文長方印（北京大學出版社2018年版，第676頁），與《善本書志初稿》所著錄者相合，然僅列舉印文及形制，無印蜕圖像；又樊長遠《毛氏汲古閣鈔本研究》附錄《毛氏汲古閣印鑒輯考》（北京大學出版社2024年版，第398—479頁），彙輯存世毛氏汲古閣真印、僞印最夥，考辨謹慎可信，而未及此印。今特表出以俟學者研究之用。

仲男瀼敬校重梓，錄其目如下……此稿既云重梓，則已有刻本。卷中遇清朝字均作'□'，則爲清代抄本可知。本藏吳興龐青城百匱樓，索值五百元，乃書估妄談。卷中毛扆及汲古閣印皆僞作，抄亦不舊。"[39]《卷盦札記》各條內容雖前後不連貫，然似按年份先後編次，本條以後繫年可考者有"謝光甫君搜書籍"條，略云"前年去世，其嗣子擬自辦圖書館，曾以草目送來一閲"云云，謝光甫，字永耀，浙江餘姚人，卒於1939年，即同"前年"，則"今年"爲1941年。又有"檢得安陽縣葉公渠碑記"條，略云"此光緒廿二年事，先君正四十一歲，修挖青龍河……今已四十六年矣"[40]。"光緒廿二年"爲1896年，據此推算，"今已四十六年"即1941年。書估送《拜環堂奏疏》至葉景葵處當亦在1941年或以後，與前文所述龐氏家族戰時售書之記載吻合，當是其書歸入同濟前之零星散出者。然當時葉氏以此書鈐印作僞且抄寫年代不舊，實未購藏，否則此本應入藏當時新建立之合衆圖書館，即後來之上海圖書館。[41]書估轉而售諸他人，輾轉歸藏臺圖。

結語

龐青城生平事迹，考之文獻多闕如，其藏書聚散始末，亦不甚明晰，本文所考得者如上，不無推論，未能自信。至於龐青城藏書來源、閲讀旨趣，皆須一一勘驗原書，非如此無以考見其實，凡此種種，尚俟諸來日。

2024年5月27日初稿
2024年5月31日修訂
2025年4月26日補綴

【附記】

拙文初稿曾承復旦大學張明陽女史、李翔宇學兄及北京大學吳健聰學兄審閱，並惠賜修訂建議；後於2024年6月5日復旦大學古籍保護研究院郝雪麗博士主辦之"修綆汲古：古籍保護跨學科青年工作坊"宣讀，並承袁靜女史惠賜相關材料，謹志謝忱。

去歲初夏，草成是篇，投稿無由，藏諸篋中久矣。編纂圖錄粗定，夜燈重覽，自覺昔所論説，不無可商，塵事栗六，僅略加補綴，附於書末，讀者鑒之。

---

39. 葉景葵撰，顧廷龍編：《卷盦札記》，收入《卷盦書跋》，上海古籍出版社2019年版，第220頁。
40. 《卷盦札記》，第216、218頁。
41. 鄭偉章《文獻家通考》"龐元濟"條略云："葉景葵嘗購其抄本《拜環堂奏疏》二卷。"見是書，第1323頁。鄭説蓋本《卷盦札記》，然如本文所考，此説不確。

附録二

復旦大學圖書館藏南潯龐氏百匭樓古籍善本簡目

程益丹編纂　嚴天月參訂

凡例

一、本簡目所列各書，根據南京圖書館藏民國鈔本《百匭樓書目》、復旦大學檔案館藏原件《國立同濟大學文法學院移交本校書籍目録》，覆勘復旦大學圖書館館藏古籍原書，僅録存善本且可考者，間有兩種目録俱未著録而確考爲龐氏百匭樓舊藏者，亦一併輯入，以見龐氏藏書之大略。

二、本簡目著録古籍善本共四百三十種：經部八十九種、史部九十種、子部一百二十七種、集部一百二十四種。

三、《百匭樓書目》爲售書目録，其編目略依四部，然子類往往顛倒失誤，今參考《中國古籍善本書目》及《中國古籍總目》二書體例，略加釐正。

四、每書著録信息，包括書名、卷數、著者、版本、批校、題跋、冊數、索書號。著録信息主要依據復旦大學圖書館館藏目録，間有校訂處，不一一注出。

經部

總類

1.九經五十一卷附四卷　明秦鏷輯訂　明崇禎十三年（1640）秦氏求古齋刻本　30冊　rb0812

2.十三經古注十三種二百九十卷　明金蟠、葛鼒校　明崇禎十二年（1639）永懷堂刻本　□□批校　48冊　rb0098

3.十三經注疏十三種三百三十五卷　□□輯　明萬曆十四至二十一年（1586—1593）北京國子監刻本　74冊　rb0046

4.十三經注疏十三種三百三十三卷　□□輯　明末虞山毛氏汲古閣刻本　90冊　rb0065

易類

5.周易口訣義六卷　唐史徵撰　清乾隆間武英殿木活字印本　2冊　ra0175

6.易説六卷　宋司馬光撰　清乾隆間武英殿木活字印本　2冊　ra0175

7.蘇長公易解八卷　宋蘇軾撰　明萬曆二十四年（1596）吳之鯨刻本　4冊　rb1346

8.吳園周易解九卷　宋張根撰　清乾隆間武英殿木活字印本　2冊　ra0175

9.周易二十四卷　宋程頤傳　宋朱熹本義　明汪應魁句讀　明崇禎四年（1631）汪應魁刻本　6冊　rb1344

10.郭氏傳家易説十一卷　宋郭雍撰　清乾隆間武英殿木活字印本　4冊　ra0175

11.易象意言一卷　宋蔡淵撰　清乾隆間武英殿木活字印本　1冊　ra0175

12.易學濫觴一卷　元黃澤撰　清乾隆間武英殿木活字印本　1冊　ra0175

13. 大易存義不分卷 明徐宗夔撰 清鈔本 32冊 rb0222

14. 御纂周易折中二十二卷卷首一卷 清李光地等撰 清康熙間武英殿刻本 10冊 rb1349

15. 周易翼注四卷 清□□撰 清鈔本 3冊 rb0470

16. 讀易傳心十二卷圖說三卷 清韓怡撰 清嘉慶十三年（1808）木存堂刻本 12冊 rb1348

17. 周易六種三十五卷 清□□輯 清鈔本 4冊 rb1347

書類

18. 禹貢指南四卷 宋毛晃撰 清乾隆間武英殿木活字印本 1冊 ra0175

19. 尚書旁注二卷 明朱升撰 明內府刻本 4冊 rb0642

20. 禹貢譜二卷 清王澍撰 清康熙四十六年（1707）積書巖刻本 4冊 ra0770

詩類

21. 御製翻譯詩經八卷 清高宗弘曆敕譯 清乾隆三十三年（1768）武英殿刻滿漢合璧本 4冊 rb1414

22. 詩總聞二十卷 宋王質撰 清乾隆間武英殿木活字印本 4冊 ra0175

23. 詩集傳二十卷詩序辨說一卷詩圖一卷詩傳綱領一卷 宋朱熹撰 明正統十二年（1447）北京司禮監刻本 10冊 rb0746

24. 絜齋毛詩經筵講義四卷 宋袁燮撰 清乾隆間武英殿木活字印本 1冊 ra0175

25. 毛詩要義二十卷毛詩序要義譜一卷 宋魏了翁撰 清影宋鈔本 20冊 rb0813

26. 詩經世本古義二十八卷卷首一卷卷末一卷 明何楷撰 明崇禎間刻本 16冊 rb0744

27. 毛詩古音考四卷讀詩拙言一卷 明陳第撰 明焦竑訂正 明崇禎七年（1634）書林楊祁山刻本 1冊 rb0775

28. 詩經通義十二卷 清朱鶴齡輯 清雍正三年（1725）朱士玉刻本 4冊 rb0663

29. 詩說三卷 清惠周惕撰 清康熙間惠氏紅豆齋刻本 1冊 ra0502

30. 六家詩名物疏五十五卷 明馮復京撰 明翻刻萬曆間刻本 6冊 rb0788

禮類

31. 周官集傳十六卷 元毛應龍撰 清鈔本 4冊 rb0936

32. 考工記纂注二卷卷首一卷附圖一卷 明程明哲撰 明萬曆四十一年（1613）歙縣程明哲刻本 2冊 ra0611

33. 禮說十四卷 清惠士奇撰 清乾隆間惠氏紅豆齋刻本 6冊 ra0288

34. 儀禮識誤一卷 宋張淳撰 清乾隆間武英殿木活字印本 1冊 ra0175

35. 儀禮集釋三十卷 宋李如圭撰 清乾隆間武英殿木活字印本 30冊 ra0175

36. 大戴禮記十三卷 漢戴德撰 北周盧辯注 清乾隆間武英殿木活字印本 3冊 ra0175

37. 禮記集說十六卷 元陳澔撰 明正統十二年（1447）司禮監刻本 16冊 ra0491

38. 司馬氏書儀十卷 宋司馬光撰 清汪郊校訂 清雍正元年（1723）歸安汪氏影宋刻本 2冊 rb5770

39. 禮書一百五十卷 宋陳祥道編 明張溥閱 明末刻本 10冊 ra0499

40.文公家禮儀節八卷 宋朱熹編 明丘濬輯 明末金陵蘊古堂刻本 8册 ra0970

春秋類

41.春秋經傳集解三十卷 晋杜預撰 明翻刻宋本 16册 rb0969

42.春秋釋例十五卷卷首一卷春秋傳說例一卷 晋杜預撰 清乾隆間武英殿木活字印本 6册 ra0175

43.詳注東萊先生左氏博議二十五卷 宋呂祖謙撰 宋張成招注 清影宋鈔本 12册 rb1545

44.東萊呂太史春秋左傳類編不分卷 宋呂祖謙撰 清鈔本 6册 ra1015

45.春秋左傳注評測義七十卷 明凌稚隆撰 明萬曆十六年（1588）吳興凌氏刻本 20册 rb1544

46.讀左日鈔十二卷補二卷 清朱鶴齡撰 清康熙間刻本 6册 ra0699

47.春秋經傳集解考正七卷 清陳樹華撰 清鈔稿本 王欣夫跋 16册 rb1547

48.春秋經解十五卷 宋孫覺撰 清乾隆間武英殿木活字印本 14册 ra0175

49.春秋辨疑四卷 宋蕭楚撰 清乾隆間武英殿木活字印本 1册 ra0175

50.春秋考十六卷 宋葉夢得撰 清乾隆間武英殿木活字印本 12册 ra0175

51.春秋胡傳三十卷 宋胡安國撰 明正統十二年（1447）北京司禮監刻本 8册 rb0329

52.春秋經傳闕疑四十五卷 元鄭玉撰 清康熙五十年（1711）鄭氏天游堂刻本 10册 rb5768

53.麟書大成不分卷 □□輯 清鈔本 16册 rb1455

孝經類

54.孝經衍義一百卷卷首二卷 清聖祖玄燁敕撰 清葉方藹、張英監修 清韓菼編纂 清康熙二十九年（1690）內府刻本 24册 rb5774

四書類

55.論語意原四卷 宋鄭汝諧撰 清乾隆間武英殿木活字印本 2册 ra0175

56.四書集注二十四卷 宋朱熹撰 清初刻本 10册 rb1451

57.四書經學考十卷補遺一卷 明徐邦佐撰 明崇禎元年（1628）刻本 2册 rb1430

58.四書名物考二十四卷 明陳禹謨撰 明錢受益、牛斗星補 明崇禎間刻本 6册 rb1429

59.天蓋樓四書語錄四十六卷 清呂留良評選 清周在延編次 清康熙二十三年（1684）刻本 8册 rb4242

群經總義類

60.古微書三十六卷 明孫瑴編 明崇禎十年（1637）刻本 16册 ra1254

61.五經纂注五十六卷 明夏璋編 明崇禎間二乙堂刻本 10册 ra0618

62.朱注發明十九卷 清王掞撰 清康熙五十八年（1719）潮濟堂刻本 14册 rb5796

63.四書五經考義不分卷 清嚴虞惇輯 清鈔本 18册 ra0959

小學類

64.爾雅三卷　晋郭璞注　明嘉靖十七年（1538）東海吴元恭刻本　3册　rb0941

65.輶軒使者絕代語釋別國方言十三卷　漢揚雄撰　晋郭璞注　清乾隆間武英殿木活字印本　4册　ra0175

66.增修埤雅廣要四十二卷　宋陸佃撰　明牛衷增修　明吴從政音釋　明萬曆三十八年（1610）孫弘範刻本　8册　ra0969

67.埤雅二十卷　宋陸佃撰　清康熙間虞山顧械如月樓刻本　10册　rb5767

68.爾雅翼三十二卷　宋羅願撰　明新安畢效欽刻本　8册　ra0557

69.說文廣義十二卷　漢許慎撰　清程德洽纂輯　清康熙五十一年（1712）成裕堂刻本　12册　rb1351

70.說文字原考略六卷　清吴照輯　清乾隆五十七年（1792）南昌吴氏刻本　4册　rb1434

71.汲古閣說文訂一卷　清段玉裁撰　清嘉慶二年（1797）袁氏五硯樓刻本　1册　rb0078

72.說文段注訂八卷　清鈕樹玉撰　清道光四年（1824）鈕氏刻本　2册　rb1352

73.漢隸字源五卷　宋婁彦發輯　明末清初虞山毛氏汲古閣刻本　4册　rb2137

74.六書統二十卷　元楊桓撰　元至大元年（1308）浙江行省儒學刻元明遞修本　16册　rb0185

75.新校經史海篇直音十卷　□□撰　明嘉靖二十三年（1544）勉勤堂刻本　10册　rb0513

76.重校全補海篇直音十二卷卷首三卷　明蔡燫輯　明萬曆二十三年（1595）書林鄭世豪刻本　6册　rb0520

77.六書正義十二卷　明吴元滿撰　明萬曆三十三年（1605）新安吴時薪、吴養春刻本　6册　rb1435

78.增訂金壺字考十九卷金壺字考二集二十一卷補錄一卷補注一卷　宋釋適之編　清田朝恒增訂續編　清乾隆二十七年（1762）貽安堂刻本　6册　rb5777

79.六書通十卷（存九卷）卷首一卷　明閔齊伋撰　清道光三年（1823）笠澤席氏春雨樓三色鈔本　11册　rb2123

80.康熙字典四十二卷　清張玉書等奉敕撰　清康熙五十五年（1716）武英殿刻本　40册　rb0132

81.隸辨節鈔六卷　清顧藹吉撰　清□□節鈔　清鈔本　6册　rb2188

82.廣韻五卷　宋陳彭年等重修　清康熙六年（1667）陳上年、張弨符山堂刻本　5册　rb5871

83.改併五音集韻十五卷五音類聚四聲篇海十五卷　金韓道昭撰　明萬曆十七年（1589）刻本　10册　rb0183

84.洪武正韻十六卷　明樂韶鳳等奉敕撰　明刻清印本　8册　rb0945

85.古篆韻譜正傳二卷　明吕胤基撰　明萬曆十六年（1588）江蘺館刻本　2册　rb2180

86.康熙甲子史館新刊古今通韻十二卷　清毛奇齡撰　清康熙二十三年（1684）史館刻本　6册　rb2200

87.顧氏音學五書三十八卷　明顧炎武撰　清康熙間符山堂刻本　12册　rb0439

88.類音八卷　清潘耒撰　清雍正間潘氏遂初堂刻本　4册　rb2196

89.音韻闡微十八卷　清李光地等撰　清雍正間武英殿刻本　16册　rb1350

史部

紀傳類

90.史記一百三十卷　漢司馬遷撰　南朝宋裴駰集解　唐司馬貞索隱　唐張守節正義　明嘉靖四至六年（1525—1527）震澤王延喆覆南宋建安黄善夫刻本　清諸洛臨清葉樹廉、顧炎武、馮遠、方苞批校　清諸洛、鄒鍔跋　40册　rb0151

91.史記評林一百三十卷 明凌稚隆輯 明萬曆二至四年（1574—1576）吳興凌氏刻本 30册 rb0175

92.梁書五十六卷 唐姚思廉撰 南宋紹興間刻元明遞修本 20册 rb0038

93.通志二百卷 宋鄭樵撰 元刻明萬曆間修補本 120册 rb0010

94.建康實錄二十卷 唐許嵩撰 清末民初影鈔南宋紹興刻本 14册 rb0494

95.函史上編八十二下編二十一卷 明鄧元錫撰 明萬曆間刻本 60册 rb0278

96.李氏藏書六十八卷 明李贄撰 明萬曆間刻本 30册 rb2090

97.東晉南北朝輿地表二十二卷 清徐文范撰 清鈔稿本 10册 rb0742

98.東觀漢記二十四卷 漢劉珍等撰 清乾隆間武英殿木活字印本 4册 ra0175

99.兩漢刊誤補遺十卷 宋吳仁傑撰 清乾隆間武英殿木活字印本 4册 ra0175

100.南齊書五十九卷 梁蕭子顯撰 明萬曆三十三年（1605）北京國子監刻本 5册 ra0367

101.陳書三十六卷 唐姚思廉撰 南宋浙江刻元明遞修本 8册 rb0037

102.東都事略一百三十卷（存一百二十九卷） 宋王偁撰 清振鷺堂影宋刻本 12册 rb5824

103.宋史新編二百卷 明柯維騏撰 明嘉靖四十三年（1564）廣東刻本 64册 rb2088

104.遼史拾遺二十四卷 清厲鶚撰 清山陰沈氏鳴野山房鈔本 12册 rb0288

105.遼史拾遺續三卷 清楊復吉撰 清山陰沈氏鳴野山房鈔本 6册 rb0289

106.金史一百三十五卷 元脫脫等撰 明萬曆三十四年（1606）北京國子監刻本 48册 rb0189

107.欽定遼金元三史國語解四十六卷 清國史館編 清道光四年（1824）內府刻本 14册 rb2726

108.滿漢名臣傳一百卷 清國史館編 清末民初紅格鈔本 120册 rb0133

編年類

109.資治通鑑釋文三十卷 宋史炤撰 清鈔本 □□校並過錄清顧廣圻校 10册 rb1215

110.司馬溫公稽古錄二十卷 宋司馬光撰 明刻本 6册 ra1198

111.續資治通鑑長編五百二十卷目錄二卷 宋李燾撰 清鈔本 200册 rb0141

112.訂正通鑑綱目前編二十五卷 明南軒撰 明萬曆二十四年（1596）揚州展卷堂刻本 10册 rb2343

113.增修附注資治通鑑節要續編二十六卷 明劉剡編輯 明張光啓訂正 明成化二十年（1484）朱氏尊德書堂刻本 24册 rb2026

114.宋元通鑑一百五十七卷 明薛應旂撰 明嘉靖四十五年（1566）薛應旂刻本 40册 rb2339

115.稽古編大政記綱目八卷 明姜寶撰 明萬曆十五年（1587）江陽王藩臣刻明萬曆間丹陽姜寶增刻本 4册 ra0126

116.資治大政記綱目上編四十卷下編三十二卷 明姜寶撰 明萬曆十五年（1587）江陽王藩臣刻明萬曆間丹陽姜寶增刻本 36册 ra0125

117.漢紀三十卷後漢紀三十卷 漢荀悅撰 晉袁宏撰 明萬曆間南京國子監刻本 8册 rb2058

118.皇朝編年備要三十卷 宋陳均撰 清乾隆間錢氏萃古齋鈔本 30册 ra0043

119.建炎以來繫年要錄二百卷 宋李心傳撰 清黑格鈔本 32册 rb0230

120.中興小紀四十卷 宋熊克撰 清鈔本 8册 ra1215

121. 宋季三朝政要六卷 □□撰 清鈔本 1冊 ra1022

122. 皇明大事記五十卷 明朱國楨輯 明崇禎間刻本 24冊 rb1885

紀事本末類

123. 宋史紀事本末一百九卷 明馮琦撰 明陳邦瞻補 明張溥論正 明末張溥刻本 12冊 rb1883

124. 元史紀事本末二十七卷 明陳邦瞻撰 明臧懋循補 明張溥論正 明末張溥刻本 3冊 ra1137

雜史類

125. 戰國策評苑十卷 宋鮑彪校注 元吳師道補正 明穆文熙輯 明末翻刻明萬曆二十年（1592）書林鄭以厚光裕堂刻本 □□校 2冊 rb2131

126. 華陽國志不分卷 晉常璩撰 清鈔本 6冊 rb1210

127. 黑韃事略一卷 宋徐霆撰 清鈔本 1冊 rb2217

128. 欽定元承華事略補圖六卷 元王惲撰 清徐郙等校正並補圖 清末内府刻本 2冊 rb0361

129. 吾學編十四種六十九卷 明鄭曉撰 明萬曆二十七年（1599）鄭心材重刻本 12冊 ra1048

130. 行朝錄十二卷 清黃宗羲撰 清鈔本 4冊 rb0343

詔令奏議類

131. 唐陸宣公集二十四卷（存十四卷） 唐陸贄撰 明嘉靖二十七年（1548）秀水沈伯咸西清書舍刻後印本 4冊 rb2300

傳記類

132. 列女傳十六卷 漢劉向撰 明汪道昆輯 明仇英繪圖 明萬曆間歙縣汪氏刻清乾隆間鮑氏知不足齋印本 16冊 rb0050

133. 古今列女名字備考不分卷 明張鑣輯 清鈔本 6冊 rb2212

134. 唐才子傳十卷考異一卷 元辛文房撰 清陸芝榮考異 清嘉慶十年（1805）三間草堂刻本 6冊 rb4412

135. 草莽私乘一卷 元陶宗儀輯 清鈔本 1冊 rb2225

136. 雒閩源流錄十九卷 清張夏撰 清康熙二十一年（1682）黃氏彝叙述堂刻本 3冊 rb2716

137. 阿文成公年譜三十四卷 清那彥成撰 清嘉慶間刻本 32冊 rb4407

史鈔類

138. 張賓王先生批評戰國策抄四卷 明張榜評 明崇禎間袁樞刻本 4冊 rb2151

139. 古史談苑三十六卷 明錢世揚輯 明萬曆四十三年（1615）張鼒孟刻天啟二年（1622）印本 12冊 rb2133

140. 南史刪三十一卷 唐李延壽撰 明茅國縉刪次 明刻本 4冊 rb2127

地理類

141. 三輔黃圖六卷 漢□□撰 明藍格鈔本 □□批校 明何述皋跋 1冊 rb0632

142.淳祐臨安志□卷（存六卷） 宋施諤撰 清鈔本 4冊 rb0440

143.大明一統志九十卷（存八十八卷） 明李賢等纂修 明萬壽堂刻本 32冊 rb1713

144.天下郡國利病書一百二十卷 清顧炎武撰 清鈔本 120冊 rb0040

145.讀史方輿紀要一百三十卷 清顧祖禹撰 清鈔本 64冊 rb0127

146.石柱記箋釋五卷 清鄭元慶撰 清康熙四十一年（1702）鄭氏魚計亭刻本 2冊 rb0314

147.平山堂圖志十卷卷首一卷 清趙之壁纂 清乾隆三十年（1765）趙之壁揚州刻本 4冊 rb0234

148.中吳紀聞六卷 宋龔明之撰 明末虞山毛氏汲古閣刻本 4冊 rb2262

149.京口三山志十二卷 明張萊輯 明史魯修 明高一福增修 明萬曆間刻本 16冊 rb2276

150.入蜀記四卷 宋陸游撰 清秦綸錫鈔本 清秦綸錫校 清柳清源校並跋 1冊 rb0341

政書類

151.文獻通考三百四十八卷 元馬端臨撰 元刻明修本 80冊 rb0029

152.文獻通考三百四十八卷 元馬端臨撰 明嘉靖三年（1524）司禮監刻本 100冊 rb1383

153.文獻通考纂二十四卷 明胡震亨纂 明天啓六年（1626）劉祖錫刻本 6冊 rb1945

154.西漢會要七十卷目錄二卷 宋徐天麟撰 清鈔本 24冊 rb6051

155.建炎以來朝野雜記四十卷 宋李心傳撰 清乾隆間武英殿木活字印本 20冊 ra0175

156.宋朝事實二十卷 宋李攸撰 清乾隆間武英殿木活字印本 6冊 ra0175

目錄類

157.內閣藏書目錄八卷 明張萱等撰 清紅格鈔本 清沈復粲過錄清朱彝尊跋 3冊 ra1234

158.映雪樓藏書目考十卷 清莊仲方藏並撰 清鈔稿本 8冊 rb4527

159.國史經籍志六卷 明焦竑撰 明萬曆間徐象橒曼山館刻本 10冊 ra1876

160.經籍志鈔三卷 □□撰 清乾隆嘉慶間鈔本 8冊 rb0373

161.禁書總目不分卷 清□□輯 清鈔本 4冊 ra1140

金石類

162.金石契不分卷 清張燕昌撰 清乾隆二十二年（1757）刻四十三年（1778）增刻本 4冊 rb4443

163.求古精舍金石圖初集四卷 清陳經撰 清嘉慶二十一年（1816）說劍樓刻本 4冊 rb4444

164.隨軒金石文字不分卷 清徐渭仁撰 清道光二十三年（1843）刻本 2冊 rb4524

165.篆雲樓金石稿不分卷 □□纂 清稿本 100冊 rb0129

166.至大重修宣和博古圖錄三十卷 宋王黼等撰 明嘉靖七年（1528）蔣暘刻本 10冊 rb1877

167.三古圖四十二卷 清黃晟輯 明萬曆二十八至三十年(1600—1602)吳萬化刻清乾隆十五至十八年（1750—1753）天都黃晟槐蔭草堂遞修剜改印本 24冊 rb4445

168.鐘鼎欵識一卷 宋王厚之輯 清嘉慶七年（1802）儀徵阮氏摹刻宋拓本 1冊 ra0912

169.金薤琳琅二十卷補遺一卷 明都穆撰 清乾隆四十三年（1778）杭州汪氏刻本 4册 rb0262

170.集古印譜六卷 明羅王常輯 明萬曆三年（1575）武陵顧氏芸閣刻本 6册 rb0452

171.清儀閣古印偶存七卷 清張廷濟輯 清道光十五年（1835）鈐印本 4册 rb2115

172.紺雪齋集印譜不分卷 清陳棪淦輯 清嘉慶二十三年（1818）陳氏紺雪齋鈐印本 2册 ra0680

173.吉金齋古銅印譜六卷 清何昆玉輯 清同治八年（1869）鈐印本 6册 rb0847

174.浙西名印不分卷 □□輯 清原鈐剪裱本 6册 rb1238

史評類

175.東萊先生音注唐鑑二十四卷 宋范祖禹撰 宋呂祖謙注 明弘治十年（1497）呂鏜刻本 12册 rb2244

176.小學史斷二卷資治通鑑總要通論一卷 宋南宮靖一撰 明晏彥文續 明嘉靖間刻本 4册 rb2268

177.類編皇朝大事記講義二十三卷中興講義一卷 宋呂中撰 清文珍樓鈔本 14册 rb2024

178.太白劍不分卷 明姚康撰 清鈔本 4册 rb0332

179.欽定古今儲貳金鑑六卷首一卷 清高宗弘曆敕撰 清乾隆五十一年（1786）武英殿刻本 4册 rb4448

子部

儒家類

180.新纂門目五臣音注揚子法言十卷 漢揚雄撰 唐李軌、柳宗元注 宋宋咸、吳秘、司馬光添注 明嘉靖間顧氏世德堂刻本 3册 rb1867

181.傅子一卷 晉傅玄撰 清乾隆間武英殿木活字印本 1册 ra0175

182.公是弟子記四卷 宋劉敞撰 清乾隆間武英殿木活字印本 2册 ra0175

183.河南二程全書六十七卷 宋程顥、程頤撰 清初禦兒呂氏寶誥堂刻本 10册 ra0929

184.五子近思錄十四卷 明錢士升撰 明崇禎間刻本 2册 rb1842

185.大學衍義四十三卷衍義補一百六十卷 宋真德秀撰 明丘濬補 明崇禎間刻本 32册 ra1034

186.大學衍義補纂要六卷 明徐栻輯 明萬曆元年（1573）九江府刻本 6册 ra1287

187.性理大全書七十卷 明胡廣等撰 明永樂間內府刻本 30册 rb1804

188.讀書錄十卷續錄十二卷 明薛瑄撰 明嘉靖三十四年（1555）沈維藩刻本 8册 ra1286

189.信陽子卓錄八卷 清張鵬翮撰 清康熙五十五年（1716）刻本 4册 rb4611

190.日知薈說四卷 清高宗弘曆撰 清乾隆元年（1736）江蘇刻本 4册 rb5684

兵家類

191.正續武經總要二十八卷 宋曾公亮等輯 明范景文增續 清寫樣本 28册 ra0992

192.武備志二百四十卷 明茅元儀輯 日本翻刻明天啟間茅氏刻本 □□批注 81册 ra0008

193.古今將略四卷（存三卷） 題明馮時寧輯 明末刻本 3册 rb2273

法家類

194.管韓合刻四十四卷　明趙用賢編　明萬曆十年（1582）趙用賢刻本　20冊　rb1941

195.韓子二十卷附錄一卷　周韓非撰　明天啓五年（1625）錢塘趙世楷刻本　4冊　rb1942

196.大清律七言集成二卷　清程熙春輯　清鈔本　1冊　rb0460

醫家類

197.薛氏醫按二十四種一百零七卷　明薛己等撰　明吳琯編　明萬曆間刻本　40冊　rb1947

198.馮氏錦囊秘錄四十九卷　清馮兆張編　清康熙四十一年（1702）刻本　20冊　rb0519

199.重廣補注黃帝內經素問二十四卷　唐王冰注　宋林億等校正　宋孫兆改誤　明嘉靖二十九年（1550）上海顧從德影宋刻初印本　□□校　8冊　rb2287

200.食物本草會纂十卷圖一卷　清沈李龍輯　清康熙間西湖沈氏刻本　8冊　rb0412

201.金匱玉函經二注二十二卷十藥神書一卷　元趙良仁衍義　清周揚俊補注　清古歙呂目表鈔本　8冊　rb1150

202.千金翼方三十卷　唐孫思邈撰　明萬曆間刻本　30冊　rb2317

203.旅舍備要方一卷　宋董汲撰　清山陰沈氏鳴野山房鈔本　1冊　rb3888

204.雞峰普濟方三十卷　宋張銳撰　清道光八年（1828）汪氏藝芸書舍仿宋刻本　10冊　rb0806

205.赤水玄珠三十卷醫旨緒餘二卷　明孫一奎撰　明萬曆間刻本　20冊　rb1948

206.續名醫類案六十卷　清魏之琇撰　清黑格鈔本　40冊　rb0269

207.東醫寶鑑二十三卷　朝鮮許浚撰　朝鮮後期刻本　□□校　16冊　ra1009

天文算法類

208.革象新書二卷　元趙友欽撰　明王禕刪定　清山陰沈氏鳴野山房鈔本　2冊　rb2015

209.欽定儀象考成三十卷卷首二卷　清允祿等編　清末民初鈔本　10冊　ra0913

210.定曆玉衡十八卷卷首一卷　清張雍敬撰　清鈔本　4冊　ra1142

術數類

211.皇極經世書十二卷外篇二卷　宋邵雍撰　清鈔本　10冊　rb0646

212.大唐開元占經一百二十卷目錄二卷　唐瞿曇悉達撰　清讀未見書齋鈔本　16冊　rb1170

213.敬天小錄不分卷　題清問梅居士編　清鈔本　4冊　rb1409

藝術類

214.宣和畫譜二十卷　□□撰　明毛晉訂　清鈔本　6冊　rb1201

215.鐵網珊瑚書品十卷畫品六卷　明朱存理輯　清雍正六年（1728）年希堯刻本　10冊　rb0584

216.鐵網珊瑚二十卷　明都穆撰　清鈔本　□□朱墨二色批校　6冊　ra0676

217.王氏書苑十卷補益十二卷畫苑十卷　明王世貞輯　明萬曆間刻本　32冊　rb2328

218.珊瑚網法書題跋二十四卷名畫題跋二十四卷　明汪砢玉輯　清鈔本　清周星詒校並跋　40册　rb0193

219.書法離鈎十卷　明潘之淙撰　清鈔本　4册　rb1237

220.江村銷夏錄三卷　清高士奇撰　清康熙三十二年（1693）高氏朗潤堂刻乾隆以後印本　3册　rb4572

221.虛舟題跋十卷虛舟題跋補原三卷竹雲題跋四卷　清王澍撰　清乾隆三十五年（1770）楊建聞川易鶴軒刻三十九年（1774）續刻冰壺閣印本　5册　ra1219

222.御刻三希堂石渠寶笈法帖釋文十六卷　清梁詩正等輯　清陳焯撰　清乾隆六十年（1795）刻本　4册　rb0809

223.唐朝名畫錄一卷五代名畫補遺一卷　唐朱景玄撰　宋劉道醇撰　明翻刻宋本　2册　rb2267

224.畫史會要五卷　明朱謀垔撰　清鈔本　8册　rb1330

225.冬心先生畫竹題記一卷　清金農撰　清乾隆間金陵湯鳳池刻本　1册　rb1173

226.芥舟學畫編四卷　清沈宗騫撰　清乾隆四十六年（1781）冰壺閣刻本　2册　rb1220

227.讀畫韻史五卷　□□撰　清鈔本　10册　rb1253

228.賞奇軒合編五卷　□□輯　清賞奇軒刻本　5册　rb2768

229.桃花泉弈譜二卷　清范世勳撰　清乾隆三十年（1765）刻本　2册　rb5851

譜錄類

230.文房四譜五卷　宋蘇易簡撰　清鈔本　2册　rb1178

231.古今硯譜六卷　清倪椿輯　清乾隆三十八年（1773）稿本　1册　rb1181

232.方氏墨譜六卷　明方于魯撰　明萬曆泰昌間方氏美蔭堂刻後印本　8册　rb2278

233.佩文齋廣群芳譜一百卷　清汪灝等奉敕撰　清康熙四十七年（1708）內府刻本　32册　ra0037

雜家類

234.南部新書八卷　宋錢易撰　清鈔本　2册　rb1225

235.南村輟耕錄三十卷　元陶宗儀撰　明玉蘭草堂刻本　明金九淵批校　8册　rb2305

236.濯纓亭筆記十卷禮記集說辨疑一卷　明戴冠撰　明嘉靖二十六年（1547）無錫華察刻本　3册　rb1970

237.古言二卷　明鄭曉撰　明嘉靖四十四年（1565）項篤壽刻本　2册　rb1966

238.筆叢三十二卷續集十六卷　明胡應麟撰　明萬曆四十二年（1614）趙世寵重刻本　□□批校　16册　rb1967

239.小柴桑喃喃錄二卷　明陶奭齡撰　明崇禎八年（1635）李爲芝刻本　2册　rb1968

240.緯略十二卷　宋高似孫撰　明萬曆間沈士龍刻本　6册　rb1965

241.愛日齋叢鈔五卷　宋葉寘撰　清鈔本　5册　rb2056

242.正楊四卷　明陳耀文撰　明隆慶三年（1569）刻本　4册　rb1969

243.疑耀七卷　明張萱撰　明萬曆間刻本　4册　rb1979

244.筆精八卷　明徐𤊹撰　明崇禎五年（1632）刻本　12册　rb0315

245.蓉槎蠡說十二卷　清程哲撰　清康熙五十年（1711）七略書堂刻本　2册　rb0492

246.黃嬭餘話六卷　清陳錫路撰　清乾隆三十七年（1772）芸香窩刻本　2册　rb0413

247.重訂述記八卷 清任兆麟輯 清嘉慶十五年（1810）金閶濂溪閣刻本 4冊 rb5839

248.世說新語補二十卷 南朝宋劉義慶撰 南朝梁劉孝標注 宋劉辰翁批 明何良俊、王世貞、王世懋增刪批釋 明萬曆八年（1580）刻本 10冊 rb1268

249.涷水記聞十六卷 宋司馬光撰 清乾隆間武英殿木活字印本 2冊 ra0175

250.都公談纂二卷 明都穆撰 明陸采編次 清鈔本 2冊 rb1273

251.來鶴堂雜鈔不分卷 清費錫章撰 清稿本 10冊 rb1213

252.新增格古要論十三卷 明曹昭撰 明舒敏編 明王佐增補 明刻本 6冊 rb2272

253.明人考古要略九種十一卷 □□輯 清鈔本 1冊 rb1025

254.群書治要五十卷 唐魏徵等輯 日本天明七年（1787）尾張國細井德民刻本 25冊 rb0181

255.陳眉公訂正清異錄四卷 宋陶穀撰 明萬曆間繡水沈氏尚白齋刻本 4冊 rb2284

256.續自警編十六卷 明黃希憲輯 明萬曆六年（1578）嘉興府刻本 16冊 rb2235

257.閨範四卷 明呂坤輯撰 明佘永寧等刻泊如齋印本 4冊 ra0922

258.娑羅館清言一卷清言補一卷 明屠隆撰 清鈔本 1冊 rb0136

259.智囊二十八卷 明馮夢龍輯 明末刻本 8冊 rb1961

小說家類

260.搜神記二十卷搜神後記十卷 晉干寶撰 晉陶潛撰 明萬曆間刻本 8冊 rb1243

261.虞初志七卷 明袁宏道評 明末吳興凌性德刻朱墨套印本 4冊 rb1341

類書類

262.藝文類聚一百卷 唐歐陽詢輯 明嘉靖二十八年（1549）平陽府刻本 32冊 rb0665

263.北堂書鈔一百六十卷 唐虞世南輯 明陳禹謨補注 明萬曆二十八年（1600）陳禹謨刻本 24冊 rb0557

264.初學記三十卷 唐徐堅等輯 明萬曆間楊鑨九洲書屋翻刻明嘉靖十年（1531）錫山安國桂坡館本 20冊 rb2342

265.唐宋白孔六帖一百卷 唐白居易輯 宋孔傳輯 明嘉靖間刻本 40冊 rb2358

266.冊府元龜一千卷 宋王欽若等輯 明崇禎間刻本 240冊 ra1035

267.事物紀原集類十卷 宋高承撰 明成化八年（1472）李果刻本 4冊 rb1878

268.新編古今事文類聚前集六十卷後集五十卷續集二十八卷別集三十二卷新集三十六卷外集十五卷 宋祝穆輯 元富大用輯 明初刻本 70冊 rb1803

269.群書考索前集六十六卷後集六十五卷續集五十六卷別集二十五卷 宋章如愚輯 明正德三至十三年（1508—1518）劉洪慎獨齋刻十六年（1521）重修本 64冊 rb0158

270.新編事文類聚翰墨大全前集十集後集五集一百三十四卷 元劉應李編 明刻本 56冊 rb0137

271.新編博物策會十七卷 明戴璟輯 明嘉靖十七年（1538）刻本 4冊 ra1307

272.新刊唐荊川先生稗編一百二十卷 明唐順之輯 明萬曆九年（1581）茅一相文霞閣刻本 30冊 rb2353

273.天中記六十卷（存五十九卷） 明陳耀文輯 明萬曆間刻本 63冊 rb2307

274.古今萬姓統譜一百四十六卷歷代帝王姓系統譜六卷氏族博考十四卷（存八卷） 明凌迪知輯 明萬曆間刻本 24冊 rb1806

275.山堂肆考二百一十八卷補遺二卷 明彭大翼撰 明萬曆間刻本 50冊 rb1586

276.詩雋類函一百五十卷 明俞安期輯 明梅鼎祚增定 明萬曆間刻本 30冊 rb0123

277.劉氏類山十卷 明劉胤昌撰 明萬曆三十三年（1605）江西刻本 8冊 rb2286

278.古今類傳四卷 清董穀士、董炳文輯 清康熙三十一年（1692）刻本 4冊 rb4528

279.分類字錦六十四卷 清何焯等撰 清康熙六十一年（1722）內府刻本 40冊 rb0018

280.子史精華一百六十卷 清吳襄等輯 清雍正五年（1727）武英殿刻本 64冊 rb0031

281.佩文韻府一百六卷拾遺一百六卷 清張玉書、蔡升元輯 清汪灝、何焯拾遺 清康熙五十年（1711）內府刻康熙五十九年（1720）續刻拾遺本 115冊 rb2785

282.類腋五十五卷 清姚培謙輯 清乾隆七至三十年（1742—1765）姚氏清妙軒刻本 24冊 rb6359

283.雙桂療疴次抄十三卷 清秉璜輯 清嘉慶九年（1804）稿本 13冊 ra1275

284.淵海摘二十七卷 □□撰 清鈔稿本 28冊 ra1195

285.詞林分韻題鏡不分卷 題清嘯雲山農手錄 清稿本 5冊 ra1247

釋家類

286.指月錄三十二卷 明瞿汝稷撰 清鈔本 32冊 rb1576

287.一切經音義一百卷續一切經音義十卷 唐釋慧琳撰 唐釋希麟撰 日本元文三年至延享三年（1738—1746）樗桑雛東獅谷白蓮社刻本 32冊 rb0674

道家類

288.莊子郭注十卷 晉郭象注 唐陸德明音義 明萬曆三十三年（1605）鄒之嶧刻本 10冊 rb2229

289.南華真經義海纂微一百六卷 宋褚伯秀撰 清山陰沈氏鳴野山房鈔本 48冊 rb0577

290.南華真經副墨八卷讀南華真經雜說一卷 明陸西星撰 明萬曆十三年（1585）孫大綬刻本 8冊 rb2230

291.太上黃庭內景玉經一卷太上黃庭外景經一卷附黃庭內景五臟六腑圖說一卷 唐白履忠注 唐胡悟撰 明萬曆二十二年（1594）沈子木刻朱印本 3冊 rb2243

292.陰騭文圖證不分卷 清費丹旭繪圖 清許光清集證 清道光二十四年（1844）海昌蔣氏別下齋刻本 龐青城跋 2冊 rb1282

叢書類

293.古今說海一百三十五種 明陸楫等編 明嘉靖二十三年（1544）雲間陸氏儼山書院雲山書院刻本 40冊 rb1340

294.快書五十種五十卷 明閔景賢編 明何偉然訂 明翻刻明天啟六年（1626）刻本 24冊 rb1387

295.津逮秘書一百四十四種七百五十二卷 明毛晉編 明末清初虞山毛氏汲古閣刻本 200冊 rb1386

296.顏氏傳書八種 明顏欲章編 明萬曆三十六年（1608）刻本 10冊 rb2039

297.李竹嬾先生說部八種二十五卷 明李日華撰 明末刻清印本 12冊 rb1971

298.陸雲士雜著五種二十一卷 清陸次雲撰 清康熙二十二年（1683）宛羽齋刻本 8冊 rb5702

299.漁洋山人著述三十八種 清王士禛撰 清康熙間刻乾隆間彙印本 136冊 rb0106

300.經韻樓叢書七種一百一十卷 清段玉裁撰 清道光元年（1821）經韻樓原刻本 40冊 rb0118

301.戴孔遺書三十四種一百五十一卷附錄三種四卷 清孔繼涵輯 清乾隆間微波榭刻本 80冊 rb0454

302.白齋七種十七卷 清陸紹曾編 清鈔本 清方塘跋 16冊 rb1264

303.南野堂全集三種二十五卷 清吳文溥撰 清乾隆、嘉慶間刻本 12冊 rb1843

304.施氏著書四種五卷 清施國祁撰 清嘉慶十七、二十一年（1812、1816）潯溪吉貝居刻本 2冊 rb2163

305.一隅草堂稿十七種一隅草堂外集十三種 清計楠撰並輯 清嘉慶間秀水計氏刻本 12冊 rb1441

306.奇晉齋叢書十六種十九卷 清陸烜編 清乾隆間陸氏奇晉齋刻本 4冊 ra0921

集部

楚辭類

307.楚辭十卷 漢王逸注 明萬曆十四年（1586）俞初刻本 清錢陸燦批校 4冊 rb2031

308.楚辭集注八卷 宋朱熹撰 明萬曆間刻本 6冊 rb2035

309.離騷彙訂三卷卷首一卷屈子雜文二卷 清王邦采撰 清康熙間刻本 6冊 ra0910

別集類

310.陸士龍文集十卷 晉陸雲撰 明新安汪士賢刻漢魏六朝二十一名家集本 1冊 rb2264

311.梁貞白先生陶隱居集二卷附錄一卷 南朝梁陶弘景撰 明雲間朱大英刻本 2冊 rb2254

312.李詩通二十一卷杜詩通四十卷 明胡震亨撰 清順治七年（1650）刻本 8冊 ra0261

313.杜工部詩集二十卷文集二卷年譜一卷杜詩補注一卷集外詩一卷 唐杜甫撰 清朱鶴齡輯注 清康熙九年（1670）金陵葉永茹刻乾隆間剜改後印本 12冊 rb6053

314.唱經堂杜詩解四卷附沈吟樓借杜詩一卷 唐杜甫撰 清金人瑞解 清康熙十一年（1672）刻本 6冊 rb0432

315.杜詩會稡二十四卷 唐杜甫撰 清張遠箋注 清康熙間蕭山張氏蕉圃刻本 8冊 rb4622

316.讀杜心解六卷卷首二卷 清浦起龍撰 清雍正二至三年（1724—1725）浦氏寧我齋刻本 清朱方靄批 清朱琰跋 6冊 rb0983

317.杜詩集說二十卷目錄一卷年譜一卷卷末一卷 清江浩然輯 清翻刻乾隆四十三年（1778）刻本 12冊 rb4625

318.杜詩提要十四卷 唐杜甫撰 吳瞻泰評 清乾隆間刻本 4冊 rb0365

319.唐歐陽先生文集八卷附錄一卷 唐歐陽詹撰 清初鈔本 2冊 rb1315

320.柳文四十三卷別集二卷外集二卷附錄一卷 唐柳宗元撰 明嘉靖十六年（1537）南平游居敬刻韓柳文本 6冊 rb2298

321.唐柳河東集四十五卷 唐柳宗元撰 明蔣之翹輯注 清乾隆五十三年（1788）楊氏雙梧居刻嘉慶十三年（1808）補刻本 20冊 rb2017

322.李義山詩集三卷 唐李商隱撰 清朱鶴齡箋注 清順治十六年（1659）刻本 6冊 rb4630

323.玉谿生詩箋注三卷卷首一卷樊南文集箋注八卷 唐李商隱撰 清馮浩箋注 清乾隆四十五年（1780）德聚堂刻本 8冊

rb5885

324.文莊集三十六卷 宋夏竦撰 清鈔本 4冊 rb1294

325.韓魏公集三十八卷 宋韓琦撰 明萬曆間康丕揚刻本 16冊 rb2080

326.安陽集五十卷別錄三卷家傳十卷遺事一卷 宋韓琦撰 清乾隆四年（1739）陳錫輅刻本 20冊 rb4909

327.范文正公忠宣公全集七十三卷 宋范仲淹、范純仁撰 清康熙四十六年（1707）范氏歲寒堂重刻本 30冊 rb4472

328.蘇學士文集十六卷 宋蘇舜欽撰 清康熙三十七年（1698）刻本 2冊 ra0291

329.陳眉公先生訂正丹淵集四十卷拾遺二卷附錄一卷 宋文同撰 明萬曆間吳建先刻崇禎間毛晉修補本 6冊 ra1079

330.歐陽文忠公文抄十卷 宋歐陽修撰 明茅坤評 明末刻朱墨套印本 5冊 rb2007

331.淮海集四十卷後集六卷長短句三卷 宋秦觀撰 明嘉靖二十四年（1545）胡民表刻本 5冊 rb1910

332.竹軒雜著六卷 宋林季仲撰 清鈔本 3冊 rb1318

333.周益公全集二百八卷卷首目錄三卷 宋周必大撰 清道光十一年（1831）山陰沈氏鳴野山房鈔本 清沈復粲校 120冊 rb0375

334.義豐集一卷 宋王阮撰 傳鈔四庫全書本 1冊 rb1141

335.雙溪集十二卷 宋王炎撰 清康熙五十七年（1718）刻本 6冊 rb4962

336.盤洲文集八十卷 宋洪适撰 清鈔本 40冊 ra0124

337.頤庵居士集二卷 宋劉應時撰 傳鈔四庫全書本 1冊 rb1133

338.南軒先生文集四十四卷 宋張栻撰 明刻本 6冊 rb2081

339.海瓊玉蟾先生文集六卷續集二卷 宋葛長庚撰 明朱權重輯 明萬曆間金閶世裕堂刻本 4冊 rb1882

340.白石道人詩集二卷集外詩一卷附錄一卷白石道人詩說一卷白石道人歌曲四卷別集一卷白石道人詩詞評論一卷白石道人逸事一卷 宋姜夔撰 清乾隆嘉慶間知不足齋刻本 1冊 rb5913

341.石堂先生集不分卷 宋陳普撰 清武林盧文弨鈔本 清盧文弨校 3冊 rb0530

342.晞髮集十卷遺集二卷遺集補一卷附天地間集一卷冬青樹引注並附錄一卷登西臺慟哭記注並附錄一卷 宋謝翱撰 清康熙四十一年（1702）陸大業刻本 6冊 rb4941

343.滹南遺老集四十五卷續編一卷 金王若虛撰 清鈔本 □□校 16冊 rb1269

344.野趣有聲畫二卷 元楊公遠撰 傳鈔四庫全書本 1冊 rb1259

345.翠寒集一卷 元宋无撰 傳鈔四庫全書本 1冊 rb1260

346.鯨背吟集一卷 元朱名世撰 傳鈔四庫全書本 1冊 rb1258

347.清閟閣全集十二卷 元倪瓚撰 清康熙五十二年（1713）上海曹氏城書室刻本 2冊 rb4950

348.吳興沈夢麟先生花谿集三卷 元沈夢麟撰 清山陰沈氏鳴野山房鈔本 2冊 rb1288

349.鐵崖先生古樂府十卷鐵崖先生復古詩集六卷 元楊維楨撰 元吳復類編 明成化五年（1469）海虞劉傚刻本 4冊 ra0700

350.危太樸雲林集二卷 明危素撰 清鈔本 1冊 rb1291

351.清江貝先生詩集十卷文集三十卷 明貝瓊撰 清金檀編訂 清康熙末金氏燕翼堂刻文瑞樓彙刻書本 6冊 rb4271

352.高季迪先生大全集十八卷 明高啓撰 清康熙間長洲許氏竹素園刻本 □□朱墨二色批注 4冊 rb0564

353.青邱高季迪先生詩集十八卷遺詩一卷卷首一卷扣舷集一卷附錄一卷鳧藻集五卷 明高啟撰 清金檀輯注 清雍正六至七年

（1728—1729）金氏文瑞樓刻乾隆末印本 8冊 rb2684

354.敬軒薛先生文集二十四卷 明薛瑄撰 明弘治十六年（1503）李鉞、曾大有河東鹽運使司刻本 8冊 rb2154

355.王文成公全書三十八卷 明王守仁撰 明隆慶六年（1572）新建謝廷傑刻本 32冊 rb0553

356.皇甫司勳集六十卷 明皇甫汸撰 明萬曆二年（1574）皇甫汸刻本 6冊 rb1462

357.唐荊川先生文集十二卷 明唐順之撰 明萬曆間金陵唐國達刻本 12冊 rb1472

358.海忠介公文集十卷（存六卷） 明海瑞撰 明末豫章曾櫻刻本 6冊 rb5688

359.石室私抄五卷 明魏文焌撰 明崇禎四年（1631）魏賢訓、魏賢訒刻本 4冊 rb1981

360.袁中郎十集十種十六卷 明袁宏道撰 明刻本 2冊 rb1917

361.眉公先生晚香堂小品二十四卷 明陳繼儒撰 明崇禎間湯大節簡綠居刻本 16冊 rb1920

362.眉公詩鈔八卷 明陳繼儒撰 明崇禎間刻眉公十種藏書本 2冊 rb1919

363.錢牧齋先生書啓不分卷 清錢謙益撰 清汪森集 清汪氏裘杼樓鈔本 蔡名衡跋 2冊 rb1297

364.吳詩集覽二十卷吳詩談藪一卷 清吳偉業撰 清靳榮藩注並輯 清乾隆四十年（1775）凌雲亭刻本 清陳敏咸校並題詩 8冊 rb4690

365.寧都三魏全集八種八十三卷集首一卷 清魏際瑞等撰 清林時益編 清康熙間魏氏易堂刻本 40冊 rb2395

366.堯峰汪氏傳家集五種 清汪琬等撰 清汪棟重訂 清康熙十四至二十四年（1675—1685）刻雍正百城閣重修本 16冊 rb5874

367.陳檢討集二十卷 清陳維崧撰 清程師恭注 清康熙間刻本 4冊 rb4711

368.呂晚村先生文集八卷續集四卷附錄一卷 清呂留良撰 清雍正三年（1725）呂氏天蓋樓刻本 □□朱墨二色批校 5冊 rb0580

369.曝書亭集八十卷附錄一卷 清朱彝尊撰 清康熙五十三年（1714）曹寅、朱稻孫刻本 16冊 rb2281

370.鴛央湖櫂歌五卷 清朱彝尊撰 清譚吉璁唱和 清陸以誠、張燕昌續和 清乾隆四十年（1775）海鹽朱芳衡刻本 4冊 rb4898

371.三魚堂文集十二卷外集六卷附錄一卷 清陸隴其撰 清康熙四十年（1701）嘉會堂刻雍正以後剜改印本 5冊 rb4684

372.漁洋山人精華錄十卷 清王士禎撰 清康熙三十九年（1700）侯官林佶刻本 □□批注 4冊 rb5900

373.遂初堂詩集十六卷文集二十卷別集四卷 清潘耒撰 清康熙末刻續刻本 12冊 rb4713

374.敬業堂續集六卷 清查慎行撰 清乾隆間海寧查氏刻本 1冊 rb4729

375.葆璞堂詩集四卷葆璞堂文集四卷 清胡煦撰 清乾隆三十七年（1772）光山胡氏葆璞堂刻本 8冊 rb4739

376.思綺堂文集十卷 清章藻功撰 清康熙六十一年（1722）錢塘章氏聚錦堂刻本 10冊 rb4726

377.山曉閣詩十二卷 清孫琮撰 清乾隆間刻本 3冊 rb2019

378.松泉詩集四十八卷 清汪由敦撰 清鈔本 12冊 rb0547

379.北江全集八種 清洪亮吉撰 清乾隆嘉慶間刻本 36冊 rb0899

380.萬壽衢歌樂章六卷 清彭元瑞撰 清乾隆間武英殿木活字印本 4冊 ra0175

381.壽籛齋詩三十五卷 清鮑倚雲撰 清嘉慶十三年（1808）鮑氏刻本 16冊 rb1355

382.月壺題畫詩一卷 清瞿應紹撰 清道光三十年（1850）上海瞿氏刻本 1冊 rb1372

總集類

383.陸君啓先生評選唐宋四大家四十四卷（存八卷） 明陸夢龍評選 明崇禎四年（1631）武林顧懋樊刻本 8册 rb1953

384.六家文選六十卷 梁蕭統編 唐李善、呂延濟、劉良、張銑、李周翰、呂向注 明嘉靖十三至二十八年（1534—1549）袁褧嘉趣堂刻本 60册 rb0024

385.樂府詩集一百卷目錄二卷 宋郭茂倩輯 元至正元年（1341）集慶路儒學刻明初遞修印本 24册 ra0698

386.古樂苑五十二卷前卷一卷衍錄四卷 明梅鼎祚輯 明萬曆間刻本 20册 rb0436

387.樂府廣序三十卷詩集廣序十卷 清朱嘉徵撰 清康熙間刻本 4册 rb0487

388.漢魏詩乘前集十卷後集十卷總錄一卷吳詩一卷 明梅鼎祚輯 明萬曆間刻本 12册 ra1131

389.詩紀一百五十六卷 明馮惟訥輯 明萬曆間金陵刻本 40册 rb2040

390.馮汝言詩紀匡謬一卷 明馮舒撰 清鈔本 1册 rb1298

391.詩林韶濩二十卷 清顧嗣立輯 清康熙四十四年（1705）長洲顧氏秀野草堂刻本 8册 rb4499

392.名媛詩歸三十六卷 明鍾惺輯 明末刻本 8册 ra1249

393.新刊迂齋先生標注崇古文訣三十五卷 宋樓昉撰 明嘉靖間刻本 12册 rb2176

394.西山先生真文忠公文章正宗二十四卷 宋真德秀輯 明嘉靖十五年（1536）朱鴻漸刻本 〔卷十二配明嘉靖四十三年（1564）蔣氏家塾刻本〕 □□朱墨二色批校 12册 rb0854

395.西山先生真文忠公文章正宗二十四卷目錄一卷附錄一卷 宋真德秀輯 明嘉靖四十三年（1564）李豸、李磐刻本 24册 rb0852

396.文體明辯六十一卷卷首一卷目錄六卷附錄十四卷附錄目錄二卷 明徐師曾撰 明萬曆間吳江壽檜堂刻本 80册 rb0514

397.蘇選古文備要二十卷 清蘇積功輯 清蘇氏稿本 10册 rb1023

398.尺牘清裁六十卷 明王世貞輯 明崇禎間刻本 4册 rb1469

399.翰海十二卷 明沈佳胤輯 明崇禎間刻本 12册 rb1470

400.篋中集不分卷 唐元結輯 傳鈔四庫全書本 1册 rb0426

401.唐音戊籤二百六十五卷 明胡震亨輯 清康熙間刻本 24册 rb4476

402.御定全唐詩錄一百卷 清徐倬輯 清康熙間刻初印本 32册 rb1443

403.宋詩鈔一百六卷 清吳之振等編 清康熙間吳氏鑑古堂刻本 □□朱墨二色批校 龐青城跋 20册 rb0186

404.中州集十卷卷首一卷中州樂府一卷 金元好問輯 明末虞山毛氏汲古閣刻本 10册 rb0187

405.元音十二卷 明孫原理輯 清初傳鈔明建文刻本 □□批校 6册 rb1131

406.元詩選六卷補遺一卷名氏爵里考一卷總論一卷 清顧奎光輯 清乾隆十六年（1751）無錫顧氏刻本 4册 rb4485

407.元文類七十卷目錄三卷 元蘇天爵輯 明末修德堂刻本 40册 rb0079

408.列朝詩集八十一卷 清錢謙益輯 清順治間常熟毛氏汲古閣刻本 36册 rb0099

409.明詩別裁集十二卷 清沈德潛、周準輯 清乾隆四年（1739）刻本 3册 rb4488

410.皇明文衡一百卷 明程敏政輯 明嘉靖八年（1529）刻本 32册 rb1467

411.明文致二十卷 明蔣如奇輯 明崇禎二年（1629）詠蘭堂刻本 4册 rb1468

412.擷芳集八十卷 清顧若璞等撰 清汪啓淑輯 清乾隆末汪氏飛鴻堂刻本 16册 ra0028

413.千叟宴詩三十四卷卷首二卷　清高宗弘曆等撰　清嘉慶元年（1796）內府木活字印本　36冊　rb4505

414.清尊集十六卷附東軒吟社畫像一卷　清汪遠孫輯　清道光十九年（1839）振綺堂刻本　5冊　rb4506

415.晚村天蓋樓小題觀略不分卷　清呂留良輯並評　清康熙十二年（1673）刻本　20冊　rb5643

416.晚村天蓋樓偶評補十二科大題觀略不分卷　清呂留良輯並評　清康熙十四年（1675）刻本　4冊　rb4496

417.晚村天蓋樓偶評程墨觀略不分卷　清呂留良輯並評　清康熙十七年（1678）刻本　16冊　rb5644

418.三科房書大題述評不分卷　清呂葆中輯　清康熙二十二年（1683）刻本　26冊　rb5645

419.赤城集十八卷　宋林表民輯　清鈔本　3冊　ra1021

420.吳興藝文補六十三卷附錄三卷補遺四卷　明董斯張輯　明崇禎六年（1633）刻本　30冊　ra0613

421.竹爐圖咏四卷駐蹕惠山詩一卷　清吳鉞輯　清乾隆二十七年（1762）吳鉞刻本　2冊　ra0286

詩文評類

422.蓉塘詩話二十卷　明姜南撰　清鈔本　4冊　ra0948

423.說詩補遺八卷　明馮復京撰　清初鈔本　清□□朱筆刪改　4冊　rb1358

424.柳亭詩話三十卷　清宋長白撰　清康熙四十六年（1707）天茁園刻本　8冊　rb4638

詞曲類

425.逃禪詞一卷　宋楊无咎撰　傳鈔四庫全書本　1冊　rb1140

426.詞綜三十六卷　清朱彝尊輯　清汪森增輯　清康熙三十年（1691）汪氏裘杼樓刻本　6冊　rb4897

427.嘯餘譜十卷　明程明善撰　明萬曆四十七年（1619）流雲館刻本　12冊　ra1061

428.旗亭記二卷　清金兆燕撰　清乾隆六十年（1795）德州盧氏雅雨堂刻本　4冊　rb2018

429.紅雪樓九種曲十三卷　清蔣士銓撰　清乾隆間紅雪樓刻本　12冊　rb4534

430.曲譜十二卷卷首一卷卷末一卷　清王奕清等撰　清康熙間內府刻初印本　12冊　rb0532

附錄三

龐氏百匱樓藏書印彙錄

元澂

元澂長壽

井李館主鑒定近世善本書籍

井李館主收羅秦劫餘灰

百匱樓所藏善本書籍之印

百匱樓主人

吳興龐青城藏本

青城

吳興龐元澂青城之印

庚子以後更號青城

青城　　　　　　　　　　　　　承樸堂龐氏家藏

烏程龐氏百匱樓藏書圖記　　　　烏程龐氏百匱樓藏書圖記

烏程龐淵如校閱秘藏本　　　　　烏程龐元澂字淵如號清臣考藏金石印

烏程龐氏藏書記　　　　　　　　娛園外史

淡泊明志之室主人詩書畫印　　　清臣

清臣印信 　　　　　　　　　清臣所藏

清臣珍賞書畫 　　　　　　　清臣寓目

淵如 　　　　　　　　　　　曾藏烏程龐氏家

曾藏旅滬龐氏虛齋館 　　　　龐元澂印

龐元澂印 　　　　　　　　　龐青城收藏印

附錄四

龐青城傳記資料兩種

龐青城事略

戴季陶撰

　　喜安惡危，人之常情，處和平之局而致力於危險之事，非有卓識者，其孰能之哉？自胡虜肆虐，炎黃聲教，淪胥幾盡。及乎西潮東漸，革命思想入人日深，而同盟會於以創焉。吾鄉人中抱革命之思想而得列於健兒班中者，以南潯之張靜江、龐青城爲最早。然靜江少游歐美，久居巴黎，羨自由之樂，讀革命之史，而回顧祖國，奄然待斃於胡氛蠻障之中，思想之進步、腦筋之刺激日益甚，自非伏處專制政府下之盲民所可同日語者。青城以富家翁，生長於華屋之裏，未能如靜江之乘風破萬里浪也，而始則從事社會事業，繼則投身革命團體，不惜毀家以促成共和之新國焉，可謂人傑矣。爰述其事，以爲新國史之資料云：

　　辛丑，倡辦潯溪公學，建設校舍，聘葉浩吾爲校長，學生在中學程度之上，提倡民族主義，學生得以放任自由。

　　壬寅，派人赴日本學習手工造紙，歸設立青城手工紙廠於南潯。

　　癸卯，因公學教習、學生屢起衝突，解散之，改設醫院，延日本女醫丸橋光子爲醫生，於是内地始開衛生智識。

　　甲辰，改手工紙廠，用機械，從鄉人邱問青之請也。

　　丙午冬，烈士楊篤生議收回神州報館，募資三千圓，慨然應之。

　　丁未，入革命同盟會。孫中山鎮南關之役，接濟軍餉五千圓。冬，聞同志張□□爲劉光漢所賣、被逮，以三百金延辯護，不及，而張君仍入金陵之獄。

　　戊申秋，與張靜江共設東益昌票號，欲爲革命之金融機關。

　　己酉春，捐萬金，倡辦《民呼報》，以于右任爲主任。夏，赴日本考察商務，聞右任因載虜酉寶熙惡事被逮，促歸，以四千餘金延辯護士，始出右任於獄。

　　庚戌春，東益昌爲經理李燧生（非會員）盜吞鉅款十四萬，從此破家資之半。

　　辛亥春三月，廣州黃花崗之役，以千金濟之。嗣聞敗衄，同志七十餘人死之，悲憤幾狂。秋，武漢倡義後，以五千餘圓接濟金陵軍隊舉事，因無器械，致爲張勳所敗。冬，押家屋，得三萬金，助藍天蔚北伐軍餉。

　　民國元年春，同志組織同盟會本部於上海，捐資千。

【出處】本篇輯自《民權報》1912年5月8至9日，署名"天仇"。

龐青城先生五秩序

田子琴撰

　　民國十有三載，夏五月辛酉，爲青城先生五十初度之辰，同人謀於桐曰："同人與先生交有年矣，或以道義，或以患難，或以文字，或以翰墨，或以金石之考訂，或備數者而兼之，此非世俗之論交者所可一一倫擬，子盍爲文以壽之？"桐應之曰："唯夫惟豪傑之士，啓天下以義而身先之，道之所赴，雖有雷霆萬鈞之力，不足以沮其勇而泥其行。其成也平章庶物，綱紀修明，生平所以蘊之懷抱者，一一施之行事，猶復與天下相見以仁。陽春化雨之恩，湛然以溥。向之難與慮始者，今則欣與樂成。一旦所遇不合，退處林泉，亦復悠然自得，逍遥物外，與二三知己，誦詩讀書，優游鉛槧。斗室蓬萊，跬步宇宙，無所弗包，無所弗輿，倘所謂丘壑夔龍、衣冠巢許者非耶？先生當清季壬寅之歲，創立潯溪公學，一時士子，翕然景從。及至乙巳，受滬上學潮之播蕩，復改興述志醫院，顧名思義，知有由來矣。丁、戊之間，若《民呼》若鎮南關之役，資助其多。己、庚立票號以植事業之基。辛亥秋武昌首義，中遭挫折，陽夏相繼失守，先生贊襄故督陳公其美，以挽救大局。迨民國政府成立，徵先生爲通商司長，擘畫周詳，中樞倚賴。壬子滬上設國民黨交通部，先生復任總務處長，凡百措施，翕然有當。癸丑以後，民黨人士不見容於項城。黨錮禍作，先生東走扶桑，而產業以籍。迨至丙辰，項城謝殂，方得安枕。居恒好學深思，日無暇晷，所爲文冲澹整飭，不同凡響。臨池作書，意在筆先，氣息深穩，草隸尤精練而修潔，筆力沉着，一洗圓滑飄忽之弊。至於碑帖金石，考覈慎到[1]，淵博靡涯。桐與張子溥泉輒有疑義，詢之釋然，蓋其成竹在胸，物莫障也。謹爲先生壽曰：道義之壽永以正，患難之壽堅以貞，文字之壽和以鳴，翰墨之壽潤以清，金石之壽典以則，質以名[2]。

【校勘】

1. "到"，《大公報》作"勤"。
2. "質以名"，按句例，疑上闕四字作"□□之□"。

【出處】本篇輯自《國學周刊》1924年第58期，署名"田子琴"；另載《民國日報》1924年6月29日，署名"田子琴"；另載《東方時報》1925年3月2日，署名"田桐"；另載《大公報》1925年3月4日，不署名。

鳴　謝

羊凱江

賈永來

李翔宇

孟　瑤

卿朝暉

曹　度

單　釗

鄭凌峰

（按筆畫排序）

圖書在版編目（ＣＩＰ）數據

百匱擷英：復旦大學圖書館藏南潯龐氏百匱樓善本圖錄 / 程益丹, 陸劍編著. -- 上海：上海書畫出版社, 2025.8. -- ISBN 978-7-5479-3630-6

Ⅰ．Z822.6

中國國家版本館 CIP 數據核字第 2025CU0922 號

百匱擷英：復旦大學圖書館藏南潯龐氏百匱樓善本圖錄

程益丹　陸　劍　編著

審　　　定	吳　格　眭　駿
參　　　訂	嚴天月
責任編輯	金國明　吕　塵
審　　　讀	雍　琦
封面設計	單　勇
技術編輯	包賽明

出版發行	上 海 世 紀 出 版 集 團 ⑤ 上海書畫出版社
地址	上海市閔行區號景路159弄A座4樓
郵政編碼	201101
網址	www.shshuhua.com
E-mail	shuhua@shshuhua.com
製版	上海佑藝軒文化傳媒有限公司
印刷	上海書刊印刷有限公司
經銷	各地新華書店
開本	965×635　1/8
印張	24.5
版次	2025年8月第1版　2025年8月第1次印刷
書號	**ISBN 978-7-5479-3630-6**
定價	**200.00圓**

若有印刷、裝訂質量問題，請與承印廠聯繫